权威全译本

THE WEALTH OF NATIONS

Adam Smith

国富论

上卷

〔英〕亚当 · 斯密 著

郭大力 王亚南 译

Adam Smith, LL. D.
AN INQUIRY INTO THE NATURE AND CAUSES OF THE WEALTH OF NATIONS
Vol. I, Second ed.
Oxford, At the Clarendon Press, 1880
本书根据牛津大学 1880 年版译出

上卷目录

第二篇　论资财的性质及其蓄积和用途

第三篇　论不同国家中财富的不同发展

序论及全书设计

一国国民每年的劳动，本来就是供给他们每年消费的一切生活必需品和便利品的源泉。构成这种必需品和便利品的，或是本国劳动的直接产物，或是用这类产物从外国购进来的物品。

这类产物或用这类产物从外国购进来的物品，对消费者人数，或是有着大的比例，或是有着小的比例，所以一国国民所需要的一切必需品和便利品供给情况的好坏，视这一比例的大小而定。

但无论就哪一国国民说，这一比例都要受下述两种情况的支配：第一，一般地说，这一国国民运用劳动，是怎样熟练，怎样技巧，怎样有判断力；第二，从事有用劳动的人数和不从事有用劳动的人数，究成什么比例。不论一国土壤、气候和面积是怎样，它的国民每年供给的好坏，必然取决于这两种情况。

此外，上述供给的好坏，取决于前一情况的，似乎较多。在未开化的渔猎民族间，一切能够劳作的人都或多或少地从事有用劳动，尽可能以各种生活必需品和便利品，供给他自己和家内族内因老幼病弱而不能渔猎的人。不过，他们是那么贫乏，以致往往仅因为贫乏的缘故，迫不得已，或至少觉得迫不得已，要杀害老幼以及长期患病的亲人；或遗弃这些人，听其饿死或被野兽吞食。反之，在文明繁荣的民族间，虽有许多人全然不从事劳动，而且他们所消费的劳动生产物，往往比大多数劳动者所消费的要多过十倍乃至百倍。但由于社会全部劳动生产物非常之多，往往一切人都有充足的供给，就连最下等最贫穷的劳动者，只要勤勉节俭，也比野蛮人享受更多的生活必需品和便利品。

劳动生产力的这种改良的原因，究竟在哪里？劳动的生产物，按照什么顺序自然而然地分配给社会上各阶级？这就是本书第一篇的主题。

不论一国国民在运用劳动时，实际上究竟是怎样熟练，怎样有技巧，怎样有判断力，在运用情况继续不变的期间，一国国民每年供给状况的好坏，总必取决于其国民每年从事有用劳动的人数，和不从事有用劳动的人数，究竟成什么比例。我以后要说明，有用的生产性劳动者人数，无论在什么场合，都和推动劳动的资本量的大小及资本用途成比例。所以本书第二篇，讨论资本的性质，逐渐累积资本的方法，以及因为资本用途不同，所推动的劳动量亦不相同这几点。

在劳动运用上已有相当程度的熟练、技巧和判断力的不同国民，对于劳动的一般管理或指导，曾采取极不相同的计划。这些计划，并不同等地有利于一国生产物的增加。有些国家的政策，特别鼓励农村的产业；另一些国家的政策，却特别鼓励城市的产业。对于各种产业，不偏不倚地使其平均发展的国家，怕还没有。自罗马帝国崩溃以来，欧洲各国的政策，都比较不利于农村的产业，即农业，而比较有利于城市的产业，即工艺、制造业和商业。本书第三篇将说明，什么情况使人们采用和规定这种政策。

这些计划的实行，最初也许是起因于特殊阶级的利益与偏见，对于这些计划将如何影响社会全体的福利，他们不曾具有远见，亦不曾加以考虑。可是，这些计划却引起了极不相同的经济学说。有的人认为城市产业重要；有的人又力说农村产业重要。这些不相同的学说，不仅对学者们的意见产生了相当大的影响，而且君王和国家的政策亦为它们所左右。我将尽我所能，在本书第四篇详细明确地解释这些不同学说，并说明它们在各时代和各国中所产生的重要影响。

总之，本书前四篇的目的，在于说明广大人民的收入是怎样构成的，并说明供应各时代各国民每年消费的资源，究竟有什么性质。第五篇即最后一篇所讨论的，是君主或国家的收入。在这一篇里，我要努力说明以下各点：第一，什么是君主或国家的必要费用，其中，哪些部分应该出自由全社会负担的赋税，哪些部分应该出自社会某特殊阶级或成员负担的特殊赋税。第二，来自全社会所有纳税人的经费是怎样募集的，而各种募集方法大抵有什么利弊。第三，什么使几乎所有近代各国政府都把收入的一部分，作为担保来举债，而这种债务，对于真实财富，换言之，对于社会的土地和劳动的年产物，有什么影响。

第一篇

论劳动生产力增进的原因，并论劳动生产物自然而然地分配给各阶级人民的顺序

第一章　论分工

劳动生产力上最大的增进，以及运用劳动时所表现的更大的熟练、技巧和判断力，似乎都是分工的结果。

为使读者易于理解社会一般业务分工所产生的结果，我现在来讨论个别制造业[①]分工状况。一般人认为，分工最完全的制造业，乃是一些极不重要的制造业。不重要制造业的分工，实际上并不比重要制造业的分工更为周密。但是，目的在于供给少数人小量需要的不重要制造业，所雇用的劳动者人数，必然不多，而从事各部门工作的工人，往往可集合在同一工厂内，使观察者能一览无遗。反之，那些大制造业，要供给大多数人的大量需要，所以，各工作部门都雇有许许多多劳动者，要把这许许多多劳动者集合在一个厂内，势不可能。我们要同时看见一个部门以上的工人，也不可能。像这种大制造业的工作，尽管实际上比小制造业分成多得多的部分，但因为这种划分不能像小制造业的划分那么明显，所以很少有人注意到。

扣针制造业是极微小的了，但它的分工往往唤起人们的注意。

① 本书所用“制造业”一语，是指手工制造业，因而和现今使用的此语的涵义有所不同，而它所用的“制造者”的涵义，和现今使用的“制造商”或“工厂主”的涵义，亦不相同。——译者

所以，我把它引来作为例子。一个劳动者，如果对于这职业（分工的结果，使扣针的制造成为一种专门职业）没有受过相当训练，又不知怎样使用这职业上的机械（使这种机械有发明的可能的，恐怕也是分工的结果），那么纵使竭力工作，也许一天也制造不出一枚扣针，要做二十枚，当然是绝不可能了。但按照现在经营的方法，不但这种作业全部已经成为专门职业，而且这种职业分成若干部门，其中有大多数也同样成为专门职业。一个人抽铁线，一个人拉直，一个人切截，一个人削尖线的一端，一个人磨另一端，以便装上圆头。要做圆头，就需要有二三种不同的操作。装圆头，涂白色，乃至包装，都是专门的职业。这样，扣针的制造分为十八种操作。有些工厂，这十八种操作，分由十八个专门工人担任。固然，有时一人也兼任二三门。我见过一个这种小工厂，只雇用十个工人，因此在这一个工厂中，有几个工人担任二三种操作。像这样一个小工厂的工人，虽很穷困，他们的必要机械设备，虽很简陋，但他们如果勤勉努力，一日也能成针十二磅。以每磅中等针有四千枚计，这十个工人每日就可成针四万八千枚，即一人一日可成针四千八百枚。如果他们各自独立工作，不专习一种特殊业务，那么，他们不论是谁，绝对不能一日制造二十枚针，说不定一天连一枚针也制造不出来。他们不但不能制出今日由适当分工合作而制成的数量的二百四十分之一，就连这数量的四千八百分之一，恐怕也制造不出来。

就其他各种工艺及制造业说，虽有许多不能作这样细密的分工，其操作也不能变得这样简单，但分工的效果总是一样的。凡能采用分工制的工艺，一经采用分工制，便相应地增进劳动的生产力。各种行业之所以各个分立，似乎也是由于分工有这种好处。一个国家的产业与劳动生产力的增进程度如果是极高的，则其各种行业的分工一般也都达到极高的程度。未开化社会中一人独任的工作，在进步的社会中，一般都成为几个人分任的工作。在进步的社会中，农民一般只是农民，制造者只是制造者。而且，生产一种完全制造品所必要的劳动，也往往分由许多劳动者担任。试以麻织业和毛织业为例，从亚麻及羊毛的生产到麻布的漂白和烫平或呢绒的染色和最后一道加工，各部门所使用的不同技艺是那么多啊！农业由于它的性质，不能有像制造业那样细密的分工，各种工作，不能像制造业那样判然分立。木匠的职业与铁匠的职业，通常是截然分开的，但畜牧者的业务与种稻者的业务，不能像前者那样完全分开。纺工和织工，几乎都是个别的两个人，但锄耕、耙掘、播种和收割，却常由一人兼任。农业上种种劳动，随季节推移而巡回，要指定一个人只从事一种劳动，事实上绝不可能。所以，农业上劳动生产力的增进，总跟不上制造业上劳动生产力的增进的主要原因，也许就是农业不能采用完全的分工制度。现在最富裕的国家，固然在农业和制造业上都优于邻国，但制造业方面的优越程度，必定大于农业方面的优越程度。富国的土地，一般都耕耘得较好，投在土地上的劳动与费用也比较多，生产出来的产品按照土地面积与肥沃的比例来说也较多；但是，这样较大的生产量，很少在比例上大大超过所花的较大劳动量和费用。在农业方面，富国劳动生产力未必都比贫国劳动生产力大得多，至少不像制造业方面一般情况那样大得多。所以，如果品质同样优良，富国小麦在市场上的售价，未必都比贫国低廉。就富裕和进步的程度说，法国远胜于波兰，但波兰小麦的价格，与品质同样优良的法国小麦同样低廉。与英格兰比较，论富裕，论进步，法国可能要逊一筹，但法国产麦省出产的小麦，其品质之优良完全和英格兰小麦相同，而且在大多数年头，两者的价格也大致相同。可是，英格兰的麦田耕种得比法国好，而法国的麦田，据说耕种得比波兰好得多。贫国的耕作，尽管不及富国，但贫国生产的小麦，在品质优良及售价低廉方面，却能在相当程度上与富国竞争。但是，贫国在制造业上不能和富国竞争；至少在富国土壤气候位置适宜于这类制造业的场合，贫国不能和富国竞争。法国绸所以比英国绸又好又便宜，就是因为织绸业，至少在今日原丝进口税很高的条件下，更适合于法国气候，而不十分适合于英国气候。但英国的铁器和粗毛织物，却远胜于法国，而且品质同样优良的英国货品，在价格上比法国低廉得多。据说，波兰除了少数立国所需的粗糙家庭制造业外，几乎没有什么制造业。

有了分工，同数劳动者就能完成比过去多得多的工作量，其原因有三：第一，劳动者的技巧因业专而日进；第二，由一种工作转到另一种工作，通常须损失不少时间，有了分工，就可以免除这种损失；第三，许多简化劳动和缩减劳动的机械的发明，使一个人能够做许多人的工作。

第一，劳动者熟练程度的增进，势必增加他所能完成的工作量。分工实施的结果，各劳动者的业务，既然终生局限于一种单纯操作，当然能够大大增进自己的熟练程度。惯于使用铁锤而不曾练习制铁钉的普通铁匠，一旦因特殊事故，必须制钉时，我敢说，他一天至多只能做出二三百枚钉来，而且质量还拙劣不堪。即使惯于制钉，但若不以制钉为主业或专业，就是竭力工作，也不会一天制造出八百枚或一千枚以上。我看见过几个专以制钉为业的不满二十岁的青年人，在尽力工作时，每人每日能制造二千三百多枚。可是，制钉绝不是最简单的操作。同一劳动者，要鼓炉、调整火力，要烧铁挥锤打制，在打制钉头时还得调换工具。比较起来，制扣针和制金属纽扣所需的各项操作要简单得多，而以此为终生业务的人，其熟练程度通常也高得多。所以，在此等制造业中，有几种操作的迅速程度简直使人难以想象，如果你不曾亲眼见过，你绝不会相信人的手能有这样大的本领。

第二，由一种工作转到另一种工作，常要损失一些时间，因节省这种时间而得到的利益，比我们骤看到时所想象的大得多。不可能很快地从一种工作转到使用完全不相同工具而且在不同地方进行的另一种工作。耕作小农地的乡村织工，由织机转到耕地，又由耕地转到织机，一定要虚费许多时间。诚然，这两种技艺，如果能在同一厂坊内进行，那么时间上的损失，无疑要少得多，但即使如此，损失还是很大。人由一种工作转到另一种工作时，通常要闲逛一会儿。在开始新工作之初，势难立即精神贯注地积极工作，总不免心不在焉。而且在相当时间内，与其说他是在工作，倒不如说他是在开玩笑。闲荡、偷懒、随便这种种习惯，对于每半小时要换一次工作和工具，而且一生中几乎每天必须从事二十项不同工作的农村劳动者，可说是自然会养成的，甚而可说必然会养成的。这种种习惯，使农村劳动者常流于迟缓懒惰，即在非常吃紧的时候，也不会精神勃勃地干。所以，纵使没有技巧方面的缺陷，仅仅这些习惯也一定会大大减少他所能完成的工作量。

第三，利用适当的机械能在什么程度上简化劳动和节省劳动，这必定是大家都知道的，无须举例。我在这里所要说的只是：简化劳动和节省劳动的那些机械的发明，看来也是起因于分工。人类把注意力集中在单一事物上，比把注意力分散在许多种事物上，更能发现达到目标的更简易更便利的方法。分工的结果，各个人的全部注意力自然会倾注在一种简单事物上。所以只要工作性质上还有改良的余地，各个劳动部门所雇的劳动者中，不久自会有人发现一些比较容易而便利的方法，来完成他们各自的工作。唯其如此，用在今日分工最细密的各种制造业上的机械，有很大部分，原是普通工人的发明。他们从事于最单纯的操作，当然会发明比较便易的操作方法。不论是谁，只要他常去观察制造厂，他一定会看到极像样的机械，这些机械是普通工人为了要使他们担当的那部分工作容易迅速地完成而发明出来的。最初的蒸汽机，原需雇用一个儿童，按活塞的升降，不断开闭汽锅与汽筒间的通路。有一次担任这工作的某儿童，因为爱和朋友游玩，他用一条绳把开闭通路的舌门的把手，系在机械的另一部分，舌门就可不需人力自行开闭。原为贪玩想出来的方法，就这样成为蒸汽机大改良之一。

可是，一切机械的改良，绝不是全由机械使用者发明。有许多改良，是出自专门机械制造师的智巧；还有一些改良，是出自哲学家或思想家的智能。哲学家或思想家的任务，不在于制造任何实物，而在于观察一切事物，所以他们常常能够结合利用各种完全没有关系而且极不类似的物力。随着社会的进步，哲学或推想也像其他各种职业那样，成为某一特定阶级人民的主要业务和专门工作。此外，这种业务或工作，也像其他职业那样，分成了许多部门，每个部门，又各成为一种哲学家的行业。哲学上这种分工，像产业上的分工那样，增进了技巧，并节省了时间。各人擅长各人的特殊工作，不但增加全体的成就，而且大大增进科学的内容。

在一个政治修明的社会里，造成普及到最下层人民的那种普遍富裕情况的，是各行各业的产量由于分工而大增。各劳动者，除自身所需要的以外，还有大量产物可以出卖；同时，因为一切其他劳动者的处境相同，各个人都能以自身生产的大量产物，换得其他劳动者生产的大量产物，换言之，都能换得其他劳动者大量产物的价格。别人所需的物品，他能与以充分供给；他自身所需的，别人亦能与以充分供给。于是，社会各阶级普遍富裕。

考察一下文明而繁荣的国家的最普通技工或日工的日用物品吧！你就会看到，用他的劳动的一部分（虽然只是一小部分）来生产这种日用品的人的数目，是难以数计的。例如，日工所穿的粗劣呢绒上衣，就是许多劳动者联合劳动的产物。为完成这种朴素的产物，必须有牧羊者、拣羊毛者、梳羊毛者、染工、粗梳工、纺工、织工、漂白工、裁缝工，以及其他许多人联合起来工作。加之，这些劳动者居住的地方，往往相隔很远，把材料由甲地运至乙地，该需要多少商人和运输者啊！染工所用药料，常须购自世界上各个遥远的地方，要把各种药料由各个不同地方收集起来，该需要多少商业和航运业，该需要雇用多少船工、水手、帆布制造者和绳索制造者啊！为生产这些最普通劳动者所使用的工具，又需要多少种类的劳动啊！复杂机械如水手工作的船、漂白工用的水车或织工用的织机，姑且不论，单就简单器械如牧羊者剪毛时所用的剪刀来说，其制造就须经过许多种类的劳动。为了生产这极简单的剪刀，矿工、熔铁炉建造者、木材采伐者、熔铁厂烧炭工人、制砖者、泥水匠、在熔铁炉旁服务的工人、机械安装工人、铁匠等等，必须把他们各种各样的技艺联结起来。同样，要是我们考察一个劳动者的服装和家庭用具，如贴身穿的粗麻衬衣，脚上穿的鞋子，就寝用的床铺和床铺上各种装置，调制食物的炉子，由地下采掘出来而且也许需要经过水陆运输才能送到他手边供他烧饭的煤炭，厨房中一切其他用具，食桌上一切用具，刀子和叉子，盛放食物和分取食物的陶制和锡蜡制器皿，制造面包和麦酒供他食喝的各种工人，那种透得热气和光线并能遮蔽风雨的玻璃窗，和使世界北部成为极舒适的居住地的大发明所必须借助的一切知识和技术，以及工人制造这些便利品所用的各种器具等等。总之，我们如果考察这一切东西，并考虑到投在这每样东西上的各种劳动，我们就会觉得，没有成千上万的人的帮助和合作，一个文明国家里的卑不足道的人，即便按照（这是我们很错误地想象的）他一般适应的舒服简单的方式也不能够取得其日用品的供给的。

第二章　论分工的原由

引出上述许多利益的分工，原不是人类智慧的结果，尽管人类智慧预见到分工会产生普遍富裕并想利用它来实现普遍富裕。它是不以这广大效用为目标的一种人类倾向所缓慢而逐渐造成的结果，这种倾向就是互通有无，物物交换，互相交易。

这种倾向，是不是一种不能进一步分析的本然的性能，或者更确切地说是不是理性和言语能力的必然结果，这不属于我们现在研究的范围。这种倾向，为人类所共有，亦为人类所特有，在其他各种动物中是找不到的。其他各种动物，似乎都不知道这种或其他任何一种协约。两只猎犬同逐一兔，有时也像是一种协同动作。它们把兔逐向对手的方向，或在对手把兔逐到它那边时，加以拦截。不过，这种协同动作，只是在某一特定时刻，它们的欲望对于同一对象的偶然的一致，而并不是契约的结果。我们从未见过甲乙两犬公平审慎地交换骨头。也从未见过一种动物，以姿势或自然呼声，向其他动物示意说：这为我有，那为你有，我愿意以此易彼。一个动物，如果想由一个人或其他动物取得某物，除博得授予者的欢心外，不能有别种说服手段。小犬要得食，就向母犬百般献媚；家狗要得食，就作出种种娇态，来唤起食桌上主人的注意。我们人类，对于同胞，有时也采取这种手段。如果他没有别的适当方法，叫同胞满足他的意愿，他会以种种卑劣阿谀的行为，博取对方的厚意。不过这种办法，只能偶一为之，想应用到一切场合，却为时间所不许。一个人尽毕生之力，亦难博得几个人的好感，而他在文明社会中，随时有取得多数人的协作和援助的必要。别的动物，一达到壮年期，几乎全都能够独立，自然状态下，不需要其他动物的援助。但人类几乎随时随地都需要同胞的协助，要想仅仅依赖他人的恩惠，那是一定不行的。他如果能够刺激他们的利己心，使有利于他，并告诉他们，给他做事，是对他们自己有利的，他要达到目的就容易得多了。不论是谁，如果他要与旁人做买卖，他首先就要这样提议。请给我以我所要的东西吧，同时，你也可以获得你所要的东西：这句话是交易的通义。我们所需要的相互帮忙，大部分是依照这个方法取得的。我们每天所需的食料和饮料，不是出自屠户、酿酒家或烙面师的恩惠，而是出于他们自利的打算。我们不说唤起他们利他心的话，而说唤起他们利己心的话。我们不说自己有需要，而说对他们有利。社会上，除乞丐外，没有一个人愿意全然靠别人的恩惠过活。而且，就连乞丐，也不能一味依赖别人。诚然，乞丐生活资料的供给，全部出自善人的慈悲。虽然这种道义归根到底给乞丐提供了他所需要的一切东西，但没有，也不可能，随时随刻给他提供他所需要的东西。他的大部分临时需要和其他人一样，也是通过契约、交换和买卖而得到供给的。他把一个人给他的金钱，拿去购买食物，把另一个人给他的旧衣，拿去交换更合身的旧衣，或交换一些食料和寄宿的地方；或者，先把旧衣换成货币，再用货币购买自己需要的食品、衣服和住所。

由于我们所需要的相互帮忙，大部分是通过契约、交换和买卖取得的，所以当初产生分工的也正是人类要求互相交换这个倾向。例如，在狩猎或游牧民族中，有个善于制造弓矢的人，他往往以自己制成的弓矢，与他人交换家畜或兽肉，结果他发觉，与其亲自到野外捕猎，倒不如与猎人交换，因为交换所得却比较多。为他自身的利益打算，他只好以制造弓矢为主要业务，于是他便成为一种武器制造者。另有一个人，因长于建造小茅房或移动房屋的框架和屋顶，往往被人请去造屋，得家畜兽肉为酬，于是他终于发觉，完全献身于这一工作对自己有利，因而就成为一个房屋建筑者。同样，第三个人成为铁匠或铜匠，第四个人成为硝皮者或制革者，皮革是未开化人类的主要衣料。这样一来，人人都一定能够把自己消费不了的自己劳动生产物的剩余部分，换得自己所需要的别人劳动生产物的剩余部分。这就鼓励大家各自委身于一种特定业务，使他们在各自的业务上，磨炼和发挥各自的天赋资质或才能。

人们天赋才能的差异，实际上并不像我们所感觉的那么大。人们壮年时在不同职业上表现出来的极不相同的才能，在多数场合，与其说是分工的原因，倒不如说是分工的结果。例如，两个性格极不相同的人，一个是哲学家，一个是街上的挑夫。他们间的差异，看来是起因于习惯、风俗与教育，而不是起因于天性。他们生下来，在七八岁以前，彼此的天性极相类似，他们的双亲和朋友，恐怕也不能在他们两者间看出任何显著的差别。大约在这个年龄，或者此后不久，他们就从事于极不相同的职业，于是他们才能的差异，渐渐可以看得出来，往后逐渐增大，结果，哲学家为虚荣心所驱使，简直不肯承认他们之间有一点类似的地方。然而，人类如果没有互通有无、物物交换和互相交易的倾向，各个人都须亲自生产自己生活上一切必需品和便利品，而一切人的任务和工作全无分别，那么工作差异所产生的才能的巨大差异，就不可能存在了。

使各种职业家的才能形成极显著的差异的，是交换的倾向；使这种差异成为有用的也是这个倾向。许多同种但不同属的动物，得自天性的天资上的差异，比人类在未受教育和未受习俗熏陶以前得自自然的资质上的差别大得多。就天赋资质说，哲学家与街上挑夫的差异，比猛犬与猎狗的差异，比猎狗与长耳狗的差异，比长耳狗与牧畜家犬的差异，少得多。但是，这些同种但不同属的动物，并没有相互利用的机会。猛犬的强力，绝不能辅以猎狗的敏速，辅以长耳狗的智巧，或辅以牧畜家犬的柔顺。它们因为没有交换交易的能力和倾向，所以，不能把这种种不同的资质才能，结成一个共同的资源，因而，对于同种的幸福和便利，不能有所增进。各动物现在和从前都须各自分立，各自保卫。自然给了它们各种各样的才能，而它们却不能从此得到何种利益。人类的情况，就完全两样了。他们彼此间，哪怕是极不类似的才能也能交相为用。他们依着互通有无、物物交换和互相交易的一般倾向，好像把各种才能所生产的各种不同产物，结成一个共同的资源，各个人都可从这个资源随意购取自己需要的别人生产的物品。

第三章　论分工受市场范围的限制

分工起因于交换能力，分工的程度，因此总要受交换能力大小的限制，换言之，要受市场广狭的限制。市场要是过小，那就不能鼓励人们终生专务一业。因为在这种状态下，他们不能用自己消费不了的自己劳动生产物的剩余部分，随意换得自己需要的别人劳动生产物的剩余部分。

有些业务，哪怕是最普通的业务，也只能在大都市经营。例如搬运工人，就只能在大都市生活。小村落固不待言；即普通墟市，亦嫌过小，不能给他以不断的工作。散布在荒凉的苏格兰高地一带的人迹稀少的小乡村的农夫，不论是谁，也不能不为自己的家属兼充屠户、烙面师乃至酿酒人。在那种地方，要在二十英里内找到二个铁匠、木匠或泥水匠，也不容易。离这班工匠至少有八九英里之遥的零星散居人家，只好亲自动手做许多小事情；在人口众多的地方，那些小事情一定会雇请专业工人帮忙。农村工人几乎到处都是一个人兼营几种性质很类似因而使用同一材料的行业。农村木匠要制造一切木制的物品；农村铁匠要制作一切铁制的物品。农村木匠不仅是木匠，同时又是细工木匠、家具师、雕刻师、车轮制造者、耕犁制造者，乃至二轮四轮运货车制造者。木匠的工作如此繁杂，铁匠的工作还更繁杂。在苏格兰高地那样僻远的内地，无论如何，总维持不了一个专门造铁钉的工人。因为他即使一日只能制钉一千枚，一年只劳动三百日，也每年能制钉三十万枚。但在那里，一年也销不了他一日的制造额，就是说销不了一千枚。

水运开拓了比陆运所开拓的广大得多的市场，所以从来各种产业的分工改良，自然而然地都开始于沿海沿河一带。这种改良往往经过许久以后才慢慢普及到内地。现在，以御者二人马八匹，驾广辐四轮运货车一辆，载重约四吨货物，往返伦敦和爱丁堡间，计需六星期日程。然而，由六人或八人驾驶船一艘，载重二百吨货物，往返伦敦和利斯间，也只需同样日程。所以需一百人，四百四马和五十辆四轮运货车搬运的货物，可借水运之便，由六人或八人搬运。而且，把二百吨货物由伦敦运往爱丁堡，依最低陆运费计算，亦需负担一百人三个星期的生活费和四百匹马五十辆四轮运货车的维持费，以及和维持费几乎相等的消耗。若由水运，所应负担的，充其量也不过是六人至八人的生活费，载重二百吨货船的消耗费和较大的保险费，即水运保险费与陆运保险费之间的差额。所以，假若在这两都市间，除陆运外，没有其他交通方法，那么除了那些重量不大而价格很高的货物外，便没有什么商品能由一地运至另一地了。这样，两地间的商业，就只有现今的一小部分，而这两地相互间对产业发展提供的刺激，也只有现今的一小部分。假使世界上只有陆运，则各僻远地区间的商业，一定会无法进行。有什么货物，负担得起由伦敦至加尔各答的陆上运费呢？即使有这种货物，又有什么输送方法能使货物安然通过介在两地间的许多野蛮民族的领土呢？然而，现今这两个都市，相互进行大规模的贸易，相互提供市场，并对彼此的产业发展，相互给予很大的鼓励。

由于水运有这么大的便利，所以工艺和产业的改良，都自然发轫在水运便利的地方。这种改良总要隔许久以后才能普及到内地。由于与河海隔离，内地在长期间内，只能在邻近地方，而不能在其他地方，销售其大部分生产物。所以，它的货品销量，在长时间内，必定和邻近地方的财富与人口成比例。结果，它的改良进步总落在邻近地方的后面。我国殖民北美所开发的大种植园，都沿着海岸和河岸，很少扩展到离此很远的地区。

根据最可靠的历史记载，开化最早的乃是地中海沿岸各国。地中海是今日世界上最大的内海，没有潮汐，因而除风起浪涌外，也没有可怕的波涛。地中海，由于海面平滑，岛屿棋布，离岸很近，在罗盘针尚未发明，造船术尚不完全，人都不愿远离海岸，而视狂澜怒涛为畏途的时候，对于初期航海最为适宜。在古代，驶过世界的尽头，换言之，驶过直布罗陀海峡西航，在航海上久被视为最危险最可惊的企图。就连当时以造船航海事业著名的腓尼基人和迦太基人，也是过了许久才敢于尝试。而且，在他们尝试过了很久以后，别国人民才敢问津。

在地中海沿岸各国中，农业或制造业发达最早改良最大的，要首推埃及。上埃及的繁盛地域，都在尼罗河两岸数英里内。在下埃及，尼罗河分成无数支流，大大小小，分布全境；这些支流，只要略施人工，就不但可在境内各大都市间，而且在各重要村落间，甚至在村野各农家间，提供水上交通的便利。这种便利，与今日荷兰境内的莱茵河和麦斯河，几乎全然一样。内陆航行，如此广泛，如此便易，无怪埃及进步得那么早。

东印度孟加拉各省，以及中国东部的几个省，似乎也在极早的时候就已有农业和制造业上的改良，虽然关于这种往古事迹的真相，我欧洲有权威的历史家尚未能予以确证。印度的恒河及其他大河，都分出许多可通航的支流，与埃及的尼罗河无异。中国东部各省也有若干大江大河，分成许许多多支流和水道，相互交通着，扩大了内地航行的范围。这种航行范围的广阔，不但非尼罗河或恒河所可比拟，即此二大河合在一起也望尘莫及。但令人奇怪的是，古代埃及人、印度人和中国人，都不奖励外国贸易。他们的财富似乎全然得自内陆的航行。

非洲内地，黑海和里海以北极远的亚洲地方，古代的塞西亚，即今日的鞑靼和西伯利亚，似乎一向都处于野蛮未开化状态。鞑靼海是不能通航的冰洋，虽有若干世界著名大河流过鞑靼，但因彼此距离太远，大部分地区不利于商业和交通。在欧洲，有波罗的海与亚得里亚海；在欧亚两大陆间，有地中海与黑海；在亚洲，有阿拉伯、波斯、印度、孟加拉以及暹罗诸海湾。但在非洲，却是一个大内海也没有，境内诸大河又相隔太远，因此不能有较大规模的内地航行。此外，一国境内，纵有大河流贯其间，但若毫无支流，其下游又须流经他国国境始注于海，这国也就仍然不能有大规模的商业，因为上游国能否与海洋交通，随时都要受下游国的支配。就巴伐利亚、奥地利和匈牙利各国说，多瑙河的效用极为有限，但若此河到黑海的全部航权，竟为三国中任何一国所独有，效用就不可同日而语了。

第四章　论货币的起源及其效用

分工一经完全确立，一个人自己劳动的生产物便只能满足自己欲望的极小部分。他的大部分欲望，须用自己消费不了的剩余劳动生产物，交换自己所需要的别人劳动生产物的剩余部分来满足。于是，一切人都要依赖交换而生活，或者说，在一定程度上，一切人都成为商人，而社会本身，严格地说，也成为商业社会。

但在刚开始分工的时候，这种交换力的作用，往往极不灵敏。假设甲持有某种商品，自己消费不了，而乙所持有的这种物品，却不够自己消费。这时，甲当然乐于出卖，乙当然乐于购买甲手中剩余物品的一部分，但若乙手中，并未持有甲目下希求的物品，他们两者间的交易，仍然不能实现。比如，屠户把自己消费不了的肉，放在店内，酿酒家和烙面师，固然都愿意购买自己所需要的一份，但这时，假设他们除了各自的制造品外，没有别种可供交易的物品而屠户现时需要的麦酒和面包，已经得到了供给，那么，他们彼此之间，没有进行交易的可能。屠户不能做酿酒家和烙面师的商人，而酿酒家和烙面师也不能做屠户的顾客。这样，他们就不能互相帮助。然而，自分工确立以来，各时代各社会中，有思虑的人，为了避免这种不便，除自己劳动生产物外，随时身边带有一定数量的某种物品，这种物品，在他想来，拿去和任何人的生产物交换，都不会被拒绝。

为这目的而被人们先后想到并用过的物品可有种种。未开化社会，据说曾以牲畜作为商业上的通用媒介。牲畜无疑是极不便的媒介，但我们却发现了，古代往往以牲畜头数作为交换的评价标准，亦即用牲畜交换各种物品。荷马曾说：迪奥米德的铠甲，仅值牛九头，而格罗卡斯的铠甲，却值牛一百头。据说，阿比西尼亚以盐为商业交换的媒介；印度沿海某些地方，以某种贝壳为媒介；弗吉尼亚用烟草；纽芬兰用干鱼丁；我国西印度殖民地用砂糖；其他若干国家则用兽皮或鞣皮。据我所闻，直到今日，苏格兰还有个乡村，用铁钉做媒介，购买麦酒和面包。

然而，不论在任何国家，由于种种不可抗拒的理由，人们似乎都终于决定使用金属而不使用其他货物作为媒介。金属不易磨损，那与任何其他货物比较，都无愧色。而且，它不仅具有很大的耐久性，它还能任意分割，而全无损失，分割了也可再熔成原形。这性质却为一切其他有耐久性商品所没有。金属的这一特性，使金属成为商业流通上适宜的媒介。例如，假设除了牲畜，就没有别种物品可以换盐，想购买食盐的人，一次所购价值，势必相当于整头牛或整头羊，他所购买的价值，不能低于这个限度，因为他用以购买食盐的物品，不能分割，分割了，就不能复原。如果他想购买更多的食盐，亦只有依同一理由，以牛或羊二三头，购入两倍或三倍多的分量。反之，假如他用以交易的物品，不是牲畜，而是金属，他的问题就容易解决了，他可以按照他目前的需要，分割相当分量的金属，来购买价值相当的物品。

各国为此目的而使用的金属，并不相同。古斯巴达人用铁，古罗马人用铜，而一切富裕商业国的国民却使用金银。最初用作交换媒介的金属，似乎都是粗条，未加何种印记或铸造。普林尼[①]引古代历史家蒂米阿斯的话说：直到瑟维阿斯·图利阿斯时代为止，罗马人还没有铸造的货币，他们购买需要的物品都使用没有刻印的铜条。换言之，这些粗条，就是当时当作货币使用的东西。

在这样粗陋状况下，金属的使用，有两种极大的不便。第一是称量的麻烦；第二是化验的麻烦。贵金属在分量上有少许差异，在价值上便会有很大差别。但要正确称量这类金属，至少需备有极精密的砝码和天平。金的称量，尤其是一种精细的操作。诚然，贱金属称量稍差，在价值上不会发生大的影响，因此，没有仔细称量的必要。但若一个穷人，买卖值一个铜板的货物，也需每次称量这一个铜板的重量，就不免令人觉得麻烦极了。化验金属的工作，却更为困难，更为烦琐。要不是把金属的一部分放在坩埚里，用适当的熔解药熔解，检验的结果就很不可靠。在铸币制度尚未实施以前，除非通过这种又困难又烦琐的检验，否则就很容易受到极大的欺骗。他们售卖货物的所得，可能是表面上很像一磅纯银或纯铜，而其中却混有许多最粗劣最低贱的金属。所以，进步国家，为避免此种弊害、便利交易、促进各种工商业发达起见，都认为有必要，在通常用以购买货物的一定分量的特定金属上，加盖公印。于是就有了铸币制度和称为造币厂的官衙。这种制度的性质，类似麻布呢绒检查官制度。这些检查官的任务是，通过加盖公印，确定这市上各种商品的分量，划一它们的品质。

最初盖在货币金属上的公印，其目的似乎都在于确定，那必须

---

① 参阅普林尼：《自然史》，第 33 篇，第 13 章。

确定而又最难确定的金属的品质或纯度。当时的刻印，与现今银器皿和银条上所刻的纯度标记很相似。在金块上刻印，但只附在金属一面而不盖住金属全面的西班牙式标记，亦与此相似。它所确定的，只是金属的纯度，不是金属的重量。传载，亚伯拉罕秤银四百舍克尔给伊弗伦，作为马克派拉田地的代价。据说，舍克尔是当时商人流通的货币。可是，那时金属货币的流通，和今日金块银条的授受一样，都不论个数，只论重量。在古代，撒克逊人入主英格兰，其岁入据说不是征取货币，而是征取实物，即各种食粮。以货币缴纳的习惯，是征服王威廉第一创始的。不过，当时纳入国库的货币，在很长的一段时期里，是按重量而不按个数计收的。

要称量金属而毫无差误，是很麻烦和很困难的。这便引出了铸币制度。铸币的刻印，不仅盖住金属块的两面，有时还盖住它的边缘。这种刻印，不但要确定金属的纯度，还要确定它的重量。自是以后，铸币就像现在那样，全以个数授受，没有称重量的麻烦了。

那些铸币的名称，看来原要表明内含的重量或数量。罗马铸造货币，始于瑟维阿斯·图利阿斯时代，当时罗马币阿斯(As)或庞多(Pondo)含有纯铜一罗马磅。阿斯或庞多，像我们的特鲁瓦磅那样，分为十二盎斯，每盎斯含有纯铜一盎斯。在爱德华一世时代，一英镑含有纯银一陶尔磅。一陶尔磅似比一罗马磅多些，而比一特鲁瓦磅少些。特鲁瓦磅，到亨利八世第十八年，才由英国造币厂采用。特鲁瓦是法国东北部香槟省的一个城市，在那时候，欧洲各国人民时常出入它的市场，大家因此都熟悉并尊重这个有名市场所用的权衡。在查理曼大帝时代，法币利佛(Livre)含纯银一特鲁瓦磅。苏格兰币一磅，自亚力山大一世至布鲁斯时代止，都含有与英币一镑同重量同纯度的银一磅。英格兰、法兰西和苏格兰的货币一便士，最初都含有重一便士的银，即一盎斯的二十分之一的银，或一磅的二百四十分之一的银。先令最初似亦系重量名称。亨利三世当时的法律规定：小麦一夸特值二十先令时，值一个铜板的上等小麦面包，须重十二先令四便士。不过，先令对便士或先令对镑的比例，似乎不像便士对镑的比例那么稳定。法国古时的苏（Sou）或先令，有时含五便士，有时含十二便士，有时含二十乃至四十便士。在古代撒克逊人间，一先令在某一个时期似只含五便士，其含量的变动，与其邻国人即法兰克人的先令大抵很类似。法国自查理曼大帝时代以来，英格兰自征服王威廉第一时代以来，镑、先令或便士的价值，虽有很大变动，但彼此间的比例，似和现今一样，没有多大变动。我相信，世界各国的君主，都是贪婪不公的。他们欺骗臣民，把货币最初所含金属的其实分量，次第削减。在罗马共和国后期，罗马的阿斯，减到原价的二十四分之一，含量名为一磅，实只半盎斯。英格兰的镑和便士，现今价值大约相当于当初的三分之一；苏格兰的镑和便士，大约相当于当初的三十六分之一；法国的镑和便士，大约相当于当初的五十六分之一。通过采用这些办法，君王和国家就能以较小量的银，表面上偿还债务，并履行各种契约。实际上，政府的债权人因此被剥夺了一部分应得的权利。政府允许国内一切其他债务人，都有和君王相等的特权，他们同样能以新的贬值币，偿还货币改铸前借来的金额。所以，这种措施，常有利于债务人，而有损于债权人；有的时候，这种措施产生了比公共大灾祸所能产生的大得多、普遍得多的个人财产上的革命。

但货币却就在这情况下，成为一切文明国商业上的通用媒介。

通过这媒介，一切货物都能进行买卖，都能相互交换。

我现在要讨论人们在以货币交换货物或以货物交换货物时所遵循的法则。这些法则决定所谓商品相对价值或交换价值。

应当注意，价值一词有两个不同的意义。它有时表示特定物品的效用，有时又表示由于占有某物而取得的对他种货物的购买力。前者可叫做使用价值，后者可叫做交换价值。使用价值很大的东西，往往具有极小的交换价值，甚或没有；反之，交换价值很大的东西，往往具有极小的使用价值，甚或没有。例如，水的用途最大，但我们不能以水购买任何物品，也不会拿任何物品与水交换。反之，金刚钻虽几乎无使用价值可言，但须有大量其他货物才能与之交换。

为要探讨支配商品交换价值的原则，我将努力阐明以下三点：

第一，什么是交换价值的真实尺度，换言之，构成一切商品真实价格的，究竟是什么？

第二，构成真实价格的各部分，究竟是什么？

第三，什么情况使上述价格的某些部分或全部，有时高于其自然价格或普通价格，有时又低于其自然价格或普通价格？换言之，使商品市场价格或实际价格，有时不能与其自然价格恰相一致的原因何在？

关于这三个问题，我将在以下三章内尽力作出详细明了的说明。不过，有些地方像似冗赘，要请读者忍耐；有些地方虽经我竭力作详尽的说明，恐仍难免说得不够清楚，要请读者细心体会。我因要求十分明了，往往不惮烦琐。但对一个极其抽象的问题，即使殚精竭虑，期其明了，恐仍难免有些不明白的地方。

第五章　论商品的真实价格与名义价格或其劳动价格与货币价格

一个人是贫是富，就看他能在什么程度上享受人生的必需品、便利品和娱乐品。但自分工完全确立以来，各人所需要的物品，仅有极小部分仰给于自己劳动，最大部分却须仰给于他人劳动。所以，他是贫是富，要看他能够支配多少劳动，换言之，要看他能够购买多少劳动。一个人占有某货物，但不愿自己消费，而愿用以交换他物，对他说来，这货物的价值，等于使他能购买或能支配的劳动量。因此，劳动是衡量一切商品交换价值的真实尺度。

任何一个物品的真实价格，即要取得这物品实际上所付出的代价，乃是获得它的辛苦和麻烦。对于已得此物但愿用以交换他物的人来说，它的真正价值，等于因占有它而能自己省免并转加到别人身上去的辛苦和麻烦。以货币或货物购买物品，就是用劳动购买，正如我们用自己的劳动取得一样。此等货币或货物，使我们能够免除相当的劳动。它们含有一定劳动量的价值，我们用以交换其他当时被认为有同量劳动价值的物品。劳动是第一性价格，是最初用以购买一切货物的代价。世间一切财富，原来都是用劳动购买而不是用金银购买的。所以，对于占有财富并愿用以交换一些新产品的人来说，它的价值，恰恰等于它使他们能够购买或支配的劳动量。

霍布斯说:财富就是权力。但获得或承继大宗财产的人,未必就获得或承继了民政上或军政上的政治权力。他的财产,也许可以提供他一种获得政权的手段,但单有财产未必就能给他政权。财产对他直接提供的权力,是购买力,是对于当时市场上各种劳动或各种劳动生产物的支配权。他的财产的大小与这种支配权的大小恰成比例,换言之,财产的大小,与他所能购买或所能支配的他人劳动量或他人劳动生产物数量的大小恰成比例。一种物品的交换价值,必然恰等于这物品对其所有者所提供的劳动支配权。

劳动虽是一切商品交换价值的真实尺度,但一切商品的价值,通常不是按劳动估定的。要确定两个不同的劳动量的比例,往往很困难。两种不同工作所费去的时间,往往不是决定这比例的唯一因素,它们的不同困难程度和精巧程度,也须加以考虑。一个钟头的困难工作,比一个钟头的容易工作,也许包含有更多劳动量;需要十年学习的工作做一小时,比普通业务做一月所含劳动量也可能较多。但是,困难程度和精巧程度的准确尺度不容易找到。诚然,在交换不同劳动的不同生产物时,通常都在一定程度上,考虑到上述困难程度和精巧程度,但在进行这种交换时,不是按任何准确尺度来作调整,而是通过市场上议价来作大体上两不相亏的调整。这虽不很准确,但对日常买卖也就够了。

加之,商品多与商品交换,因而多与商品比较,商品少与劳动交换,因而少与劳动比较。所以,以一种商品所能购得的另一种商品量来估定其交换价值,比以这商品所能购得的劳动量来估定其交换价值,较为自然。而且,我们说一定分量的特定商品,比说一定分量的劳动，也更容易使人理解。因为，前者是一个可以看得到和接触得到的物体，后者却是一个抽象的概念。抽象概念，纵能使人充分理解，也不像具体物那样明显、那样自然。

但是，在物物交换已经停止，货币已成为商业上一般媒介的时候，商品就多与货币交换，少与别种商品交换。屠户需要面包或麦酒，不是把牛肉或羊肉直接拿到面包店或酒店去交换，却是先把牛肉或羊肉拿到市场去换取货币，然后再用货币交换面包或麦酒。他售卖牛羊肉所得的货币量，决定他后来所能购买的面包量和麦酒量。因此，屠户估计牛羊肉价值，自然多用牛羊肉直接换来的物品量即货币量，少用牛羊肉间接换来的物品量即面包和麦酒量。说家畜肉一磅值三便士或四便士，比说肉一磅值面包三斤或四斤，或值麦酒三夸特或四夸特，也更合宜。所以，一个商品的交换价值，多按货币量计算，少按这商品所能换得的劳动量或其他商品量计算。

像一切其他商品一样，金银的价值时有变动，时有高低，其购买也时有难易。一定金银量所能购买或所能支配的劳动量或他种商品量，往往取决于当时已发现的著名金银矿山出产量的大小。十六世纪美洲金银矿山的发现，使欧洲金银的价值几乎减低为原价的三分之一。此等金属由矿山上市所需劳动既较少，故上市后所能购买或所能支配的劳动也按同一程度减少。而且，在金银价值上，这虽是最大的一次变革，但不能说是历史上独一无二的变革。我们知道，本身数量会不断变动的尺度，如人足一步、人手一握或两臂合抱，绝不是测定他物数量的正确尺度；同样，自身价值会不断变动的商品，也绝不是计量他种商品价值的准确尺度。但是，劳动却当别论。等量劳动，无论在什么时候和什么地方，对于劳动者都可以说有同等的价值。如果劳动者都具有一般的精力和熟练与技巧程度，那么在劳动时，就必然牺牲等量的安乐、自由与幸福。他所购得的货物不论多少，总是等于他所付出的代价。诚然，他的劳动，虽有时能购得多量货物，有时只能购得少量货物，但这是货物价值变动，不是购买货物的劳动价值变动。不论何时何地，凡是难于购得或在取得时需花多量劳动的货物，价必昂贵；凡是易于购得或在取得时只需少量劳动的货物，价必低廉。所以，只有本身价值绝不变动的劳动，才是随时随地可用以估量和比较各种商品价值的最后和真实标准。劳动是商品的真实价格，货币只是商品的名义价格。

可是，等量劳动，对于劳动者，虽常有等量价值，但在雇用劳动者的人看来，它的价值却时高时低。雇主购买劳动，有时需用多量货物，有时只需用少量货物；因而，在他看来，劳动价格与其他一切物品一样常在变动。在他看来，以多量货物购得的劳动价昂，以少量货物购得的劳动价廉。其实，在前一场合，是货物价廉；在后一场合，是货物价昂。

所以，按照通俗的说法，劳动也像商品一样可以说有真实价格与名义价格。所谓真实价格，就是报酬劳动的一定数量的生活必需品和便利品。所谓名义价格，就是报酬劳动的一定数量的货币。劳动者是贫是富，其劳动报酬是坏是好，不与其劳动的名义价格成比例，而与其劳动的真实价格成比例。

就商品与劳动说，真实价格与名义价格的区别，不仅仅是纯理论问题，在实用上，也非常重要。同一真实价格的价值，往往相等；但同一名义价格的价值，却往往因金银价值变动而产生极大的差异。所以，假设一个人，要以永久租佃为条件而售卖地产，如果他真要使地租的价值永久不变，那就不可把地租定为一定数额的货币。一定数额的货币的价值难免有两种变动：第一，由于同一名称铸币各时代所含不同金银分量而产生的变动；第二，由于同一分量金银价值各时代各不相同而产生的变动。

君王和国家往往认为，减少铸币内所含的纯金属的量对他们眼前有利。但他们很少认为，增加铸币内所含纯金属量于已有利。我相信，各国铸币内所含的纯金属量都在不断减少，从来没有增加，所以，这种变动常使货币地租的价值降低。

美洲矿山的发现，降低了欧洲金银的价值。据一般人推测，金银价值还会逐渐下降，而且在长时期内大概会继续下降(但我认为这没有确实论据)。所以，在这种推测下，即使地租不规定为铸币若干镑，而规定为纯银或某种成色的白银若干盎斯，这种变动多半会降低而不是增加货币地租的价值。

谷物地租却不如此。谷物地租，即使在铸币名实一致的时候，也比货币地租更能保持原有价值。伊丽莎白第十八年规定，国内各学院地租，三分之二纳货币，其余三分之一要纳谷物，或按照当时最近市场上的谷价折合货币。由谷物折合货币的部分，原不过占全部地租的三分之一，但现在据布勒克斯顿博士说，却已二倍于其他三分之二了。依此算来，各学院的货币地租，一定几乎已经减到原值的四分之一或其原值谷物的四分之一了。但是，自腓力普和玛利朝代迄今，英国铸币单位几乎无变化；同一数量的镑、先令或便士，几乎含有同一分量纯银。由此可见，各学院货币地租价值的跌落完全是由于银价的下降。

设若银价下落，而铸币内所含的纯银量又同时减少，货币地租的损失就会更大。苏格兰铸币含银量的变动比英格兰大得多，而法兰西又比苏格兰大得更多。所以，这两国昔日很有价值的地租，现在几乎全无价值可言。

在两个相隔很远的时期里，等量谷物(即劳动者的生活资料)，比等量金银或其他货物，似更可能购买等量劳动。所以，等量谷物在两个相隔很远的时期里更可能保持几乎相同的真实价格，换言之，使有谷物者，更可能以等量谷物购买或支配他人的等量劳动。我只说，等量谷物比等量其他商品更可能购买或支配等量劳动，因为等量谷物不可能丝毫不差地购买或支配等量劳动。劳动者的生活资料，换言之，劳动的真实价格，如后章所要说明的，在不同时期是大不相同的。劳动者所享有的生活资料，在进步社会，多于静止社会，在静止社会，又多于退步社会。在一定时间内，谷物以外其他任何商品所能购得的劳动量，必定相当于这商品当时所能购得的生活资料量。所以，谷物地租，只受一定分量谷物所能购买的劳动量上的变动的影响。但以其他任何物品计算的地租，不但要受一定分量谷物所能购买的劳动量上的变动的影响，同时还要受一定分量这物品所能购换的谷物量上的变动的影响。

不过，我们要注意一点：谷物地租真实价值的变动，就一世纪一世纪来说，虽比货币地租真实价值的变动少得多，但就一年一年来说，却比货币地租真实价值的变动多得多。如后章所要说明的，劳动的货币价格，并不逐年随谷物的货币价格涨落而变动。它似乎不和谷物的暂时或偶然价格相适应，而和谷物的平均或普通价格相适应。而且，我们以后会知道，谷物的平均或普通价格，受银价的支配，受银矿山出产额大小的支配，受运银到市场所必须使用的劳动量的支配，因而也受所必须消费的谷物量的支配。银价就一世纪一世纪来说，有时虽有很大变动，但就一年一年来说，却很少有很大变动，往往在五十年或一百年内，具有相同或大约相同的价值。因此，也在这么长久的一个时期内，具有相同或几乎相同的平均或普通货币价格。而劳动也保持有同样的货币价格，至少在社会其他情况全无变动或几乎无变动的场合是这样。不过，谷物的暂时或偶然价格，今年比去年高一倍是常会发生的事，例如，今年每夸特二十五先令，明年涨至五十先令。可是，当谷物涨至每夸特五十先令时，谷物地租的名义价值和真实价值就比从前高一倍，或者说所支配的劳动量或其他货物量比从前大一倍，但在这些变动中，劳动和大多数其他商品的货币价格却仍旧不变。

由此可见，只有劳动才是价值的普遍尺度和正确尺度，换言之，只有用劳动作标准，才能在一切时代和一切地方比较各种商品的价值。就一世纪一世纪来说，我们不能用一种物品所能换得的银量来估定这物品的真实价值；就一年一年来说，我们不能用一种物品所能换得的谷物量来估定这物品的真实价值。但无论就一世纪一世纪来说，或就一年一年来说，我们都可极其准确地用一种物品所能换得的劳动量，来估定这物品的真实价值。就一世纪一世纪来说，谷物比银更适合于作为尺度，因为在这场合，等量谷物比等量白银更有支配等量劳动的可能。反之，就一年一年来说，以银为尺度又胜于谷物，因为在这场合，等量的银比等量谷物更有支配等量劳动的可能。

真实价格与名义价格的区分，对订定永久地租或缔结长期租地契约，可能还有用处，但对日常生活中比较普通的买卖，却没有用处。

在同一时间和同一地方，一切物品的真实价格与名义价格都成正比例。例如，在伦敦市场上售卖一种商品，所得货币愈多，那么在那个时间，它所能购买或所能支配的劳动量亦愈多；所得货币愈少，它所能购买或支配的劳动量亦愈少。所以，在同一时间和同一地方，货币乃是一切商品的真实交换价值的正确尺度。但只在同一时间和同一地方才是这样。

在相隔很远的两个地方，商品的真实价格与货币价格不成正比例，而往来贩运货物的商人只考虑商品的货币价格，换言之，他所考虑的，只是购买商品所用的银数和出卖商品可换得的银数之间的差额。在中国广州地方，半盎斯白银所可支配的劳动量或生活必需品和便利品量，比伦敦一盎斯白银所可支配的也许还要大。所以，对于各地的某一商品的所有者来说，在广州以半盎斯白银出售，比在伦敦以一盎斯白银出售，实际上也许更有价值，更为重要。不过，如果伦敦商人能在广州以半盎斯白银购买的某一商品，后来能在伦敦以一盎斯白银的价格出卖，他这趟买卖，就获得了百分之百的利益，好像伦敦和广州的银价完全相同一样。至于广州半盎斯白银，比伦敦一盎斯白银，能够支配更多劳动或更多生活必需品和便利品，对这个商人来说，是不重要的。在伦敦，一盎斯白银使他能够支配的劳动量和生活必需品与便利品量，总是两倍于半盎斯白银，而这正是他所希求的。

由于一切买卖行为的适当与否，最终都取决于商品的名义价格或货币价格，而日常生活中几乎所有交易也受其支配，所以，人们大都注意名义价格而不注意真实价格，是毫不足怪的。

但是，就本书说，有时也必须比较特定商品在不同时间和不同地方的不同真实价值，换言之，有时也必须比较特定商品在不同时期对其所有者所提供的不同的支配他人劳动的能力。这样，我们所要比较的，与其说是出售特定商品通常可得的不同银量，无宁说是不同银量所能买得的不同劳动量。但是，时间隔远了，地方隔远了，劳动的时价如何，往往无从正确知道。正式记录谷物时价的地方虽然不多，但对于谷物时价，人们一般知道得比较清楚，而历史家和著述家也更常注意谷物时价。所以，一般地说，我们得心满意足地用谷物时价来作比较，这并不是因为它和劳动时价总是恰恰以同一比例涨落，而是因为二者一般总是以最近似的比例涨落。我在下面要作几个这种比较。

随着产业进步，商业国发现了同时使用数种金属铸币的便利：大的付款用金币；价值不大不小的买卖用银币；数额更小的买卖用铜币或比铜币更贱的金属铸币。在这三种金属中，他们往往特别选定一种作为主要的价值尺度。而他们所选择的，似乎都是最先用作商业媒介的金属。他们在没有其他货币可用时，就已把它用作本位，所以后来即使需要改变，也往往仍旧使用。

据说，罗马在第一次普尼克战争之前五年内开始铸造银币；[①]在这之前，罗马只有铜币。所以，罗马共和国似乎继续以铜币为价值尺度。罗马一切簿账，一切财产价值，都以若干阿斯或若干塞斯特斯(Sesterce)计算。阿斯一直是铜币名称。而塞斯特斯一词其意即

---

① 见普林尼：《自然史》，第33篇，第13章。

为两个半阿斯，故塞斯特斯虽原为银币，但其价值常以铜币计算。所以，在罗马，对于负债很多的人，人们都说，他借有许多别人的铜。

至于那些在罗马帝国废墟上立国的北方民族，在定居之初，似乎只有银币，即在后此若干年代，也没有金币和铜币。撒克逊人入主英格兰时，英格兰也只有银币。直到爱德华三世时代，只有少许金币。在詹姆士一世以后，才有铜币。所以，在英格兰，而且依据同一理由，我相信，在近代欧洲的其他各国，一切簿账以及一切货物与一切财产的价值都用银计算。要表述一个人的财产额时，我们不说它值多少金几尼，而说它值多少磅纯银。

我相信，各国法定的支付手段，最初都只是被特认为价值标准的那种金属铸币。在英格兰，黄金在铸币后很久还不曾取得法币资格。金币和银币价值的比例，不由法律或公告规定，而纯然取决于市场。所以，债务人如果以金偿债，债权人可以拒绝，不然，就须按照双方同意的金价计算。铜在今日，只用以兑换小银币，已经不是法币了。所以，在这种情况下，本位金属与非本位金属的区别，已不仅仅是名义上的区别了。

往后，人们逐渐习惯于同时使用数种铸币，而且熟悉各种铸币价值的比例；我相信，在那时候，大多数国家，才感到了确定这比例的便利，才用法律规定，有怎样纯度和重量的几尼，应该兑换二十一先令，并规定对于有那么大数额的债款，可用它作为法币偿付。在这种状态下，在法定比例继续有效期间内，本位金属与非本位金属的区别，只是名义上的区别了。

不过，在法定比例发生变动时，本位金属与非本位金属的区别又成为或至少似乎成为不仅仅是名义上的区别。例如，在一切账目都以银币记明,而一切债务都以银币表明的场合,如果金币一几尼的法定价值,由二十一先令落至二十先令,或升至二十二先令,以银币偿还旧欠,虽和从前相同,然以金币偿还,就有很大的差异。在一几尼低于二十一先令场合,所需金币数额必较大;在高于二十一先令的场合,所需金币数额必较小。在这情况下,与金价比较,银价似乎不易于变动。这时,好像是以银衡量金的价值,而不以金衡量银的价值。金的价值,似取决于金所能交换的银量;银的价值,似不取决于银所能交换的金量。但这种差异,全然起因于账目款额多用银币表明的习惯。例如,德拉蒙期票一张,若注明金币二十五几尼或五十几尼,则在法定比例发生变动以后,仍旧可以像以前那样用同额金币付还。这时,若不以金币而以银币兑付,则所需银数必随法定比例的变动而有很大的不同。就这张期票的支付说,与银价比较,金价又似乎不易于变动。这时,又好像是以金衡量银的价值,而不是以银衡量金的价值了。所以,如果账簿、契约、债券上的款额全都以金币来表示,则被特认为价值标准或价值尺度的金属,就应当是金而不是银了。

在不同金属铸币的不同价值中,要是有个法定比例持续不变,那么最昂贵的金属的价值,事实上便支配一切铸币的价值。例如,英铜币十二便士,以常衡(十六盎斯为一磅)计,重铜半磅,而由于铜质不良,未铸成铜币前很少能值银币七便士。可是,由于法律规定,铜币十二便士换一先令,于是在市场上被认为值一先令,并可随时换成一先令。即在最近金币改革以前,英国金币,一般地说,不曾像大部分银币那样,低劣到标准重量以下,至少在伦敦及其附近流通的金币是如此。可是,磨损的银币二十一先令仍被视为无大损耗的金币一几尼的等值物。最近，由于法律规定，英政府已采取措施使金币也像别的国家的通用铸币那样尽量接近于标准重量。而官署非依重量计算不得收受金币的命令，在这命令继续有效的期间内，当可保持金币的重量，使常与标准接近。银币仍如金币改革以前那样处于磨损剥蚀状态。可是在市场上，磨损了的银币二十一先令，仍被认为值优良的金币一几尼。

这样，金币的改革显然抬高了能和金币兑换的银币的价值。

英国造币厂以金一磅铸成四十四个半几尼，按一几尼为二十一先令计算，就等于四十六镑十四先令六便士。所以，重一盎斯的金币，等于银币三镑十七先令十便士半。英格兰向来不征收铸币税，以重一磅或一盎斯标准金块持往造币厂，可不折不扣换回重一磅或一盎斯的铸币。所以，每盎斯三镑十七先令十便士半，就成为英格兰所谓金的造币厂价格，也就是造币厂交换标准金块所付给的金币量。

在金币改革前，市场上标准金块的价格，好多年都在每盎斯三镑十八先令以上，常是三镑十九先令，更常是四镑。但在当时磨损的四镑的金币里，很少含有一盎斯以上的标准金。金币改革以后，每盎斯标准金块的市价很少超过三镑十七先令七便士。改革前，其市场价格总是或多或少地超过造币厂价格；改革后，市场价格一直低于造币厂价格。但不论以金币或以银币支付，市价都相同。所以，最近金币的改革，不仅提高了金币的价值，而且也提高了和金块乃至和一切其他货物对比的银的价值。不过，因为大部分其他货物的价格，还受许多其他原因的影响，所以和这些货物相比，金币或银币的价值增长得不像它们那么显著。

英格兰造币厂以标准银块一磅铸成含有重标准银一磅的六十二先令银币。所以,一盎斯合五先令二便士就是英格兰所谓银的造币厂价格,也就是造币厂交换标准银块所给付的银币量。在金币改革以前,一盎斯标准银块的市场价格有时是五先令四便士,有时是五先令五便士,有时是五先令六便士,有时是五先令七便士,有时是五先令八便士。不过,就中似乎以五先令七便士为最普通。金币改革以后,一盎斯标准银块的市场价格降到五先令三便士、五先令四便士或五先令五便士,很少超过五先令五便士。可是,银块的市场价格,虽因金币改革而减低了许多,但始终没有降到像造币厂那么低的价格。

就英格兰铸币所含不同金属的比价说,铜的评价远远超过它的真实价值,因而银的评价略低于它的真实价值。在欧洲市场,就法国、荷兰的铸币说,纯金一盎斯大约换纯银十四盎斯;就英格兰的铸币说,纯金一盎斯却能换得纯银约十五盎斯。就是说,银在英格兰的评价低于欧洲一般的评价。然而,即使在英格兰,铜块的价格也不因铸币铜的评价过高而增高;同样,银块价格,也不因铸币银的评价过低而下落。银块仍保持着它对金子的适当比例;由于同一理由,铜块也保持着它对银子的适当比例。

在威廉第三改革银币以后,银块价格仍然略高于造币厂价格。洛克认为,这种高价是允许银块输出而禁止银币输出的结果。他说,允许银块输出,国内对银块的需要必大于对银币的需要。可是,国内为普通买卖而需要银币的人,必然比为输出或为其他目的而需要银块的人多得多。现在我们也同样允许金块输出、禁止金币输出,而金块价格却落到造币厂价格之下。那时像现今一样,铸币的银，和金对比，是评价太低了。那时（那时金币也被认为无须改革）像现今一样，金币支配一切铸币的真实价值。从前的银币改革，既不能使银块价格降低到造币厂价格，那么，现今任何类似的改革恐怕也不能做到这一点。

假若银币能够像金币那样，做到和标准重量大致相同，那么按照今日比价，金币一几尼所能换入的银币，就要多于它所能购买的银块。银币如含有十足的标准重量，则先把银币熔成银块，再以银块换成金币，然后以金币换取银币，就有利可图。要防止此种毛病，似乎只有改变金银比价。

就铸币的金银适当比值说，要是把现今低于这比值的银价评得高于这比值，同时又像规定铜币除了可以兑换先令外不得充作法币那样，规定银币除了可以兑换几尼外不得充作法币，那么上述毛病，也许可以减少。银的高的评价绝不会使任何债权人吃亏，正如现今铜的高的评价，不会使债权人吃亏一样。在这种规定下，吃亏的只有银行业者。当他们的银行发生挤兑时，他们往往以最小的六便士银币支付款项，想借此延宕时间。这种规定的实行，却使他们不能再使用这种不名誉的方法来避免立时兑付。结果他们将不得不经常在金柜中储有更大数量的现金。这对银行业者当然很不利，但对债权人的利益却是很大的保障。

固然，即使在今日优良金币中，三镑十七先令十便士半（金的造币厂价格），也未必含有一盎斯以上的标准金；因此，有人认为，这数额不应当购换更多的标准金块。但是，金铸币在使用上实较金块便利；加之，铸造货币在英国虽不取费，但金块持往造币厂，往往须在数星期之后才能换回铸币。现今造币厂工作繁忙，要延到数月以后才能取回铸币。时间这样的拖延，等于抽收小额的铸币税，并使金币的价值略高于等量金块的价值。所以，英国铸币银的评价，若能保持对金的适当比例，那么，不实行银币改革，也能使银块价格落到造币厂价格之下；甚至现今磨损了的银币价值也会受银币所能兑换的优良金币的价值的支配。

对铸造金银币课以小额铸币税，会使铸币金银的价值更进一步高出同量条块金银。这时，铸造货币会按税额比例增加铸币金属的价值，正如把金银制成器皿会按制造费用的大小而增加金银器皿的价值。铸币价值高于金银块，这不仅可阻止铸币的熔解，还可以阻止铸币的输出。万一因当前某种急需而输出货币，其大部分不久也会流回本国。铸币在外国，只能按照条块的重量出售，而在国内却具有超过重量的购买力。所以把输出的货币带回国内来是有利可图的。法兰西对铸币课以百分之八的铸币税。据说，法国输出的货币都会自动回到本国来。

金银条块市价不时变动的原因，和一切其他商品市价不时变动的原因相同。此类金属常因海陆运输途中的意外事件而遭受损失；在镀金、包金、镶边和绣花过程中，都会有不断的消耗；在铸币及器皿上，都会有磨损。所以，自己不占有矿山的国家，为了弥补此等损失和消耗，就需要不断输入金银。我相信，金银进口商也像其他商人一样会竭力使金银的输入适合于当时的需要。可是，无论他们对供求的考虑如何周到，也总不免有时输入太多，有时输入太少。假如金银条块输入多于需要，他们往往不愿冒再输出的危险与困难，而情愿以略低于一般价格的价格在国内售去若干；反之，如果输入少于需要，他们可得的市价，就会高于一般价格。但是，在这种偶然变动下，金银条块的市价，若竟能在好几年内稳定地持续地保持着略高于造币厂价格或略低于造币厂价格的状态，我们敢说，那一定起因于铸币本身的某种情况，使得一定数量铸币的价值在这几年内高于或低于铸币中应含有的纯金量或纯银量。结果的稳定和持续，以相应的原因的稳定和持续为前提。

任何一个国家的货币，在某一特定时间和特定地方，是怎样准确的价值尺度，那要看通用的铸币是怎样准确地符合于它的标准，换言之，要看铸币所包含的纯金量或纯银量，是怎样准确地符合于它应当含有的纯金量或纯银量。例如，在英国，如果四十四个半几尼恰好含有标准金一磅，即纯金十一盎斯和合金一盎斯，则此种金币，就可作为某一特定时间和特定地方所可能有的商品实际价值的正确尺度。此四十四个半几尼，若因磨损消耗，其所含标准金重量不到一磅，而且磨损的程度又参差不一，则这种价值尺度就会像其他各种度量衡一样，难免有些不正确。恰好适合标准的度量衡既不多见，所以商人们调整自己商品价格时，总是尽量不按照应当有的度量衡标准，而按照他们凭一般经验觉得实际上是的那种度量衡标准来调整。在铸币紊乱的场合，商品价格也不是按铸币应当含有的纯金量或纯银量，而是按商人一般从经验觉察到的铸币实际含量来作调整。

应当指出，我所谓的商品货币价格，总是指这商品出售所得的纯金量或纯银量，与铸币名称无关。例如，我把爱德华一世时代六先令八便士的货币价格，和今日一镑的货币价格，看做同一的货币价格，因为根据我们所能判断的，那时的六先令八便士和今日的一镑几乎含有同一分量的纯银。

第六章　论商品价格的组成部分

在资本累积和土地私有尚未发生以前的初期野蛮社会，获取各种物品所需要的劳动量之间的比例，似乎是各种物品相互交换的唯一标准。例如，一般地说，狩猎民族捕杀海狸一头所需要的劳动，若二倍于捕杀鹿一头所需要的劳动，那么，海狸一头当然换鹿二头。所以，一般地说，二日劳动的生产物的价值二倍于一日劳动的生产物，两点钟劳动的生产物的价值二倍于一点钟劳动的生产物，这是很自然的。

如果一种劳动比另一种劳动更为艰苦，对于这较大的艰苦，自然要加以考虑。一点钟艰苦程度较高的劳动的生产物，往往可交换两点钟艰苦程度较低的劳动的生产物。

如果某种劳动需要非凡的技巧和智能，那么为尊重具有这种技能的人，对于他的生产物自然要给予较高的价值，即超过他劳动时间所应得的价值。这种技能的获得，常须经过多年苦练，对有技能的人的生产物给予较高的价值，只不过是对获得技能所需费去的劳动与时间，给以合理的报酬。进步社会，对特别艰苦的工作和特别熟练的劳动，一般都在劳动工资上加以考虑。在初期蒙昧社会，可能也作过这种考虑。

在这种社会状态下，劳动的全部生产物都属于劳动者自己。

一种物品通常应可购换或支配的劳动量，只由取得或生产这物品一般所需要的劳动量来决定。

资本一经在个别人手中积聚起来，当然就有一些人，为了从劳动生产物的售卖或劳动对原材料增加的价值上得到一种利润，便把资本投在劳动人民身上，以原材料与生活资料供给他们，叫他们劳作。与货币、劳动或其他货物交换的完全制造品的价格，除了足够支付原材料代价和劳动工资外，还须剩有一部分，给予企业家，作为他把资本投在这企业而得的利润。所以，劳动者对原材料增加的价值，在这种情况下，就分为两个部分，其中一部分支付劳动者的工资，另一部分支付雇主的利润，来报酬他垫付原材料和工资的那全部资本。假若劳动生产物的售卖所得，不能多于他所垫付的资本，他便不会有雇用工人的兴趣；而且，如果他所得的利润不能和他所垫付的资本额保持相当的比例，他就不会进行大投资而只进行小投资。

也许有人说，资本的利润只是特种劳动工资的别名，换言之，不外是监督指挥这种劳动的工资。但利润与工资截然不同，它们受着两个完全不同的原则的支配，而且资本的利润同所谓监督指挥这种劳动的数量、强度与技巧不成比例。利润完全受所投资本的价值的支配，利润的多少与资本的大小恰成比例。假定某处有两种不同的制造业，各雇用劳动者二十人，工资每人每年十五镑，即每年各需支工资三百镑，而该处制造业资本的普通年利润为百分之十。又假定一方每年所加工的粗糙原料只值七百镑；另一方所加工的精细原料值七千镑。合计起来，前者每年投下的资本不过一千镑；而后者却有七千三百镑。因此，按百分之十年利计，前一企业家每年预期可得一百镑的利润；后一企业家每年却预期得到七百三十镑的利润。他们的利润额，虽那么不相同，他们的监督指挥却无甚差别，甚或全然一样。在许多大工厂里，此类工作大抵托由一个重要职员经管。这个职员的工资，正确地表示了监督指挥那一类劳动的价值。在决定这职员的工资时，通常不仅考虑他的劳动和技巧，而且考虑他所负的责任；不过，他的工资和他所管理监督的资本并不保持一定的比例。而这资本所有者，虽几乎没有劳动，却希望其利润与其资本保持一定的比例。所以，在商品价格中，资本利润成为一个组成部分，它和劳动工资绝不相同，而且受完全不相同原则的支配。

在这种状态下，劳动的全部生产物，未必都属于劳动者，大都须与雇用他的资本所有者共分。一般用于取得或生产任何一种商品的劳动量，也不能单独决定这种商品一般所应交换、支配或购买的劳动量。很明显，还须在一定程度上由另一个因素决定，那就是对那劳动垫付工资并提供材料的资本的利润。

一国土地，一旦完全成为私有财产，有土地的地主，像一切其他人一样，都想不劳而获，甚至对土地的自然生产物，也要求地租。森林地带的树木，田野的草，大地上各种自然果实，在土地共有时代，只须出些力去采集的，现今除出力外，却须付给代价。劳动者要采集这些自然产物，就必须付出代价，取得准许采集的权利；他必须把他所生产或所采集的产物的一部分交给地主。这一部分，或者说，这一部分的代价，便构成土地的地租。在大多数商品价格中，于是有了第三个组成部分。

必须指出，这三个组成部分各自的真实价值，由各自所能购买或所能支配的劳动量来衡量。劳动不仅衡量价格中分解成为劳动[①]的那一部分的价值，而且衡量价格中分解成为地租和利润的那些部分的价值。

无论在什么社会，商品价格归根到底都分解成为那三个部分或其中之一。在进步社会，这三者都或多或少地成为绝大部分商品价格的组成部分。

以谷物价格为例。其中，一部分付给地主的地租，另一部分付给生产上所雇用的劳动者的工资及耕畜的维持费，第三部分付给农业家的利润。谷物的全部价格，或直接由这三部分构成，或最后由这三部分构成。也许有人认为，农业家资本的补充，即耕畜或他种农具消耗的补充，应作为第四个组成部分。但农业上一切用具的价格，本身就由上述那三个部分构成。就耕马说，就是饲马土地的地租，牧马劳动的工资，再加上农业家垫付地租和工资的资本的利润。因此，在谷物价格中，虽必须以一部分支付耕马的代价及其维持费，但其全部价格仍直接或最后由地租、劳动及利润这三部分组成。

就面粉价格说，我们必须在谷物价格上，加上面粉厂主的利润及其雇工的工资；就面包价格说，我们须加上面包师的利润及其雇工的工资。但由农家那里运谷物到面粉厂，由面粉厂运面粉到面包师，又需若干劳动；垫付这种劳动的工资，又需若干资本。这种劳动的工资，和这种资本的利润，亦须加在这两种物品的价格内。

---

① 这里所说的“劳动”，与“工资”同义。斯密常把这两个名词混起来用。——译者

亚麻价格，与谷物价格同样可分为三个组成部分。麻布的织成，既须理麻工、纺工、织工、漂白工等的劳动，而分途雇用这些工人的雇主，又须分途投下资本，所以，这种种劳动的工资，这种种资本的利润，亦须加在麻布价格内。

物品制造，越接近于完成，其价格中工资利润部分和地租部分比较便越大。随着制造的进展，不仅利润的项目增加，而且后一阶段制造者，比前一阶段制造者得到更多利润。因为，后者比前者需要更多资本。例如，雇用织工的资本，必须大于雇用纺工的资本。因为，雇用织工的资本，除了要付还雇用纺工的资本及其利润，还要支付织工的工资。利润对资本总保持着一定的比例。

然而，即在最进步社会，也有少数商品的价格，只能分为劳动工资及资本利润两个部分，且有更少数商品的价格，单由劳动工资构成。例如，海产鱼类的价格，通常只有两个组成部分：其一支付渔夫的劳动，其二支付渔业资本的利润。有时，在此种价格中也含有地租，但极少见，关于这一点，我以后要说明。河上渔业却往往与海上渔业不同，至少就欧洲大部分说，它们的情况是截然两样的。欧洲的鲑鱼业大体上都要支付地租。这种地租，虽严格地说不能称为土地地租，但无疑和工资与利润一起成为鲑鱼价格的构成部分。苏格兰某些地方，有少数穷人在海岸拾集通常叫做苏格兰玛瑙的斑色小石。雕石业者付给他们的价格，只是他们的劳动工资，其中没有地租部分，也没有利润部分。

总之，无论什么商品的全部价格，最后必由那三个部分或其中一个部分构成。在商品价格中，除去土地的地租以及商品生产、制造乃至搬运所需要的全部劳动的价格外，剩余的部分必然归作利润。

分开来说，每一件商品的价格或交换价值，都由那三个部分全数或其中之一构成；合起来说，构成一国全部劳动年产物的一切商品价格，必然由那三个部分构成，而且作为劳动工资、土地地租或资本利润，在国内不同居民间分配。社会上年年由劳动采集或生产的全部物品，或者说，它的全部价格，本来就是照这样分给社会不同成员中某些人的。工资、利润和地租，是一切收入和一切可交换价值的三个根本源泉。一切其他收入归根到底都是来自这三种收入中的一个。

不论是谁，只要自己的收入来自自己的资源，他的收入就一定来自他的劳动、资本或土地。来自劳动的收入称为工资。来自运用资本的收入称为利润。有资本不自用，而转借他人，借以取得收入，这种收入，称为货币的利息或利益。出借人既给借用人以获取利润的机会，借用人就付给利息作为报酬。由借款获得的利润，一部分当然属于冒险投资的借用人，另一部分，则当然属于使借用人有获取利润机会的出借人。利息总是一种派生的收入，借用人只要不是为还债而借债的浪子，那么，他偿还利息所用的款项，如果不是来自运用借款而得到的利润，一定是来自他种收入源泉。完全来自土地的收入，称为地租，属于地主。农业家的收入，有一部分得自劳动，另一部分则得自资本。在他看来，土地不过是使他能够借以获得劳动工资和资本利润的工具。一切赋税，一切以赋税为来源的收入，一切俸金、恩恤金和各种年金，归根到底都是来自这三个根本的收入源泉，都直接间接从劳动工资、资本利润或土地地租支出。

这三种不同的收入，当它们属于各别的个人时，容易区别；但在属于同一个人时，往往互相混淆，至少按通常说法是如此。

耕种自己一部分土地的乡绅，在支付耕作费用以后，当然要以地主资格获得地租，并以农业家资格获得利润。可是，他往往把这全部收益笼统地叫做利润，这样就把地租和利润混淆了，至少按通常说法是如此。我国在北美和西印度的种植园主，大部分是在自己的土地上经营农业，因此，我们常听他们说到种植园的利润，很少听人们说到种植园的地租。

一般农业家，很少雇用监工来指导农场的一般工作。他们通常也自己劳作，如犁耕、耙掘等等。所以，在全部收获中，除去地租，剩余的部分就不仅包含农业资本及其普通利润，而且含有他们自己作为劳动者和监工所应得的工资。但是，在收回资本和支付地租以后所剩余的一切，统称为利润。这所谓利润，明明含有工资在内。所以，在这场合，工资又与利润混为一谈了。

假若一个独立工作的制造业者，拥有足够的资本来购买原材料并维持生活直到货物上市，那么，他所获得的收益便应有两项：其一，以工人资格领取的工资；其二，以老板资格从售卖工人出品所获得的利润。但他这两项收益，普通也统称为利润。在这场合，工资也和利润混淆了。

一个亲自动手栽培植物的种园家，一身兼有地主、农业家和劳动者三种资格。所以，他的生产物自应对他一个人支给地主的地租、农业家的利润和劳动者的工资。但通常却把他的全部收入看做他的劳动所得。在这一场合，地租和利润这二者，又和工资混为一谈了。

由于在文明国家内，交换价值单由劳动构成的商品极不常见，大部分商品的交换价值，都含有大量的利润和地租，所以，社会全部劳动年产物所能购买或支配的劳动量，远远超过这年产物生产制造乃至运输所需要的劳动量。假若社会每年所能购买的全劳动量，每年都被社会雇用，那么，因为劳动量将年年大大增加的缘故，后一年度的生产物将比前一年度的生产物具有更大的价值。可是，无论哪一个国家，都不是用全部年产物来维持勤劳阶级。无论哪一个国家，每年都有大部分生产物归游惰阶级消费。一国年产物的普通或平均价值是逐年增加，是逐年减少，还是不增不减，要取决于这一国家的年产物每年是按照什么比例分配给这两个阶级的人民。

第七章　论商品的自然价格与市场价格

在每一个社会及其邻近地区，各种用途的劳动的工资以及各种用途的资本的利润，都有一种普通率或平均率。这普通率，像我在后面所说那样，自然部分受社会的一般情况，即贫富、进步退步或停滞状况的支配，部分受各种用途的特殊性质的支配。同样，在每一个社会及其邻近地区，地租也有一个普通率或平均率。这普通率，像我在后面所说那样，也是部分受土地所在地的社会及其邻近地区的一般情况的支配，部分受土地的天然肥沃与人工改良的支配。

这些普通率或平均率，可称为那地方那时候通行的工资自然率、利润自然率或地租自然率。一种商品价格，如果不多不少恰恰等于生产、制造这商品乃至运送这商品到市场所使用的按自然率支付的地租、工资和利润，这商品就可以说是按它的自然价格的价格出售的。

商品这样出卖的价格，恰恰相当于其价值，或者说，恰恰相当于出售这商品的人实际上所花的费用。普通所谓商品原始费用，虽没有包含再贩卖这商品的利润，但若再贩卖者按照不能得到当地一般利润率的价格把这商品卖掉，那他显然就会遭受损失。因为，他若把资本投在其他方面，就可以得到那笔利润。况且，他的利润就是他的收入，也就是他生活资料的正当资源。他在制造商品、把它送往市场去的过程中，要垫付劳动者的工资或生活资料，也要垫付他自身的生活资料。他自身的生活资料，大体上说与他可从出卖商品指望的利润相当。因此，商品的出卖若不能给他以利润，那就等于说，他没有从这商品的出卖取回其实际费用。

能提供这种利润的价格，虽然未必是一般商人出卖货物的最低价格，但却是他在相当长的时期内肯出卖的最低价格，至少在有绝对自由即各人能随意变更职业的地方，情形是如此。

商品通常出卖的实际价格，叫做它的市场价格。商品的市场价格，有时高于它的自然价格，有时低于它的自然价格，有时和它的自然价格完全相同。

每一个商品的市场价格，都受支配于它的实际供售量，和愿支付它的自然价格（或者说愿支付它出售前所必须支付的地租、劳动工资和利润的全部价值）的人的需要量，这二者的比例。愿支付商品的自然价格的人，可称为有效需求者，而他们的需求，可称为有效需求。因为，这种需求也许使商品的出售得以实现。此种需求与绝对需求不同。一个贫民在某种意义上也许可以说有一辆六马拉大马车的需求，他这种需求并不是有效需求，因为那马车绝不是为要满足他的这种需要而送往市场出售的。

市场上任何一个商品的供售量，如果不够满足这商品的有效需求，那些愿支付这商品出售前所必须支付的地租、劳动工资和利润的全部价值的人，就不能得到他们所需要的数量的供给。他们当中有些人，不愿得不到这种商品，宁愿支付较大的价格。于是竞争便在需求者中间发生。而市场价格便或多或少地上升到自然价格之上。价格上升程度的大小,要看货品的缺乏程度及竞争者富有程度和浪费程度所引起的竞争热烈程度的大小。但在同样富有和同样奢侈的竞争者间,缺乏程度所能引起的竞争程度的大小,却要看这商品对求购者的重要性的大小。所以,在都市被封锁或发生饥馑场合,生活必需品的价格总是非常昂贵。

反之,如果市场上这种商品的供售量超过了它的有效需求,这商品就不能全部卖给那些愿支付这商品出售前所必须支付的地租、劳动工资和利润的全部价值的人,其中一部分必须售给出价较低的人。这一部分价格的低落,必使全体价格随着低落。这样,它的市场价格,便或多或少地降到自然价格以下。下降程度的大小,要看超过额是怎样加剧卖方的竞争,或者说,要看卖方是怎样急于要把商品卖出。超过程度尽管相同,易腐败的商品输入过多比耐久性商品输入过多能引起卖方更大的竞争。例如,柑橘输入过多就比旧式铁器输入过多能引起卖方更大的竞争。

如果市场上这种商品量不多不少,恰够供给它的有效需求,市场价格便和自然价格完全相同,或大致相同。所以,这全部商品量都能以自然价格售出,而不能以更高价格售出。各商人之间的竞争使他们都得接受这价格,但不使他们接受更低的价格。

每种商品的上市量自然会使自己适合于有效需求。因为,商品量不超过有效需求,对所有使用土地、劳动或资本而以商品供应市场者有利;商品量不少于有效需求对其他一切人有利。

市场上商品量一旦超过它的有效需求,那么它的价格的某些组成部分必定会降到自然率以下。如果下降部分为地租,地主的利害关系立刻会促使他们撤回一部分土地；如果下降部分为工资或利润，劳动者或雇主的利害关系也会促使他们把劳动或资本由原用途撤回一部分。于是，市场上商品量不久就会恰好足够供应它的有效需求，价格中一切组成部分不久就都升到它们的自然水平，而全部价格又与自然价格一致。

反之，如果市场上商品量不够供应它的有效需求，那么它的价格的某些组成部分必定会上升到自然率以上。如果上升部分为地租，则一切其他地主的利害关系自然会促使他们准备更多土地来生产这种商品；如果上升部分是工资或利润，则一切其他劳动者或商人的利害关系也会马上促使他们使用更多的劳动或资本，来制造这种商品送往市场。于是，市场上商品量不久就充分供应它的有效需求，价格中一切组成部分不久都下降到它们的自然水平，而全部价格又与自然价格一致。

这样，自然价格可以说是中心价格，一切商品价格都不断受其吸引。各种意外的事件，固然有时会把商品价格抬高到这中心价格之上，有时会把商品价格强抑到这中心价格以下。可是，尽管有各种障碍使得商品价格不能固定在这恒固的中心，但商品价格时时刻刻都向着这个中心。

为使一种商品上市每年所使用的全部劳动量，自然会依着这个方式使自己适合于有效需求。其目的当然在于始终把适当商品量提供市场，使供给足够适应需求，而不超过需求。

但是，在有些业务上，同量劳动逐年所产出的商品量可大不相同，在有些业务上，却往往相等，或几乎相等。例如，同数农业劳动者，所产出的谷物、葡萄酒、油、啤酒花等商品量，就一年不同于一年；但同数纺织工所产出的麻布和呢绒量，却年年相等，或几乎相等。就前一种产业说，适合有效需求的生产量，只是这产业的平均生产额。由于实际生产量往往比平均生产额大得多或小得多，所以市场上商品量有时大大超过其有效需求，有时极不够供应其有效需求。所以纵使有效需求能够始终保持同一程度，商品的市场价格仍不免时有变动，有时比其自然率高得多，有时又低得多。但就后一种产业说，由于同量劳动的生产量总是相同，或大约相同，所以，生产量能更正确地适合其有效需求。在有效需求保持同一状态时，商品市场价格也保持同一状态，和自然价格完全相同，或大致相同。大家从经验都知道，麻布和呢绒的价格，不像谷价那样常常变动，也没有谷价那样大的变动。因为，前者的价格只随需求的变动而变动；后者的价格，则不仅随需求的变动而变动，还随着为供应需求而上市的商品量的更巨大和更频繁的变动而变动。

商品市价偶然和一时的变动，主要对价格中工资部分和利润部分发生影响，而对其中地租部分则影响不大。用货币确定了的地租，无论就比率说或就价值说，绝不受其影响。以原生产物一定比例或一定数量计算的地租，无疑也只能在年租的价值上，不能在年租的比率上受其影响。在议定租佃条件时，地主和农业经营者都尽他们所知，竭力使地租率适合于生产物的平均价格，而不适合于其临时价格。

这些偶然和一时的变动，要看当时市场上积存的商品或劳动是过多还是不足，换言之，要看当时市场上既成作业或待成作业是过多还是不足，而对工资或利润的价值和比率发生影响。在国丧的场合，黑布存货往往感到不足，以致市价腾贵，因而持有多量这种商品的商人的利润便增加了。可是，所增加的仅是商人的利润，而织布工人的工资却毫不受影响。因为这时市上感到不足的是商品，不是劳动，换言之，是既成作业，不是待成作业。不过，国丧虽不能影响织工们的工资，却会抬高缝工们的工资。因为，在这场合，感到不足的是劳动，对于劳动，换言之，对于待成的作业，有效需求便大于现有供给量。国丧减低了花彩丝绸和棉布的价格，从而减低了持有多量花彩丝绸和棉布的商人的利润，以及精制这些商品的劳动者的工资。因为这时候，对于这些商品和生产这些商品的劳动者的需要，都不免要停顿半年甚或一年。于是，这类商品与这类劳动都供过于求。

各种商品的市场价格，虽可说有不断地趋向自然价格的趋势，但有许多商品，有时由于特殊的意外事故，有时由于天然的原因，有时又由于特殊政策的规定，其市场价格能在相当长时期内大大超过其自然价格。

当某一商品因有效需求增加而市价比自然价格高得多的时候，这商品的供给者大抵都小心翼翼地隐瞒这种变化情况。要是被人知道，其丰厚的利润定会诱使许多新竞争者向这方面投资。结果，有效需求完全得到供给，这商品的市场价格不久就降低到自然价格，甚或降低到自然价格之下。如果供给者距市场很远，他们有时能保持秘密数年，而在这数年内，他们就可独享非常的利润。不过，必须承认，这种秘密很少能长久保守，而那非常的利润只能在这秘密未给人知道以前独享。

制造业方面的秘密，比商业方面的秘密，能保守得长久些。一个染业者，如果发现了一种制造染料的方法，其所费仅及通常方法的一半，而他又能妥善处理，他就能终生独享这发现的利益，甚至能把它传给子孙。这种额外利得是来自他个人劳动的高价格，所以可适当地说是他个人劳动的高工资，但因为他资本每一部分一再得到这种利得，而且他的利得总额与其资本总额保有一定比例，所以，通常都不说它是劳动的高工资，而说它是资本的额外利润。

市价的这种增高，显然是起因于特殊的偶发事件，不过它的作用有时能够持续好多年。

有些自然产物的产出，需要一种特殊土壤与特殊位置，以致一个大国中适于生产这些产物的土地即使全被使用，怕仍不够供应有效需求。因此，这种产物的全部上市量有可能售给那些愿支付特别价格的人，就是说，他们所支付的价格超过按自然率计算，足够支付生产它们的土地的地租，以及产制和运销所用的劳动的工资和资本的利润的价格。这种商品可连续数世纪按这种高价出售。这样，其价格中，地租部分一般高于按自然率计算的地租。生产这样珍贵产物的土地的地租，例如有优良土壤和位置的法国珍贵葡萄园的地租，和其邻近同样肥沃和同样精耕细作的其他土地的地租，不经常保持一定的比例。反之，其价格中劳动工资及资本利润部分，和邻近其他地方的劳动工资及资本利润，却往往保有自然的比例。

市价的这种增高，显然是起因于天然的原因。这种原因会使有效需求不能取得充分的供给，而它的作用，因此将永远继续下去。

给个人或商业公司以垄断权，其作用与商业或制造业中保守秘密相同。垄断者使市场存货经常不足，从而使有效需求永远不能得到充分供给。这样，他们就能以大大超过自然价格的市价出卖他们的商品，而他们的报酬，无论是工资或是利润，都大大超过其自然率。

垄断价格，在各个时期，都是可能得到的最高价格。反之，自然价格或自由竞争的价格，虽不是在各个时期，但在长期间内，却是可能有的最低价格。垄断价格，在各个时期，都是能向买者榨取的最高价格，或者是想象中买者愿支付的最高价格，而自然价格或自由竞争的价格，却是卖者一般能接受的最低价格，也就是他能够继续营业的最低价格。

同业组合的排他特权、学徒法规，以及限制特殊职业上竞争人数的各种法规，虽然在程度上不及垄断，但在趋向上却与垄断相同。它们是一种扩大的垄断，往往使某些产业所有商品的市价能长久超过自然价格，并使生产这些商品所使用的劳动的工资和资本的利润稍稍超过其自然率。

市价的这种增高，显然是起因于各种法规的规定。只要这种种法规继续有效，市价的这种增高就会继续存在。

任何一个商品的市价虽能长期高于其自然价格，但不能长期低于其自然价格。价格中任何一个组成部分要是低于自然率，其利益受到影响的人立刻就会感觉到这种损失，立刻就会从使用中撤回一部分土地或劳动或资本，使上市的商品量，恰恰只够供应有效需求。因此，市价不久便将升到自然价格的水平。至少在有完全自由的地方情况是这样。

在制造业繁荣时，学徒法规与其他各种法规，虽能使劳动者的工资抬高到自然率以上，但一旦制造业衰微，却使劳动者的工资降落到自然率以下。因为，这些法规，在前一场合，妨阻他人进入他们的职业，在后一场合，妨阻他们改就许多别种职业。不过，这些法规，对抬高劳动者的工资起着相当长期的作用，但对降低劳动者的工资却没起着那么长久的作用。就前者说，这些法规的作用可持续好多世纪；就后者说，当那些在产业繁荣时受过职业训练的劳动者有一些死去的时候，这些法规的作用便不能继续下去。在他们死去以后，学习这一职业的劳动者人数自会适合于有效需求。至于像印度和古代埃及那样，各个人依据教规，都有承继父业的义务，变更职业，即科以最可怕的渎神之罪，那就无论对于什么职业，亦不难使其劳动工资或资本利润一连几代都落在自然率以下。

关于商品的市场价格与自然价格一时的差异或永久的差异，我想我所要说的只此而已。

自然价格本身随其组成部分即工资、利润和地租的自然率的变动而变动。但无论在什么社会，这种自然率都随着社会的贫富、进步退步或停滞而变动。我在以下四章内，将竭尽所能，详细明了地说明这些变动的原因。

第一，我要努力说明，什么情况自然而然地决定工资率，而这些情况，又怎样受社会的贫富、进步退步或停滞的影响。

第二，我要努力说明，什么情况自然而然地决定利润率，而这些情况，又怎样受上述社会状况的变动的影响。

第三，我要努力说明，什么情况支配下面要说的比例。货币工资与货币利润虽因劳动及资本的用途不同而大不相同，但各种劳动用途的货币工资和各种资本用途的货币利润似乎都有一定的比例。如后章所要说明的那样，这种比例部分取决于各种用途的性质，部分取决于所在社会的不同法律和政策。不过，这种比例，虽在许多方面受法律和政策的支配，但似乎不受所在社会贫富、进步退步或停滞等状况的影响，而在所有这些不同状况中保持不变，或几乎不变。

第四，我要努力说明，什么情况支配土地地租，并使一切土地生产物的真实价格或是上升或是下降。

第八章　论劳动工资

劳动生产物构成劳动的自然报酬或自然工资。

在土地尚未私有而资本尚未累积的原始社会状态下，劳动的全部生产物属于劳动者，既无地主也无雇主来同他分享。

这种状态如果继续下去，劳动工资将随着分工所引起的劳动生产力的增大而增加起来。但一切物品却将日渐低廉，因为生产它们所需要的劳动量变小了。在这种状态下，等量劳动所生产的各种商品自然可以互相交换，所以，要购买各种商品，只需较少数量的劳动生产物。

可是一切物品，尽管实际上变得低廉，但表面上却有些物品似比从前昂贵，换句话说，可交换较多数量的其他货物。假定大多数产业的劳动生产力增加十倍，即现今一天劳动的生产量十倍于从前一天的劳动，而某一种产业的劳动生产力却只增加一倍，即这产业现今一天劳动的生产量只二倍于从前一天的劳动。在这场合，这大多数产业一天劳动生产物，如果与那产业一天劳动生产物交换，那么前者以原工作量的十倍，不过购入后者原工作量的二倍。因此，后者的一定分量，例如一磅，就似乎比从前贵了五倍。但其实却是比从前低廉了二分之一。购买这一磅货物所需的其他货物量虽五倍于从前，但生产或购买这一磅货物所需的劳动量却不过等于从前的二分之一。所以，现今获得此物比从前容易了两倍。

但劳动者独享全部劳动生产物的这种原始状态，一到有了土地私有和资本累积，就宣告终结了。所以，在劳动生产力尚未有显著改善以前，这种原始状态早已不复存在了；要就此种状态对劳动报酬或劳动工资所可能有的影响作进一步的探讨，那是徒劳无功的。

土地一旦成为私有财产，地主就要求劳动者从土地生产出来或采集到的几乎所有物品中分给他一定份额。因此，地主的地租，便成为要从用在土地上的劳动的生产物中扣除的第一个项目。

一般耕作者大都没有维持生活到庄稼收割的资料。他们的生活费通常是由雇用他们的农业家从他的资本项下垫付的。除非他能分享劳动者的生产物，换言之，除非他在收回资本时得到相当的利润，否则他就不愿雇用劳动者。因此，利润成为要从用在土地上的劳动的生产物中扣除的第二个项目。

其实，利润的扣除，不仅农业生产物为然，一切其他劳动的生产物亦莫不如是。在一切工艺或制造业中，大部分劳动者在作业完成以前都需要雇主给他们垫付原材料、工资与生活费。雇主分享他们的劳动生产物，换言之，分享劳动对原材料所增加的价值，而这一分享的份额便是他的利润。

一个独立工作的工人，有时也有资力，足以自行购买原材料，并维持自己生活，一直到作业完成。他兼有劳动者及雇主的身分，享有全部劳动生产物，即享有劳动所加于原材料的全部价值。因此，他的利得包含通常属于两个不同身分的人所有的两种不同收入，即资本利润与劳动工资。

可是，这种实例不很多。就全欧洲说，其比例是，在老板下面工作的工人有二十个，自己独立工作的工人只有一个。而且，劳动工资一语，都普遍理解为，在劳动者为一人而雇用他的资本所有者另为一人的一般情况下，劳动获得的工资。

劳动者的普通工资，到处都取决于劳资两方所订的契约。这两方的利害关系绝不一致。劳动者盼望多得，雇主盼望少给。劳动者都想为提高工资而结合，雇主却想为减低工资而联合。

但在一般的争议情况下，要预知劳资两方谁占有利地位，谁能迫使对方接受自己提出的条件，绝非难事。雇主的人数较少，团结较易。加之，他们的结合为法律所公认，至少不受法律禁止。但劳动者的结合却为法律所禁止。有许多议会的法令取缔为提高劳动价格而结合的团体，但没有一个法令取缔为减低劳动价格而结合的组织。况且，在争议当中，雇主总比劳动者较能持久。地主、农业家、制造者或商人，纵使不雇用一个劳动者，亦往往能靠既经蓄得的资本维持一两年生活；失业劳动者，能支持一星期生活的已不多见，能支持一月的更少，能支持一年的简直没有。就长时期说，雇主需要劳动者的程度，也许和劳动者需要雇主的程度相同，但雇主的需要没有劳动者那样迫切。

据说，工人的结合常常听到，而雇主的结合却很少听到。可是，谁要是因此认为雇主实际很少结合，那就未免昧于世故，不了解这问题的真相了。雇主们为使劳动工资不超过其实际工资率，随时随地都有一种秘而不宣的团结一致的结合。破坏团结，随时随地都是最不名誉的行动，都为近邻和同业者所耻笑。我们所以不常听到这种结合，正因为那是一种不被人知道的普通结合，或者可以说是一种自然结合。此外，雇主们为要把劳动工资减低到其实际工资率以下，有时也组织特殊的结合。此种结合，直到达到目的为止，总是保持极度的沉默与秘密。劳动者这时虽痛切感到资方的这种秘密结合，却往往无抵抗地屈服，其他人因此都不知道。不过，对于雇主的这种结合，工人们往往也组织对抗的防御性结合。而且，即在没有这种雇主结合的时候，工人们为提高劳动价格，有时也自动结合起来。他们所持的理由，有时是食粮腾贵，有时是雇主从他们的劳动得到过多的利润。他们的结合，无论是防御性的或是攻击性的，总是声闻遐迩。为求争点迅速解决，他们老是狂呼呐喊，有时甚至用极可怕的暴力。他们处于绝望的境地，铤而走险，如果不让自己饿死，就得胁迫雇主立即答应他们的要求。这时，雇主也同样喧呼呐喊，请求官厅援助，要求严厉执行取缔工人结合的严峻法规。因此，工人很少能从那些愤激的结合的暴动中得到利益。那些结合，部分因为官厅干涉，部分因为雇主较能持久，部分因为大多数劳动者为了目前生计不得不屈服，往往以为首者受到惩罚或一败涂地而告终。

不过，在争议中，雇主虽常居于有利地位，但劳动工资有一定的标准，在相当长的期间内，即使最低级劳动者的普通工资，似也不能减到这一定标准之下。

需要靠劳动过活的人，其工资至少须足够维持其生活。在大多数场合，工资还得稍稍超过足够维持生活的程度，否则劳动者就不能赡养家室而传宗接代了。坎梯隆似乎因此推测，最下级普通劳动者，为供养儿女二人，至少须取得倍于自身所需的生活费，而其妻子，由于需要照料儿女，其劳动所得，只够维持自己。但据一般计算，常有半数儿童在未成年以前死去。因此，最贫穷的劳动者按照上述计算，一般都想至少养育四个孩子，以便能有两个孩子活到成人年龄。但坎梯隆认为，四个孩子的必要扶养费也许和一个成年人的生活费几乎相等。他还说，一个强壮奴隶劳动的价值，算来倍于其生活费，一个最低级劳动者劳动的价值，不可能低于一个强壮奴隶劳动的价值。因此，至少这一点似乎是肯定的：为赡养家属，即使最低级普通劳动者夫妇二人劳动所得，也必须能稍稍超过维持他俩自身生活所需要的费用。但是，这种超过额，是按什么比例，是按上述比例，或是按其他比例，我不想加以确定。

可是，有某些情况，有时也使劳动者立于有利地位，并使他们能够得到大大超过上述工资的工资。很明显，上述工资是符合一般人道标准的最低工资。

不论何国，如果对那些靠工资过活的人，即工人、散工、各种佣人等的需求不断地增加，换言之，如果每年提供的就业机会都比前一年多，劳动者就没有为着提高工资而结合的必要。劳动者不够，自会导致雇主间的竞争；雇主们竞相出高价雇用劳动者，这样他们就自动冲破了防止工资提高的自然结合。

很明显，对工资劳动者的需求，必定随着预定用来支付劳动工资的资金的增加而成比例地增加。这种资金有两种：一，超过维持生活需要的收入；二，超过雇主自己使用需要的资财。

地主、年金领受者、有钱人，如果认为自己的收入除维持身家外还有剩余，他们一定会把剩余额的全部或一部分，用来雇用若干家仆。这剩余额增加，他们所雇用的家仆自然也随之而增加。

织工、鞋匠这一类独立工作的劳动者所持的资本，如果除了购买供自己使用的原材料并维持他在货品出售以前的生活外，还有剩余，他自然也会以这剩余额雇用一个乃至数个帮工，以便靠他们的劳作获利。这剩余增加，他所雇帮工的人数自然也随之而增加。

因此，对工资劳动者的需求，必随一国收入和资本的增加而增加。收入和资本没有增加，对工资劳动者的需求绝不会增加。而收入和资本的增加，就是国民财富的增加。所以，对工资劳动者的需求，自随国民财富的增加而增加。国民财富不增加，对工资劳动者的需求绝不会增加。

然而，使劳动工资增高的，不是庞大的现有国民财富，而是不断增加的国民财富。因此最高的劳动工资不在最富的国家出现，而却在最繁荣，即最快变得富裕的国家出现。今日英格兰确比北美各地富，然北美各地的劳动工资却比英格兰各地高。纽约地方，普通劳动者一日的工资为美币三先令六便士，合英币二先令；造船木匠为美币十先令六便士，外加值英币六便士的糖酒一品脱，全部合英币六先令六便士；泥水匠及建筑木匠为美币八先令，合英币四先令六便士；裁缝帮工为美币五先令，合英币二先令十便士。这些价格都在伦敦价格之上。据说，其他殖民地的工资也和纽约同样高。食品的价格，北美各地都比英格兰低得多。北美从来没有饥荒现象。即在歉收的年度，只不过减少输出，没感到自己供给不足。所以，北美劳动的货币价格如果比母国各地高，那么其真实价格，即其货币价格对劳动者提供的支配生活必需品和便利品的实际能力，在比例上必定比母国更高。

北美虽没有英格兰那样富裕，但比英格兰更繁荣，并以大得多的速度增加财富。一国繁荣最明确的标识，就是居民人数的增加。

英格兰以及欧洲大多数其他国家的居民，在大约五百年内，不敢说有一倍的增加，但在北美英属各殖民地，在二十年或二十五年内，就增加了一倍。就现在说，这种迅速增加的主要原因，不是新居民的不断移入，而是人口的迅速繁殖。据说，当地高龄居民往往能亲眼看到五十、一百甚至一百个以上的直系子孙。由于劳动报酬优厚，多子女不但不成为室家之累，反而成为家庭富盛的源泉。在离去双亲家庭以前，每个儿女的劳动，推算起来，足有纯收益一百镑的价值。一个有四五个孩子的青年寡妇，在欧洲中等及下等人民间，很少能找到第二丈夫，但在北美地方，那些儿女常是诱使男子向她求婚的财产。儿童的价值是结婚的最大鼓励。所以，北美人的早婚是毫不足怪的。可是，尽管早婚招致了人口很大的增加，但北美人民却仍不断发出劳动者不足的诉苦声。对劳动者需求的增加，和维持劳动者资金的增加，似乎比劳动供给的增加快得多。

一国尽管非常富有，如若长久陷于停滞状态，我们就不能希望在那里找到极高的工资。指定用来支付工资的资金，换言之，居民的收入和资本，也许达到极大的数额。但这数额如果数世纪不变，或几乎不变，那么每年所雇用的劳动者人数就很容易供应下一年所需劳动者人数，甚或还有剩余。这样，劳动者既不缺少，雇主也不会为要获得劳动者而相互竞争。在另一方面，劳动者的增加却自然会超过需要雇用的人数。就业机会常感不足，于是劳动者为要获得工作，不得不互相竞争。假如，该国劳动者的工资，本来足够养活他们各自的身家而且还有剩余，那么劳动者间的竞争和雇主们的利害关系，不久就会使工资减低到合乎一般人道标准的最低工资。中国一向是世界上最富的国家，就是说，土地最肥沃，耕作最精细，人民最多而且最勤勉的国家。然而，许久以来，它似乎就停滞于静止状态了。今日旅行家关于中国耕作、勤劳及人口稠密状况的报告，与五百年前视察该国的马可·波罗的记述比较，几乎没有什么区别。也许在马可·波罗时代以前好久，中国的财富就已完全达到了该国法律制度所允许的发展程度。各旅行家的报告，虽有许多相互矛盾的地方，但关于中国劳动工资低廉和劳动者难于赡养家属的记述，则众口一词。中国耕作者终日劳作，所得报酬若够购买少量稻米，也就觉得满足。技工的状况就更恶劣。欧洲技工总是漫无所事地在自己工场内等候顾客，中国技工却是随身携带器具，为搜寻，或者说，为乞求工作，而不断在街市东奔西走。中国下层人民的贫困程度，远远超过欧洲最贫乏国民的贫困程度。据说，在广州附近，有数千百户人家，陆上没有居处，栖息于河面的小渔船中。因为食料缺乏，这些人往往争取欧来船舶投弃船外的最污秽废物。腐烂的动物尸体，例如死猫或死犬，纵使一半烂掉并发臭，他们得到它，正像别国人得到卫生食品那么高兴。结婚，在中国是受到了奖励的，但这并不是由于生儿育女有出息，而是由于有杀害儿童的自由。在各大都市，每夜总有若干婴孩被委弃街头巷尾，或者像小狗一样投在水里。而这种可怕的杀婴工作，据说是一部分人公然自认的谋生手段。

不过，中国虽可能处于静止状态，但似乎还未曾退步。那里，没有被居民遗弃的都市，也没有听其荒芜的耕地。每年被雇用的劳动，仍是不变，或几乎不变；因此，指定用来维持劳动的资金也没显然减少。所以，最下级劳动者的生活资料虽很缺乏，但还能勉强敷衍下去，使其阶级保持着原有的人数。

在指定用来维持劳动的资金显著减少的国家里，情形就截然不同了。每年各等职业所需要的雇工和劳动者，都比前一年少。许多不能在上等职业中找得工作的上等阶级人民，也想在最下等的职业中找工作。这样，在最下等职业中，就不但有了超过需要的最下级劳动者，而且还有过多的从其他各阶级纷纷拥入的人。结果，职业的竞争变得非常剧烈，以致把劳动工资减低到极悲惨、极贫困的生活水准。而且，即使忍受这些苛刻条件，还有许多人找不到职业。这些人，要么饿死，要么沦为乞丐，不然也许只有搞罪大恶极的勾当才能取得生活资料。接着，穷乏、饥饿和死亡等灾祸就落到最下级的劳动者身上，后来波及所有上等阶级，终至国内居民减少到经过苛政或灾祸而硕果仅存的收入和资本所能容易维持的人数。东印度的孟加拉及其他若干英领殖民地的现状，也许几乎就是如此。如果一个国家土地肥沃，人口又经大大减少，因而生活资料并不十分困难，可是年年仍不免有三四十万人因饥饿而濒于死亡，我们就可以断言，那是因为该国指定用来维持贫困劳动者的资金正在迅速减少。英国保护和统治北美的政治机构和压迫与压制东印度的商业公司的不同性质，用这两地的不同情况来说明，也许是再好不过的。

所以劳动报酬优厚，是国民财富增进的必然结果，同时又是国民财富增进的自然征候。反之，贫穷劳动者生活维持费不足，是社会停滞不进的征候，而劳动者处于饥饿状态，乃是社会急速退步的征候。

看来，不列颠现今的劳动工资，显然超过了维持劳动者一家生活所需的数额。为证明这一点，我们无须作烦琐或未必有结果的计算，来推定劳动者至少需多少工资，才能养活一家。有很多明显征象表明，不列颠各地劳动工资，不是以符合人道标准的最低工资为准则的。

第一，不列颠几乎所有地方，甚至最低级劳动也有夏季工资与冬季工资的区别。夏季工资总是最高工资。但冬季有薪炭临时开支，故冬季家庭生活费在一年中为最大。生活费最低时，工资反而最高，这就表明，劳动工资不受最低生活所需要的数额的支配，而受工作的数量及其假定价值的支配。也许有人说，劳动者应贮藏夏季工资的一部分，来支付冬季费用，而他全年的工资，并不超过他一年中维持身家所需要的数额。可是，奴隶或绝对仰赖他人为活的人所得到的待遇，却不是这样。他的日常生活资料，都和他的日常需要相称。

第二，不列颠的劳动工资，不随食品价格变动而变动。食品价格，到处都年年变动，常常月月变动。但有许多地方的劳动的货币价格，有时经过半世纪，还仍旧不变。因此，假若这些地方的贫穷劳动者，在食品最昂贵的年岁，能够维持他的身家，那么，在食品价格一般而供给又很充足的年岁，必能过舒适生活；在食品异常低廉的年岁，就过着优裕生活。在过去十年中，不列颠有许多地方食物昂贵，而劳动的货币价格并不随着显著提高。固然，确有些地方的劳动的货币价格提高了，但那与其说起因于食物的昂贵，倒不如说起因于劳动需求的增加。

第三，就不同年度说，食品价格的变动，大于劳动工资的变动，而就不同地方说，劳动工资的变动，却大于食品价格的变动。面包和家畜肉的价格，在不列颠几乎所有地方一般相同，或大约相同。

这两种商品以及大多数其他零售商品(贫穷劳动者零购的一切物品),在大都市和在僻远地方,价格是同样低廉,或者,大都市方面还比较低廉,其原因我以后说明。但大都市与其附近地带的劳动工资,往往比数英里以外地方的劳动工资,高五分之一或四分之一,即高百分之二十或百分之二十五。伦敦及其附近劳动的普通价格,可以说是每日十八便士。数英里以外,即减低到十四便士或十五便士。爱丁堡及其附近劳动的普通价格,可以说是每日十便士,数英里以外,就低落到八便士。八便士是苏格兰低地一带大部分地方的普通劳动的普通价格,在那里,这价格的变动比英格兰少得多。劳动价格上的差异,虽未必会驱使一个人由一教区移到另一教区去,但货物价格这样的差异,却必然使许多容积巨大的货物,从一教区到另一教区,从国内一个地方到另一个地方,甚至可以说从世界的一端到另一端的运输,变得非常频繁,不久就使它们趋于均衡。人性见异思迁,虽早有定论,但根据我们的经验,人类却显然又是安土重迁,最不爱移动的。贫苦劳动者,在不列颠劳动价格最低廉的地方,要是能够维持家属,那么在不列颠工资最高的地方,就一定能过优裕的生活。

第四,劳动价格的变动,无论就时间说或就地方说,不但不与食品价格的变动一致,而且往往正相反。

一般人常食谷物的价格,苏格兰比英格兰高,苏格兰几乎每年都由英格兰输入大宗谷物。英格兰谷物,在输入谷物的苏格兰售卖的价格,必须高于在输出谷物的英格兰售卖的价格,但英格兰谷物在苏格兰市场售卖的价格,不能高于和它相竞争的同质量苏格兰本地谷物的价格。谷物品质的良否,主要要看它可磨得的粉量多寡而定。就这一点说，英格兰谷物，远胜于苏格兰谷物，所以，从外表说，或从其体积说，英格兰谷物的价格，虽高于苏格兰谷物的价格，但就其实质即品质或重量说，一般却比苏格兰低廉得多。可是，劳动价格，在苏格兰却比英格兰低。因此，贫苦劳动者，在联合王国的一部分即苏格兰，如能维持其家属，那么在联合王国的另一部分即英格兰，就必能过丰裕的生活。现今，苏格兰普通人民，以燕麦片为最常食和最好食物，这和英格兰同阶级人民最常食的食物比较，一般是坏得多。这种生活方式的差异，不是两地人民工资差异的原因，而是工资差异的结果，可是许多人却往往不可思议地倒果为因。甲富而乙贫，并不是因为甲有马，乙却步行，而是因为甲富能备有马车，乙贫不能不步行。

各年度计算，前世纪英格兰、苏格兰两地谷物价格，比现世纪高。现在，这是个不容置疑的事实，如必欲加以可能有的实证，那么苏格兰，比英格兰更为明确。因为苏格兰每年的公定谷价可作证明，苏格兰每年按市场实际状况，依宣誓手续，评定所属各地种种谷物的价格。如果这种直接证据还需要间接证据作为旁证，那么我说，法国甚或欧洲大多数地方的情况也是这样。就法国说，我们有了最明确的证明。不过，前世纪英格兰、苏格兰两地谷物价格，略高于现世纪，虽无可置疑，但前世纪两地劳动价格，比现世纪低得多，亦同样无可置疑。因此，假如贫穷劳动者，在前世纪能够维持他的家属，那么，他现在必定能过着舒适得多的生活。前世纪，在苏格兰大多数地方，普通劳动的最普通日工资，夏天为六便士，冬天为五便士。在苏格兰高地及西部各岛若干地方，工资还是一星期三先令或大约三先令。现在，在苏格兰低地，普通劳动的最普通工资，一天为八便士。在爱丁堡附近，在邻近英格兰因而可能受英格兰影响的各州，在劳动需求最近已大大增加的格拉斯哥、卡朗和爱州等附近，普通劳动的最普通工资一天为十便士，有时或为一先令。英格兰农工商业的改进，远较苏格兰为早。劳动的需求以及劳动的价格，必随此等改良而增加。因此，在前世纪和现世纪，英格兰的劳动工资高于苏格兰。而且从那时以来，英格兰的劳动工资，大大增加，但由于英格兰各地支付的工资，在种类上比苏格兰多，所以，要确定英格兰工资的增加率，比苏格兰困难。1614年，一名步兵一日的饷银，与现今同为八便士。当初规定这种饷额时，必然是以普通劳动者普通工资为标准，因为步兵大都征自这个阶级。查理二世时代，高等法院院长黑尔斯，推算劳动者六口（父亲母亲，略能工作的子女二人，全不能工作子女二人）之家的用费，一星期为十先令，即一年需二十六镑。他认为，如果他们不能靠劳动来赚得此数，他们就得靠乞讨或盗窃来凑成此数。黑尔斯对于这问题，似曾下了一番研究[①]。以熟习政治数学博得德维南博士的格里戈里·金，也曾于1688年推算一般劳动者及外佣工的普通收入，以为平均由三个半人合成的家庭，一年需费十五镑。从表面上看，金的计算，似与黑尔斯的计算有出入，但实则大体一致。他们都认为，这种家庭一星期的用费，每人约二十便士。从那时以来，王国多数地方，这种家庭的货币收入与货币费用，都有大的增加，不过有的地方增加多些，有的地方增加少些，而且所增加的，没有像最近刊布的关于现今劳动工资增高那些夸张报告所说的那么

① 参阅伯恩所著：《恤贫法的历史》中关于他所订的救贫计划。

多。必须指出，任何地方的劳动价格，都不能极正确地确定。因为，就是同一地方同一种类的劳动，也往往依照劳动者的巧拙以及雇主的宽吝，给付不同的价格。在工资没有法律规定的地方，我们想要确定的，只是最普通的工资。而且，经验似乎告诉我们，法律虽屡次企图规定工资，但实际上，却从未作出适当的规定。

现世纪，劳动的真实报酬，即劳动使劳动者得到的生活必需品和便利品的真实数量的增加，可能在比例上大于劳动货币价格的增加。不仅谷物的价格，比从前稍稍低廉，而且那些成为贫穷劳动者适意和卫生食料的许多其他东西的价格，也大大跌落。例如，现今王国大多数地方马铃薯价格，只有三四十年前的一半。从前用锹而今日普通用犁种植的芜菁、胡萝卜、卷心菜等的价格，也可以说和马铃薯同样低廉。一切蔬果，也变得低廉。我们知道，前一世纪英国消费的大部分苹果和洋葱，都是由弗兰德输入的。麻布制造和呢绒制造的大改良，给劳动者提供了质更好价更廉的衣服。贱金属制造的大改良，不仅给劳动者提供了更精良的职业用具，而且提供了许多快意的和便利的家具。诚然，肥皂、食盐、蜡烛、皮革及发酵酒，由于课税而抬高了价格，但其中，为贫穷劳动者所必须消费的分量，却极其有限。这小部分商品价格的昂贵，并不抵消其他多数物品价格的下落。世人往往说，奢侈之风，波及下等阶级，连贫穷劳动者现在也对从前的衣食住条件感到不满足，他们这样说，使我们确信，劳动的货币价格与其真实价格增大了。

下层阶级生活状况的改善，是对社会有利呢，或是对社会不利呢？一看就知道，这问题的答案极为明显。各种佣人、劳动者和职工，在任何大政治社会中，都占最大部分。社会最大部分成员境遇的改善，绝不能视为对社会全体不利。有大部分成员陷于贫困悲惨状态的社会，绝不能说是繁荣幸福的社会。而且，供给社会全体以衣食住的人，在自身劳动生产物中，分享一部分，使自己得到过得去的衣食住条件，才算是公正。

贫困无疑会使人不想结婚，但未必会使人不结婚。贫困似乎还有利于生育。苏格兰高地处于半饥饿状态的妇女，常生子女二十人以上，而奢侈的上等社会妇女，往往不能生育，一般只能生两三个。不妊症，虽为上等社会所常患，但在下等社会，却极少有。女性的奢侈，虽能刺激享乐的欲望，看来往往会削弱，而且常常会彻底破坏生育能力。

贫困虽不能阻止生育，但极不利于子女的抚养。柔嫩植物长出来了，但在土地寒冽和气候严酷的环境中，不久就枯死。我常听说，苏格兰高地常有一母产子二十个而活的只有一个的实例。几个富有经验的军官告诉我说，士兵在联队内生的全部儿童，漫说后来用以补充联队的缺额，即用以充当联队的吹鼓手，亦嫌不够。但是，在兵营附近看到的可爱孩子，却比其他地方多。这些孩子很少长到十三四岁。有些地方生出来的儿童，在四岁前，死去一半；有许多地方，在七岁前死去一半；在九、十岁前死去一半，几乎是一种普遍现象。这样大的死亡率，在各地方下等人民间都可看到。他们不能像上等人民那么注意养育子女。一般地说，他们的结婚，虽比上流社会的人更为多产，但他们的儿童中，达到成年的却比较少。与普通人民的儿童比较，育婴堂及教区慈善会内收养的儿童，死亡率还要大。

各种动物的增殖，自和其生活资料成比例。没有一种动物的增殖，能超过这个比例。然而，在文明社会，只有在下等人中间，生活资料不够才能限制人类进一步繁殖。要限制进一步的增殖，除了杀死他们多子女婚姻所生的大部分子女外，没有其他方法。

丰厚的劳动报酬，由于它使劳动者能够改善他们儿童的给养，从而使他们能够养大较多的儿童，势必会放宽和扩大上述限度。应该指出，上述限度扩大的程度，也必然尽可能和劳动需求所需要的程度相称。如果劳动需求继续增加，劳动报酬必然鼓励劳动者结婚和增殖，使他们能够不断增加人口，来供给不断增加的劳动需求。什么时候，要是劳动报酬不够鼓励人口增殖，劳动者的缺乏不久就会抬高劳动的报酬。什么时候，要是劳动报酬过分鼓励人口增殖，劳动者的过多不久就使劳动的报酬减到其应有的程度。在前一场合，市场上的劳动供给，如此不足，在后一场合，市场上的劳动供给，又如此过剩，结果都迫使劳动价格，不久又回到社会所需要有的适当程度。因此，像对其他商品的需求必然支配其他商品的生产一样，对人口的需求也必然支配人口的生产。生产过于迟缓，则加以促进；生产过于迅速，则加以抑制。世界各地，不论在北美，在欧洲，或是在中国，支配和决定人口繁殖程度的正是这一需求。这需求在北美，成为人口迅速增加的原因，在欧洲，成为人口缓慢而逐渐增加的原因，在中国，就成为人口不增不减的原因。

据说，奴隶的损耗，其损失在雇主，自由佣工的损耗，其损失却在他自身。其实，后者的损耗，与前者的损耗一样都是雇主的损失。各种职工和佣工，都必须给付这样的工资，使他们能够按照社会对他们的需求的增加、减少或不增不减等情况，而维持其种类。不过，自由佣工的损耗，虽同是雇主的损失，但与奴隶的损耗比较，则雇主所受损失又少得多。要是我可这样说，用作补充或修补奴隶损耗的资金，通常都由不留心的雇主或疏忽的监工管理。但修补自由佣工损耗的资金却由自由佣工自己管理。一由钱财通常管理得漫无秩序的富人管理，所以管理上自亦漫无秩序；一由处处节省和锱铢必较的穷人自己管理，所以管理上亦是处处节省和锱铢必较。在这样不同的管理下，相同的目的，却需要有大不相同的费用。所以，征之一切时代和一切国民的经验，我相信，由自由人做成的作品，归根到底比由奴隶做成的作品低廉。即在普通劳动工资很高的波士顿、纽约和费城，也是这样。

所以，充足的劳动报酬，既是财富增加的结果，又是人口增加的原因。对充足的劳动报酬发出怨言，就是对最大公共繁荣的必然结果与原因发出悲叹。

也许值得指出，不是在社会达到绝顶富裕的时候，而是在社会处于进步状态并日益富裕的时候，贫穷劳动者，即大多数人民，似乎最幸福、最安乐。在社会静止状态下，境遇是艰难的；在退步状态下，是困苦的。进步状态实是社会各阶级快乐旺盛的状态。静止状态是呆滞的状态，而退步状态则是悲惨的状态。

充足的劳动报酬，鼓励普通人民增殖，因而鼓励他们勤勉。劳动工资，是勤勉的奖励。勤勉像人类其他品质一样，越受奖励越发勤奋。丰富的生活资料，使劳动者体力增进，而生活改善和晚景优裕的愉快希望，使他们益加努力。所以，高工资地方的劳动者，总是比低工资地方的劳动者活泼、勤勉和敏捷。例如，英格兰劳动者比苏格兰劳动者强；大都会附近的劳动者比僻远农村的劳动者强。诚然，有些劳动者如能在四天中挣得足以维持一星期生活的生活资料，将无所事事地虚度过其余三天，但就大多数劳动者说，并不如此。反之，在工资按件计算时，许多劳动者往往没几年就把身体搞垮了。据说，伦敦及其他一些地方的木匠，不能保持最精壮气力到八年以上。此种现象，在工资按件计算的许多其他行业，常有发生。制造业一般是按件计算工资，连农村劳动在工资较通常为高的地方，也是按件计资。几乎各种技工，在特殊业务上，往往因操劳过度而生特殊疾病。意大利著名医生拉马齐尼，关于这类疾病，曾著有专书。我们不把我们的士兵看做勤劳人民，但在他们从事某项特殊工程而按件领受工资时，军官常须与领工者约定，他们每日报酬，按他们的报酬率，不得超过一定数额。在这条件订定之前，士兵常因相互竞争希望得到较大报酬而操劳过度，损害健康。一星期中四天过度的操劳，乃是其余三天闲散的真正原因，而世人对于这三天的闲散，却大发牢骚并大声叫嚣。大多数人在连续数天紧张的脑力或体力劳动之后，自然会强烈地想要休息。这欲望，除非受到暴力或某种强烈需要的抑制，否则是几乎压制不住的。天性要求，在紧张劳动之后，有一定程度的纵情快乐，有时只是悠闲自在一会儿，有时却是闲游浪荡和消遣娱乐。如不依从这要求，其结果常是很危险的，有时是致命的，不然，迟早亦会产生职业上的特殊疾病。如果雇主听从理性及人道主义的主宰，就不应常常鼓励劳动者勤勉，应当要他们适度地工作。我相信，在各个行业，一个能工作适度的人，能够继续不断工作，不仅长期保持健康，而且在一年中做出比其他人更多的工作。

有人说，在物价低廉的年度，劳动者大抵较平常懒惰；在物价高昂的年度，则较平常勤勉。他们由此得到结论：生活资料丰富，劳动者的工作，就弛缓起来；生活资料不足，劳动者的工作就紧张起来。说生活资料略较平常丰富，也许使一部分劳动者偷闲，那是无可置疑的，但若说大多数劳动者，都会因此怠于作业，或者说，一般人在吃得不好时，比吃得好时工作更好，在意志消沉时，比兴致勃勃时工作更好，在疾病时，比健康时工作更好，那似乎是不大可靠的说法。应该指出，对一般人民说，饥馑的年岁，往往是疾病死亡的年岁，而疾病和死亡，势必减低他们的劳动产物。

在物资丰厚的年度，佣工往往离开主人，靠自己劳动生活。但食品价格的低廉，由于增加用来维持佣工的资金，也鼓励雇主，尤其是农业家，雇用更多的佣工。因为在这时期，农业家与其以低廉市价出卖谷物，倒不如以谷物维持较多佣工，以期得到较大的利润。对佣工的需求增加，而供应这需求的人数却减少。所以劳动价格往往在物价低廉时上升。

在物资缺乏的年度，生计的困难与不安定，使这些佣工切望复得旧有的工作。但食品的高价，由于减少用来维持劳动的资金，使雇主倾向于减少现有的雇工，而不倾向于增加。况且，在物价高昂的年度，贫穷独立劳动者往往把从前用以购置材料的少额资本全部提出来消费，这样就不得不变为雇工。求职的人数，既然超过了就职的机会，许多人就只好接受比通常低的条件，来获取职业。所以在物价昂贵的年度，佣工和帮工的工资往往低落。

因此，各种雇主，在物价高昂的年度，和劳动者订结契约，比在物价低廉的年度更为有利，而且觉得，劳动者在前一场合，比在后一场合，更为恭顺，更愿依靠他们，所以，雇主们认为，物价高昂的年度，对他们的事业更为有利，那是很自然的。此外，地主和农业家喜欢物价高昂的年度，还有一个原因，那就是，他们的地租和利润，大部分决定于粮食的价格。不过，若说一般人在为自己工作时，工作较少，在为他人工作时，工作较多，那是再荒谬不过的。贫穷的独立劳动者，一般都比按件计资的帮工勤勉，因为前者享有自身劳动的全部生产物，后者则须与雇主分享。大制造厂中的雇工，容易受恶友诱惑，往往道德沦丧；独立劳动者却不易受此影响。工资以年或月计的雇工，不论工作多少，都得到同样的工资和津贴，就这一点说，独立劳动者的工作效率比这些雇工更大得多。物价高昂的年岁，倾向于增高独立劳动者对各种帮工和佣工的比例，而物价低廉的年岁，则倾向于减低其比例。

麦桑斯是法国一位博学多能的作家，在圣·埃蒂安选举时任贡税收税官。为要说明贫民在物价低廉时所做的工作比物价高昂时多，他曾把三种制造品——埃尔伯夫的粗毛织品和卢昂遍地皆是的麻织品与丝织品——在物价低时及物价高时的产量及价值，拿来比较。据他由官署登记簿抄下的报告，这三种制造品在物价低时的生产量及价值，一般都比物价高时大；物价最低的年度，生产量与价值，往往最大，而物价最高的年度，往往最小。这三种制造品似乎都处于生产停滞状态，其生产量，逐年计算，虽略有出入，但总的说来，却是不增不减。

苏格兰的麻织品和约克郡西区的粗毛织品，同是正在增加的制造品。其生产量与价值，虽时有变动，但大体上却在增高。不过，我曾检阅这些制造品年产额公布的记录，却不能发现年产额的变动与各时期的物价高低有什么显著关系。诚然，在物资非常不足的 1740 年，这两种制造品产量都有很大下降，但在物资仍是非常不足的1756年，苏格兰制造品产量却比常年多。同年，约克郡制造品产量却下降，其生产额直至1766年，换言之，直到美洲印花税法废止以后，才恢复到1755年的数额。在1766年和1767年，约克郡制造品生产额增加到前此所未有的程度，而且从那时起不断地增加。

以贩销远地为目的的一切大制造业的产品量，与其说必然取决于产地旺季价格是高或是低，倒不如说必然取决于消费国中影响商品需求的那些情况，取决于和平或战争，取决于其他竞争制造业的盛衰，取决于那些商品的主要顾客是高兴买还是不高兴买。此外，也许在物价低廉时期制造的额外作品，有大部分未曾登记在制造业公开记录上。离开雇主的男佣工，成为独立劳动者。妇女回到父母家中，从事纺织，给自身及家庭制造衣服。连独立劳动者也未必都制造售给大众的商品，而为邻人雇请，制造家庭用品。所以，他们的劳动产品，常没登记在公开记录上，这些记录，有时是那么夸张，而我们商人和制造业者，却往往根据这种记录，妄断最大帝国的盛衰。

虽然劳动价格的变动，不一定都与食物价格的变动一致，而且往往完全相反，但我们不可因此认为，食品价格对于劳动价格没有影响。劳动的货币价格，必然受两种情况的支配：其一，是对劳动的需求；其二，是生活必需品和便利品的价格。对劳动的需求，按照它是在增加、减少或不增不减，换言之，按照它所需要的是增加着的人口、减少着的人口或是不增不减的人口，而决定必须给予劳动者的生活必需品和便利品的数量，而劳动的货币价格，取决于购买这数量所需要的金额。所以，在食物低廉的场合，劳动的货币价格虽有时很高，但在食物昂贵而劳动需求继续不变的场合，劳动的货币价格却更高。

劳动的货币价格，在突然非常大的丰年，有时上升，而在突然非常大的荒年，有时下落，这是因为在前一场合，劳动的需求增加，而在后一场合，劳动的需求减少。在突然非常大的丰年，许多雇主手中的资金，足够维持和雇用比他们前一年所雇用的多的劳动者，而这些超过通常需要的劳动者，未必都能雇到，于是，要雇用更多劳动者的雇主，便相互竞争，这在有的时候就使劳动的货币价格及真实价格抬高起来。

在突然发生的非常大荒年，情形正相反。用来雇用劳动者的资金，既较前年度为少，便有许多人失业，于是他们为获得职业而相互竞争，这在有的时候就使劳动的真实价格与货币价格都下落。譬如在1740年这个非常大的荒年，有许多人只要有饭吃就愿工作。在后此的几个丰年里，雇用劳动者和雇工便比较困难了。

食品涨价，会提高劳动的价格，而物价昂贵年度的荒歉，由于减少了劳动需求，因而会降低劳动的价格。反之，食品跌价，会降低劳动的价格，而物价低廉年度的丰饶，由于增加了劳动需求，因而会抬高劳动的价格。在食品价格只有一般变动的场合，那两种对立原因，似乎会互相抵消。这也许就是劳动工资所以到处都较食物价格稳定得多、经久得多的一部分原因。

劳动工资的增加，必然按照价格中工资那一部分增高的比例，抬高许多商品的价格，并按照价格增高的比例，减少国内外这些商品的消费。但是，使劳动工资增加的原因，即资本的增加，却会增加劳动生产力，使较少的劳动生产较多的产品。雇用很多劳动者的资本家，为自己的利益打算，势必妥当分配他们的业务，使他们生产尽可能多的产品。由于同一原因，他力图把他和他的工人所能想到的最好机械供给他们。在某一特殊工厂内劳动者间发生的事实，由于同一理由，也在大社会的劳动者间发生。劳动者的人数愈多，他们的分工当然就愈精密。更多人从事于发明对各人操作最适用的机械，所以这种机械就容易发明出来。由于有了这些改良的机械，许多物品能用比从前少得多的劳动生产出来。这样，劳动量的减少，就不只抵偿劳动价格的增加。

第九章　论资本利润

资本利润的增减，与劳动工资的增减，同样取决于社会财富的增减。但财富状态对两者的影响却大不相同。

资本的增加，提高了工资，因而倾向于减低利润。在同一行业中，如有许多富商投下了资本，他们的相互竞争，自然倾向于减低这一行业的利润；同一社会各种行业的资本，如果全都同样增加了，那么同样的竞争必对所有行业产生同样的结果。

前面已经说过，即使要确定某一特定地方和某一特定时间的劳动的平均工资，也不容易。而且，所能确定的，只不过是最普通的工资。但就资本利润说，就连最普通的利润，我们也很少能够确定。利润极易变动，经营某特定行业的人，未必都能够说出他的每年平均利润是多少。他的利润，不但要受他所经营的那些商品价格的变动的影响，而且要受他的竞争者和顾客运气的好坏、商品在海陆运输上甚或在堆栈内所可能遭遇的许许多多意外事故的影响。所以，利润率不仅年年变动，日日变动，甚至时时刻刻都在变动。要确定一个大国内各行业平均利润，必然更加困难；至于要相当准确地确定从前或现今的利润，那必定是完全不可能的了。

不过，我们要相当准确地确定往昔或现今的资本平均利润，虽不可能，但我们可从货币的利息上略知其梗概。可以提出这样一个原则：在使用货币所获较多的地方，对于货币的使用，通常支付较多的报酬；在使用货币所获较少的地方，对于货币的使用，通常支付较少的报酬。我们由此确信，一国内资本的一般利润，必定随着其市场的一般利息率的变动而变动。利息率下落，利润必随着下落；利息率上升，利润必随着上升。所以，利息的变动情况，可使我们略知利润的变动情况。

亨利八世第三十七年以法令宣布，一切利息不得超过百分之十。可见，以前的利息有的时候是在百分之十以上。其后，热心宗教的爱德华六世，受宗教的影响，禁止一切利息。但这种禁令，和同性质的其他各种禁令一样，据说没产生效果，而高利贷的弊害，没有减少，反而增加了。于是，亨利八世的法令，由于伊丽莎白女王第十三年的法令第八条的规定，又发生效力了。此后，百分之十常为法定利息率，直到詹姆士一世第二十一年，才把它限定为百分之八。复辟后不久，利息率减为百分之六。安妮女王第十二年，再减至百分之五。这一切法律的规定，看来极其适当。它们都是在市场利息率即有良好信用的人通常借款的利息率变动之后作出的，并不是走在前头。自安妮女王时代以来，百分之五的利息率，似乎比市场利息率高，而不比它低。在晚近战争以前，政府曾以百分之三的利息率借款，而王国首都及其他许多地方，有良好信用的人则以百分之三点五、百分之四、百分之四点五等利息率借款。

我国自亨利八世以来，财富与收入都在不断增加，而且在进展过程中，其速度似乎是逐渐增加，而不是减少。不仅日在进步，而且进步得越来越快。这期间的劳动工资不断增加，而大部分工商业的资本利润却在减少。

在大都市经营一种行业，往往比乡村需要更多的资本。各种行业上所使用的资本的庞大和富裕的竞争者人数的众多，乃是都市资本利润率一般低于农村资本利润率的原因。但是，都市的劳动工资，一般都比农村高。在繁荣的都市，拥有大量生产资本的人，往往不能按他们所需要的人数雇到劳动者，所以他们互相竞争，这样就抬高劳动工资而减低资本利润。在没有充分资本来雇用全体劳动者的偏僻地方，一般人民为获得职业而相互竞争，于是劳动工资降落，而资本利润增高。

苏格兰的法定利息率虽与英格兰相同，市场利息率却高些。该地有良好信用的人，通常不能以少于百分之五的利息率借款。就连爱丁堡的私立银行，对于随时兑现全部或一部分的期票，也给予百分之四的利息。伦敦的私立银行，对于储入的资金，不给付利息。在苏格兰经营几乎所有行业，所需资本都比英格兰少。所以苏格兰普通利润率，比英格兰高些。上面已经说过，苏格兰的劳动工资，比英格兰低。此外，苏格兰不仅比英格兰穷得多，其进展的速度也慢得多，尽管它明显的是在前进。

法国法定利息率，在本世纪内，不常受市场利息率的支配。[①] 在1720年，法定利息率，由二十分之一落到五十分之一，即由百分之五落到百分之二。在1724年，提到三十分之一，即提到百分之三点三。在1725年，再提到二十分之一，即提到百分之五。1766年，拉弗迪执政，又减到二十五分之一，即百分之四。其后，神父特雷执政，又恢复到原来的百分之五。一般认为，这样强行抑制法定

① 丹尼萨：《关于利息率》，第3卷，第18页。

利息率的目的，在于为减低公债利息率做准备；这种目的有时确曾达到。就现在说，法国也许没有英国那么富裕。法国的法定利息率一般比英国低，而市场利息率却一般比英国高。这是因为法国，像其他国家一样，有了很安全和很容易的回避法律的方法。据在英法两国经商的英国商人说，法国的商业利润比英国高；正由于这个原因，许多英国人不想把资本投在重商的本国，却愿投在轻商的法国。法国的工资比英国低。你如果由苏格兰到英格兰去，你所看到的这两地普通人民服装和面色的差异，可充分表示这两地社会状况的差异。然而，假如你从法国回到英国来，这种对照就更为鲜明了。法国无疑比苏格兰富裕，但其进步速度似乎不及苏格兰。对于苏格兰，人们一般甚或普遍认为，它正在退步；此种见解，即使对法国说，也是没有根据的；一个二三十年前曾到过苏格兰视察而现在又到那边视察的人，绝不会对它抱有此种见解。

反之，就领土面积及人口的比例说，荷兰比英格兰富裕。荷兰政府以百分之二的利息率借款，而有良好信用的人民以百分之三的利息率借款。据说，荷兰的劳动工资比英格兰高。大家又都知道，荷兰人经营生意所获利润，比欧洲其他任何国人都低。有些人说，现今荷兰的商业正在衰退。就商业的某些部门说，也许确是如此。但上面所说的征候似可表明，该国商业并未一般衰退。当利润减少时，商人们往往都埋怨说商业衰退了；可是利润减少，乃是商业繁盛的自然结果，或是所投资本比以前更多的自然结果。在晚近英法战争中，荷兰人乘机获得了法国全部运输业务，而且直到现今，还有一部分操纵在荷兰人手中。英法的国债，成为荷兰人一宗大财产。据说，单就英国说，就有大约四千万镑（但我以为这说得过大)。此外,荷兰人还把巨额资金贷给较本国利息率为高的外国的私人。这些事实,无疑表示他们资本的过剩,或者说,他们的资本已增加到投在本国适当生产上不能得相当利润的程度,但不表示商业衰退。由经营特定行业而获得的私人资本,虽增加到不能尽行投在这一行业上的程度,但这一行业仍继续增进;大国的资本也可有这种情况。

在我国北美及西印度的殖民地,劳动工资、货币利息以及资本利润,都比英格兰高。各殖民地的法定利息率和市场利息率,是百分之六到百分之八。不过,劳动的高工资和资本的高利润同时存在,是新殖民地特殊情况所特有的现象,而在其他地方是很少见的。在新殖民地中,资本对领土面积的比例以及人口对资本的比例,在一定期间内必定比大多数国家低。他们所有的土地,多于他们资本所能耕作的土地,所以,他们只把资本投在土质最肥沃和位置最适宜的土地上,即投在海滨和可航行河流沿岸各地。此外,购买这等土地的价格,往往低于其自然生产物的价值。为购买并改良这等土地而投下的资本,必然产生极大的利润,因而使他们能够支付非常高的利息。投在这种有利用途上的资本的迅速积累,使种植园所有者能雇用的工人数,很快增加到新殖民地不能供应的程度。这样,他们能在新殖民地雇到的劳动者的报酬,便极其优裕。但是,随着殖民地的扩展,资本利润就逐渐减少。土质最肥沃和位置最好的土地既全被占有,耕作土壤和位置较差的土地所能取得的利润,便减少了,而用在土地上的资本,也只能提供较低的利息。在现世纪中,我国殖民地大部分法定利息率和市场利息率,都因此大大减低。随着财富、改良工作及人口的增进,利息低落了。劳动工资却不与资本利润共同跌落。不论资本利润如何，对劳动的需求，随资本增加而增加。利润尽管减低，资本却不但继续增加，而且比以前增加得更为迅速。就此点说，勤劳的国家和勤劳的个人都一样。大资本利润虽低，但比高利润的小资本，一般增加得更为迅速。俗语说，货币产生货币。已经取得了少许，不愁不能取得更多。最困难的是这少许的取得。在前面，我已就资本的增加和业务的增加，即资本的增加和对有用劳动的需求的增加这两者的关系，作了部分的说明，以后在论述资本积累时，当详加说明。

新领土的获得或新行业的开展，即使在财富正在迅速增加的国家，也会提高资本利润，因而也会增加货币利息。由于这国家的资本，不够应付这种新获得或新发展所给各个人带来的全部业务，所以只把它投在能提供最大利润的那些行业上。以前投在其他行业上的资本，必有一部分撤回来，转入更有利的新行业。所以，在那些旧行业，竞争便没有从前那么剧烈，而市场上各种货物的供给也减少了。货物减少，价格势必或多或少地上升，这就对经营者提供更大的利润，而他们也能以比从前高的利息率借入资金。在晚近战争结束以后不久，有良好信用的个人，乃至一些伦敦最大商号，一般以百分之五的利息率借款。在战前，他们通常没支付过百分之四或百分之四点五以上的利息。这可由我国占领北美和西印度曾增加我国领土与商业那一事实来充分说明，用不着设想我国资财已经减少。旧资本所要经营的业务增加得那么多，那必然会使很多行业的资本量减少，结果，在这些行业，由于竞争已较和缓，利润必然增加。我相信，晚近战争的巨大费用，并没使不列颠的资财减少，其原因，我以后将加以说明。

但是，社会资财即维持产业的资金的减少，使劳动工资降低，因而使资本利润以及货币利息增高。由于劳动工资低落，社会上剩有的资本的所有者，以货品提供市场所需的费用，比以前少；由于他们以货品提供市场所用的资本比从前少，他们能够以比从前高的价格出售货物。所费较少，所得较多，他们的利润从两方面增加，因此能够出高的利息。在孟加拉及东印度其他英领殖民地，获得巨大资产是那么快、那么容易这一事实，可以证明这些贫苦地方的劳动工资非常的低而资本利润非常的大。其货币利息也相应地非常的高。孟加拉农家往往以百分之四十、五十或六十的利息借入资金，并以次期的收获物作为抵押。能够担负这种高利息的利润，必然侵占地主的几乎所有地租，而这样高的利息，也必然侵占利润的大部分。罗马共和国衰亡以前，各地方在总督竭泽而渔的暴政下，似乎都有同样高的利息。从西塞罗的书简，我们知道，有道德的布鲁塔斯也曾在塞浦路斯岛以百分之四十八的利息借款。

一国所获的财富，如已达到它的土壤、气候和相对于他国而言的位置所允许获得的限度，因而没有再进步的可能，但尚未退步，那么，在这种状态下，它的劳动工资及资本利润也许都非常的低。一国人口的繁殖，如已完全达到其领土所可维持或其资本所可雇用的限度，那么，在这种状态下，职业上的竞争必然非常激烈，使劳动工资低落到仅足维持现有劳动者人数，而且由于人口已经非常稠密，也不可能再有增加。一国的资本，如与国内各种必须经营的行业所需要的资本相比，已达到饱和程度，那么各种行业所使用的资本，就达到各行业的性质和范围所允许使用的程度。这样，各地方的竞争就大到无可再大，而普通利润便小到无可再小。

然而，也许没有一个国家的财富曾经达到这种程度。中国似乎长期处于静止状态，其财富也许在许久以前已完全达到该国法律制度所允许有的限度，但若易以其他法制，那么该国土壤、气候和位置所可允许的限度，可能比上述限度大得多。一个忽视或鄙视国外贸易、只允许外国船舶驶入一二港口的国家，不能经营在不同法制下所可经营的那么多交易。此外，在富者或大资本家在很大程度上享有安全，而贫者或小资本家不但不能安全，而且随时都可能被下级官吏借口执行法律而强加掠夺的国家，国内所经营的各种行业，都不能按照各种行业的性质和范围所能容纳的程度，投下足够多的资本。在各种行业上，压迫贫者，必然使富者的垄断成为制度。富者垄断行业，就能获有极大利润。所以，中国的普通利息率，据说是百分之十二，而资本的普通利润，必须足够担负这样高的利息。

一国法律上的缺陷，有时会使其利息率增高到大大超过它的贫富状况所需要的程度。它的法律如果不强制人们履行契约，那就使一切借款人所处的地位，和法制修明国家中破产者或信用不好者的地位相差不远。出借人收回借款的不确定性，就使他索取破产者在借款时通常需要出的那么高的利息。在侵略罗马帝国西部各地的未开化民族中，有许久，契约的履行与否只凭当事者的信义，他们王朝的裁判所很少过问此事。当时利息率达到那么高，恐怕这也是一部分原因。

要是法规完全禁止利息，那也不能收到效果。许多人必须借入资金；而出借人，不仅对于这笔资金的使用，要求相当的报酬，而且对于回避法律的困难和危险，也要求相当的补偿。孟德斯鸠说，一切回教国利息率之所以高，并不是因为他们贫穷，而是部分因为法律禁止利息，部分因为贷金难于收回。

最低的普通利润率，除了足够补偿投资容易遇到的意外损失以外，还须有剩余。只有这一剩余才是纯利润或净利润。普通所谓总利润，除了包含这种剩余以外，还包含为补偿意外损失而保留的部分。借款人所能支付的利息，只与纯利润成比例。

出借资金，即使相当谨慎，亦有受意外损失的可能。所以，最低的普通利息率，和最低的普通利润率一样，除了补偿贷借容易遇到的意外损失外，还须有剩余。如果无此剩余，那么出借资金的动机，就只能是慈善心或友情了。

在财富已达到极度、而且用在各种行业上的资本都已达到最大限度的国家，普通纯利润率便很低，因而这种利润所能负担的普通市场利息率也很低；这样，除大富豪外，任何人都不能靠货币利息生活。小有产者和中等有产者，都不得不自己监督自己资本的用途。几乎一切人都得成为实业家，都有从事某种产业的必要。荷兰的现状，似与此相似。在那里，不是实业家，就不能算是时髦人物。需要使得几乎每一个人都习以为常地去经营某种行业。习俗又到处支配时尚。不和别人穿上同样的服装，便成为笑柄；不和别人同样从事实业，也不免成为笑柄。一个无所事事的游惰者，置身实业家中间，正如一个文官置身军队中间一样，会感到很尴尬，甚至会受到轻视。

最高的普通利润率，也许是这样一种利润率，它在大部分商品价格中占去应当归作地租那一部分的全部，仅余足够支付商品生产及上市所需的劳动的最低工资，即仅足维持生存的工资。在劳动者从事工作时，总得设法养活他们，但地主未必都要给付。东印度公司职员在孟加拉经营商业的利润，恐怕与这最高率相差不远。

通常市场利息率对普通纯利润率所应有的比例，必随利润升落而变动。英国商人把相当于两倍利息的利润，看做适中合理的利润。我想，这所谓适中合理的利润，不外就是普通利润。在普通纯利润率为百分之八或百分之十的国家，借用资金来经营业务的人，以所得利润之半作为利息，也许是合理的。资本由借用人担负风险，他好像给出借人保险；在大部分行业，百分之四或百分之五，既可作为这种保险所冒风险的足够补偿，亦可作为不辞辛苦运用这笔资本的足够报酬。可是，在普通利润率低得多或高得多的国家，就不可能有像上述那样的利息和纯利润的比例。利润率低得多时，也许不能以一半作为利息；利润率高得多时，就可以一半以上作为利息。

财富迅速增进的国家，可在许多商品的价格上，以低的利润弥补高的劳动工资，这样它们的商品，就能与繁荣程度较低而劳动工资较低的邻国的商品以同样低廉的价格出售。

实际上，高利润抬高生产物价格的倾向，比高工资大得多。例如，麻布制造厂各种劳动者，如梳麻工、纺工、织工等的工资，如果每日各提高二便士，那么麻布一匹价格所必须增高的数额，只等于生产这一匹麻布所雇的工作人数，乘以他们生产这一匹麻布的工作日数，再乘以二便士。商品价格中归于工资的那一部分，在一切制造阶段，按算术级数递次增加。但雇用这些工人的所有雇主的利润，如果都抬高百分之五，那么，商品价格中归于利润的那一部分，在一切制造阶段，就按几何级数递次增加。就是说，梳麻工的雇主在卖麻时，要求他所垫付的材料和工人工资的全部价值，另外加上百分之五。同样，纺工的雇主，也要求他所垫付的麻价和纺工工资的全部价值，另外加上百分之五。推而至于织工的雇主，也同样要求另外加上百分之五。所以，工资增高对商品价格抬高的作用，恰如单利对债额累积的作用。利润增高的作用，却像复利一样。我国商人和制造者，对于高工资提高物价、从而减少国内外销路的恶果，大发牢骚；但对于高利润的恶果，他们却只字不谈。关于由自己得利而产生的恶果，他们保持沉默。他们只对由他人得利而产生的恶果，大喊大叫。

第十章 论工资与利润随劳动与资本用途的不同而不同

不同的劳动和资本用途的利害，总的说来，在同一地方内，必然完全相等，或不断趋于相等。在同一地方内，假若某一用途，明显地比其他用途更有利或更不利，就会有许多人离去比较不利的用途，而挤进比较有利的用途。这样，这种用途的利益，不久便再和其他各种用途相等。至少，在各事物都听任其自然发展的社会，即在一切都听其自由，各个人都能自由选择自己认为适当的职业，并能随时自由改业的社会，情况确是如此。各人的利害关系必然会促使他寻求有利的用途，避开不利的用途。

诚然，欧洲各地的货币工资及货币利润，都随劳动和资本用途的不同而大不相同，但这种不相同，部分起因于各种用途本身情况，这些情况，实际上，至少在一般人想象上，对某些职业的微薄货币得利有所补偿，而对另一些职业的优厚货币得利有所抵消；部分因为欧洲各国的政策都不让事物完全自由地发展。

为要分别讨论那些情况及那种政策，我把本章分作两节。

第一节 起因于职业本身性质的不均等

就我所能观察到的说，有以下五种主要情况，一方面对某些职业的微薄金钱报酬给予补偿，另一方面又对另一些职业的优厚金钱报酬加以抵消：第一，职业本身有愉快的有不愉快的；第二，职业学习有难有易，学费有多有少；第三，工作有安定的有不安定的；第四，职业所须担负的责任有重有轻；第五，成功的可能性有大有小。

第一，劳动工资因业务有难易、有污洁、有尊卑而不相同。例如，大多数地方，就整年计算，缝工的所得较织工为少，这是因为缝工的工作较为容易。织工的所得较铁匠为少，这是因为织工的工作清洁得多。铁匠虽是一种技工，但十二小时工作所得，往往不及一个普通煤矿工八小时工作所得，这是因为铁匠的工作，不像煤矿工那么污秽危险，而且他是在地面上日光下工作。对于一切尊贵职业，荣誉可以说是报酬的大部分。如本节后面所述，就金钱得利说，考虑到各方面，从事此等职业的报酬一般都很有限。反之，在卑贱的职业上，情形正相反。屠户的职业既粗蛮又讨厌，但在许多地方，他们的得利比大部分其他普通职业多。刽子手的职业，是最可嫌恶的职业，可是，与其工作量相比，他的报酬比任何普通职业都多。

未开化社会视为最重要的渔猎，在进步社会，却成为最愉快的娱乐。古时为必要而渔猎，今日却为消遣而渔猎。所以在进步社会内，把别人消遣的事当作职业的人，都是极贫苦的。自西奥克里塔斯时代以来，渔夫都极其贫困[①]。私猎者在英国各地都是极贫苦的人。在严禁私猎的国家中，特许狩猎者的状况也不见得优裕多少。许多人操此等职业是由于他们对此等职业的自然兴趣，而不是由于此等职业能给他们提供优裕生活；而他们劳动生产物的售价，与其劳动量相比，总是过于低廉，从事此种职业的人，除了极少的生活费外，实不能更有所得。

不愉快和不名誉对资本利润的影响，和它们对劳动工资的影响相同。小旅馆或小酒店的老板绝不是自己店铺的主人，醉客蛮横无理，他们只好忍受，他们所操的职业是不名誉和不愉快的职业。但在普通营业中，像这样以小额资本得到大额利润的营业，是很少见的。

第二，劳动工资，因业务学习有难易、学费有多寡而不相同。

设置高价机器，必然期望这机器在磨毁以前所成就的特殊作业可以收回投下的资本，并至少获得普通的利润。一种费去许多工夫和时间才学会的需要特殊技巧和熟练的职业，可以说等于一台高价机器。学会这种职业的人，在从事工作的时候，必然期望，除获得普通劳动工资外，还收回全部学费，并至少取得普通利润。而且，考虑到人的寿命长短极不确定，所以还必须在适当期间内做到这一点，正如考虑到机器的比较确定的寿命，必须于适当期间内收回成本和取得利润那样。熟练劳动工资和一般劳动工资之间的差异，就基于这个原则。

欧洲各国的政策都把机械师、技工和制造师的劳动看做熟练

---

① 见《田园诗》，第 21 篇，第 16 行。

劳动，而把一切农村劳动者的劳动看做普通劳动。这种政策似乎认为，前者的劳动比后者的劳动在性质上更细致更巧妙。在若干场合也许是这样，但在大多数场合却不是这样，我在下面加以说明。所以，欧洲各国的法律习俗，为使某人有从事前一种劳动的资格，都要求他先做学徒，但严格程度各地不同。而对于后一种劳动，全听人自由，不加限制。在做学徒期内，学徒的全部劳动都归师傅所有。学徒的生活费，在许多场合，还是仰给于父母亲或亲戚，至于衣服，几乎都是由父母亲或亲戚备办。依照普通习惯，学徒还须给师傅若干学费。不能给付金钱的学徒就要给付时间，换言之，要做比一般年限长的学徒。不过，这对师傅未必有利，因为学徒往往习于怠惰，而这对学徒总是不利的。反之，就农村劳动说，劳动者往往在被雇从事简易工作的时候学会了比较繁难的工作。在受雇期中，无论在什么阶段，他都能以自己劳动维持自己生活。因此，欧洲各国的机械师、技工和制造师的工资，论理要稍稍高于普通劳动者的工资，而且实际上也是如此。这种情形，使他们成为高人一等的人。但是，一般地说，他们这种优越程度很有限。制造单色的亚麻布和呢绒这类普通制造品的工人，一日或一星期所得，平均计算，不过略多于普通劳动者一日或一星期的工资。由于他们的工作，比较经常均一，所以全年总计所得也许多些。但是，很明显，这也不过足够补偿他们受教育所花的更多费用。

精巧艺术和自由职业的学习需要更长时间和更大费用。所以，画家和雕刻家、律师和医生的货币报酬当然要大得多，而实际上也是如此。

但资本利润，却不大受使用资本的那一行业学习难易的影响。

大都市通常所用的各种投资方法，就学习难易的程度说，似乎完全相等。国内或国外贸易的一部门业务，大抵不比另一部门业务繁难得多。

第三，各种职业的劳动工资因业务安定不安定而不相同。

有些职业比其他职业安定得多。大部分制造业工匠，要是能够劳作，一年中几乎每日都有工作。反之，泥水匠或砖匠在酷寒或天气险恶时便完全没有工作。而且，即在天气好的时候，他们有无工作仍须取决于顾客的临时要求。以此之故，他们可能常常没有工作。他们在被雇时所得，不仅要足够维持他们无工作时期的生计，而且对于他在不安定境遇中不时感到的焦虑和沮丧的痛苦亦须与以若干补偿。所以，大部分制造业工人所得，推算起来和普通劳动者日工资几乎相等，但泥水匠和砖匠所得却大抵有普通劳动工资的一倍半乃至两倍。普通劳动者一星期如可获得四、五先令，泥水匠和砖匠往往可得七、八先令。前者如为六先令，后者常为九、十先令。前者如为九、十先令，像在伦敦那样，后者常为十五到十八先令。但在各种熟练劳动中，泥水匠和砖匠那样的劳动似乎最容易学习。据说，伦敦轿夫在夏天有时被雇为砖匠。所以，这类劳动者的高工资，与其说是熟练的报酬，倒不如说是不安定的报酬。

建筑木匠所从事的业务，比泥水匠的工作似乎更细致、更技巧。但在许多地方，不可说在一切地方，建筑木匠每日的工资却比泥水匠略低。这是因为他工作的有无，虽也在很大程度上取决于顾客的临时要求，但不像泥水匠那样完全取决于顾客的临时要求，且又不像泥水匠那么容易受天气的影响。

如果一般地提供经常工作的职业，在某一地方不提供经常的工作，那么操这些职业的工人的工资总会上升，大大超过这些职业工人的工资和普通劳动工资的通常比例。伦敦一切下层技工，像其他各地的日佣工那样，每日每周都可能被雇主雇入或解雇。因此，伦敦最下层技工，即裁缝工，一日也能获得半克朗①，尽管十八便士可以说是普通劳动的日工资。在小都市及乡村地方，裁缝工的工资往往仅等于普通劳动者的工资，但在伦敦，裁缝工动辄数星期无所事事，尤其是在夏天。

如果除工作不经常外，还加上艰苦、不愉快和不清洁，那么，即使这种工作是最普通的劳动，那些情况有时也使其工资上升到超过最熟练技工的工资。按件计资的煤矿工，在纽卡斯尔，一般可得到约两倍于普通劳动的工资。在苏格兰许多地方，可得到约三倍于普通劳动的工资。他们得到高工资，全是由于他们工作的艰苦、不愉快和不清洁。他们大抵都能随他们的意思，要工作多久就工作多久。就艰苦、不清洁和不愉快说，伦敦运煤工人的职业几乎和煤矿工的职业相同，但由于炭船难免不定期到达，所以大部分运煤工人的工作，必定是很不固定的。以此之故，煤矿工如果通常得到二倍、三倍于普通劳动的工资，那么，运煤工人有时得到四倍、五倍于普通劳动的工资，似乎不应该认为是不合理的。依据数年前的调查，运煤工人按照当时工资率，每日能得到六先令至十先令。就六先令说，大约四倍于伦敦普通劳动的工资。不论何种职业，最低的普通报酬往往可算是从事这职业者绝大多数所得的报酬。他们

① 一克朗合五先令。——译者

的所得，尽管显得过高，但如果除补偿职业上一切不适意情况外还有剩余，那么在一个没有垄断特权的职业里，不久必有许许多多竞争者出现，很快就使其工资率降落下来。

至于任何行业的资本的普通利润，都不可能受资本用途的固定或不固定的影响。资本是否固定地使用，不取决于行业，而取决于经营行业的人。

第四，劳动的工资，因劳动者所须负担的责任的大小而不相同。

各地方金匠和宝石匠的工资，不仅比需要同样技巧的许多其他劳动者高，而且比需要更大技巧的许多其他劳动者高。这是因为有贵重的材料付托给他们。

我们把身体的健康委托于医生；把财产，有时甚至把生命和名誉委托于律师或辩护士。像这样重大的信任绝不能安然委托给卑不足道的人。所以他们得到的报酬必须使他们能够保持这重大托付所需要有的社会地位。他们必须保持的社会地位，和他们必须受的长期教育与必须花的巨额费用，势必使他们的劳动价格更加增高。

如果一个人仅仅使用自己资本经营生意，他就没受到什么委托。至于他能否由他人取得信用，不取决于他所经营的行业的性质，而取决于他人对他的财产、正直和智虑的意见是怎样。因此，不同行业中不同的利润率，不可能起因于经营各行业者所受到的不同程度的委托。

第五，各种职业的劳动工资，随取得资格可能性的大小而不相同。

各个学习职业的人能否胜任所学的职业，此可能性的大小，因职业不同而大不相同。就大部分机械职业说，成功几乎都是有把握的，但就自由职业说，却是很没有把握的。例如，送子学做鞋匠，无疑他能学会制鞋的技术；但若送子学法律，那么精通法律并能靠法律吃饭的可能性至少是二十对一。就完全公平的彩票说，中彩者应得到落彩者所失的全部。就成功者一人而不成功者二十人的职业说，这成功的一人，应享有不成功二十人应得而不能得的全部。所以，大概要到将近四十岁时才能从职业取得一些收益的律师，其所得报酬应不仅足以补偿他自己为受教育所花的那么多时间和那么大费用，而且足以补偿那些全无所得的二十多人的教育时间与费用。尽管律师所收的费有时显得过高，但他的真正报酬必不止此。计算一下，某一地方的鞋匠或织工这类普通工人一年间可能收入的总额和他们一年间可能支出的总额，你就会知道，他们的收入一般多于支出。如果你用同样的方法，总计各律师及各法学协会见习律师的支出与收入，你就会知道，即使你尽量提高他们年收入的估计，并尽量减低他们年支出的估计，他们的年收入，只等于年支出的极小部分。所以，法律业这个彩票，绝不是完全公平的彩票。法律业与其他许多自由职业和荣誉职业，所得金钱报酬显然都是很不充分的。

但这些职业能与其他职业并驾齐驱。其出路虽令人气短，但所有豁达磊落的人都争先恐后地向这方面挤来。这是由于有两个鼓舞他们的原因：第一，希望做这些行业的状元的名誉心；第二，对于自己的才能甚至幸运，一切人或多或少地都有天生的自信心。

一个人如果在一种作到平凡地步也不容易的职业里特别显露

头角，那就最明确地表示他具有所谓天才或卓越的才干。由这卓越才干所博得的人们的赞赏常是他的报酬的一部分。这部分报酬是大还是小，要看赞赏的程度是大还是小。对医生说，这占全报酬的大部分；对律师说，所占的部分更大；对诗人或哲学家说，几乎占了全部。

世上有几种非常适意而优美的才能，若能取得，定能博得某种赞赏，但若用这才能来谋利，世人就会根据意见或偏见认为是公开出卖灵魂。因此，为谋利而运用此种才能的人，所得金钱，不但须补偿他学习这种技能所花的时间、工夫和费用，且须补偿他以此谋生而招致的声名上的损失。俳优、歌剧唱角、歌剧舞蹈者等所以有非常大的报酬，乃是起因于这两个原则：一，才能罕有而美好；二，由于运用这才能而蒙受的声名上的损失。我们在一方面鄙视其人格，在另一方面却又对其才能给予非常优厚的报酬，这乍看起来，似乎很不合理。其实，正因为我们鄙视他们的人格，所以要厚酬他们的才能。假若世人对于这些职业的意见或偏见一旦改变，他们的金钱报酬很快就会减少。因为更多的人要从事这些职业，而竞争势必使他们劳动的价格很快降低。这类才能虽不是一般才能，但绝不是像世人所想象的那么稀罕。完全具有这种才能而不屑用以图利谋生的人，实不在少数。更多人能学得这种才能，如果运用这种才能来谋生不至于损害名誉的话。

大多数人对于自己的才能总是过于自负。这是历代哲学家和道德家所说的一种由来已久的人类通病。但世人对于自己幸运的不合理猜测，却不大为识者所注意。要是可以这样说的话，对自己幸运妄加猜测，比对自己才能过于自负，恐怕还更普遍些。身体精神相当健旺的人，对自己的幸运，总不免抱有几分自信。每一个人，对得利的机会，都或多或少地作了过高的评价，而大多数人，对损失的机会，作了过低的评价。身体精神相当健旺的人，对于损失的机会，很少作过高的评价。

我们从购买彩票的人都认为能中彩这一事实可以看出，人们自然而然地把得利的机会估得过高。完全公平的彩票，换言之，以全部得利抵偿全部损失的彩票，不独从来没有，以后亦永远不会有，因为要是这样，经营者便一无所得。就国营彩票说，彩票实际上并不具有等于购买者所给付的价格的价值，但市场通常按超过实际价值之百分之二十、三十乃至四十的价格售卖。彩票这种需求所以发生的唯一原因，不外是大家想中大彩的痴心妄想。一个很稳重的人，虽明知用以购买彩票的小额资金的实际价值比中彩机会的实际价值也许要高过百分之二十或三十，但也不认为，以小额资金钓取一万镑乃至两万镑的中彩机会是愚蠢的。奖金不超过二十镑的彩票，纵使在其他方面比普通国营彩票更接近于完全的公平，但要购这种彩票的人恐怕要少得多。为要增加得中大彩的机会，有的人，同时购买彩票数张，有的人，买更多的分条彩票。但是，你冒险购买越多的彩票，你就越可能是损失者，这是数学上再确定不过的定则。假若你冒险购买全部彩票，你肯定会亏损。你购买彩票的张数越多，你的损失就越接近于上述肯定的损失。

我们从保险业者的轻微利润可以看出，损失机会往往估得过低，很少估得高于其价值的。把火灾保险或海上保险当作一种事业经营，所收的普通保险费必须足以补偿普通的损失，支付经营的费用，并提供资本要是用于一般经营所能取得的利润。只给付这么多保险费的被保险人，明显地只给付危险的真实价值，换言之，只给付他有充分的理由可指望的最低保险价格。虽然许多人从经营保险生意取得微利，但很少人由此发大财。由此可见，一般得利与损失相抵的结果，对保险业不像对那些使许多人发财的其他行业那么有利。然而，尽管保险费一般都很低廉，许多人却非常轻视危险而不愿支付保险费。就全英国的房屋平均推算，二十户中就有十九户，甚或百户中有九十九户，不曾保有火险。海上风险，在许多人看来，比火灾更为可怕，所以，保险船只对未保险船只的比例却比保险房屋对未保险房屋的比例大得多。但无论在什么季节，甚至在战争期中，都有许多未保险船只往来航行。像这样未保险的航海，有时也不能遽然断为不慎。一大公司甚或一大商人，若有船二三十只同时航行海面，它们可以说是相互保障，而由此节约下来的保险费，也许足够补偿在一般情况下所可能遭受的损失而有余。可是，在大多数情况下，船只不保水险、房屋不保火险，都是没有这种精密计算的结果，完全是由于轻率无远虑和鲁莽地轻视危险。

轻视危险和奢望成功的心理，一生中以选择职业的青年时期最为活跃。在这时期，对不幸的恐惧抵不过对幸运的希望。这从普通青年欢欢喜喜地应募参军或出海航行，比从上流社会青年热衷于从事所谓自由职业，看得更加明显。

普通士兵所可蒙受的损失是很明显的。然而，青年志愿兵不顾危险，在新战争开始时，特别踊跃地应募。升迁的机会虽几乎没有，但他们在青年的幻想中想到了许许多多可以获得但事实上并不能获得的荣誉和大功的机会。这些空虚的希望，就成为他们流血的全部代价。他们的报酬比普通劳动者低，而且在实际工作上，他们的劳苦比普通劳动者大得多。

总的说来，航海这个彩票，并没像陆军那个彩票那么不利。一个有声誉的工匠的儿子往往可以得到父亲的允许去航海。可是，如果他应募做陆军士兵，总要瞒着他的父亲。就前一职业说，他人也看到有几分成功的机会，而就后一职业说，除了他自己，谁都不会认为有成功的机会。伟大的海军上将，没像伟大的陆军上将博得那么大的民众崇拜。海上服务最大成功所可得到的名利，也不像陆上同样的成功所可得到的名利那么煊赫。海陆军上将以下的军官，都有这样的差别。依据等级的规定，海军上校与陆军上校属于同一阶位。但在一般的评价上，不把这两者同样看待。由于彩票中，大彩比较少，所以小彩就比较多。因此，普通水兵，比普通陆军士兵，更经常地得到一定程度的名利。而获得中小彩的希望，乃是一般人愿充做水兵的主要原因。普通水兵的熟练与技巧，虽比几乎所有技工的熟练与技巧都强得多，而他们一生中虽不断地和困难与危险做搏斗，可是，在他们继续充当普通水兵的时候，尽管他们有那么大的熟练技巧，和那么大的困难与危险，他们除了在运用熟练与技巧和克服困难与危险时，有点快感外，几乎没得到其他报酬。他们的工资，并不大于决定海员工资率的那一港口的普通劳动者的工资。由于他们不断往返于各港口间，所以，由不列颠各港口出航的海员，每月工资，比各港口任何其他劳动者的工资，更趋于一致。而且，由于伦敦港海员出入最多，所以伦敦海员工资率便决定其他各港口的海员工资率。伦敦各级工人大多数的工资约有爱丁堡同级工人工资的两倍。但由伦敦出航的水手，每月所得工资，很少比由利斯港出航的水手高出三四先令，这么大的差额是不常见的。就平时和就商船说，这种劳动在伦敦的价格，以月计，是二十一先令到大约二十七先令。然而伦敦普通劳动者以一星期九先令或十先令计算，每月可得到四十先令乃至四十五先令。诚然，水手除工资外，还供有食粮。但其价值，未必会超过他所得工资及普通劳动者所得工资的差额。即使有时超过了这差额，但这超过额也不能算是水手的纯利，因为水手不能和其家庭分享这种食粮，而必须用他的工资来养活他的妻子。

冒险生活的危险和九死一生，并不使青年人的勇气受挫折，有时似乎反鼓励他们去选择这类职业。在下层阶级中间，慈母往往不愿把儿子送入海港城市的学校读书，害怕儿子看到海船，并受水手的谈话和冒险事迹的引诱，去参加海洋生活。在遥远将来可能发生的危险，并不使我们有所畏慑，因为我们可望凭自己的勇敢与机智来摆脱危险，因此不会提高这类职业的劳动工资。至于勇敢与机智不能有所用的职业情形就两样了。而非常不卫生的职业的劳动工资总是特别丰厚。不卫生乃是一种不愉快，而它对劳动工资所生的影响应归入不愉快那个总项目。

各种资本用途的普通利润率，或多或少地随收益的确定与不确定而不同。一般地说，国内商业的收益，不像国外贸易那么不确定，而国外贸易的一些部门，又不像另一些部门那么不确定。例如，对北美贸易的收益，不像对牙买加贸易的收益那么不确定。普通利润率，随危险程度增高而多少增高，但增高的程度和危险的程度似乎不成比例。换句话说，增高的利润不一定能完全抵偿危险。破产在最危险职业上最常见。最危险的事业要算秘密输入。在冒险成功的场合，其得利固厚，但这种冒险无可避免地导致破产。成功的奢望，在这场合所起的作用，正如在其他场合一样，诱使那么多冒险家去做这种危险生意，以致他们的竞争，使利润减低到不够补偿危险的程度。要使危险完全得到补偿，其普通收益应在资本普通利润外，不仅弥补一切不时的损失，还对冒险家提供一种与保险家利润同性质的利润。但是，如果普通收益足够提供这些，那么这些行业的破产危险就不比其他行业更为常见。

因此，使劳动工资各不相同的五种情况，只有两种影响到资本利润，那就是工作是愉快还是不愉快，是安全还是危险。就愉快或不愉快说，大多数不同资本用途，都相差不远，或者全无差别，但在各种不同的劳动用途，却存在着很大的差异。而且，资本的普通利润，虽随危险程度增高而增高，但增高程度未必和危险程度都成比例。由此可见，在同一社会或其附近地方，各种资本用途的平均或普通利润率，比各种劳动的货币工资更接近于一个水平。事实上，也正如此。普通劳动者所得，和生意好的律师与医生所得的差异，明显地比任何两种行业的普通利润的差异大得多。况且，各种行业利润表面上的差异往往是靠不住的，这是因为我们未必都把应该算作工资和应当算作利润的区别开来。

药剂师的利润一语，已成为非常过分得利的代名词。但是这种表面上很大的利润，往往只是合理的劳动工资。就技能说，药剂师比其他一切技工精巧得多。他所受付托的责任，也重得多。他是贫民的医生，而在病痛或危险比较轻微的场合，也是富人的医生。所以，他的报酬，应当和他的技能与他所受付托相称，而且一般是包含在出售药品的价格中。但是，在大商业都市中，生意最兴隆的药剂师，每年出卖的全部药品，所费于他的，也许不过三四十镑。所以，他所卖的价格，虽是三四百镑，换言之，虽以十倍的利润出售，但这利润，一般地说，也许只是他的合理工资；他的合理工资，除了加在药品价格上，简直没有第二种方法取得。他的表面利润的大部分，乃是穿上利润外衣的真实工资。

在海口小市镇上，资本百镑的小杂货商人，能获得百分之四十或五十的利润，而同地资本万镑的大批发商人，却很少能够获得百分之八或百分之十的利润。他所经营的杂货业，对该地居民的便利说，也许是必要的，而狭小的市场不允许更大资本投在这种营业上。可是，那小杂货商人，须靠此过活，并过着和经营这业务所必须有的各种资格相称的生活。除具有小额资本外，他不仅须能读，能写，能算，又须能相当准确地判断五六十种商品的价格与品质，并能以最低廉价格购买这些商品的市场。简言之，这种商人必须具备大商人所需具备的一切知识。他所以不能成为大商人，只因为他没有充足的资本。像这样有才能的人，每年取得三四十镑作为劳动的报酬，绝不能认为过分。从他的似乎很大的资本利润中，除去上述报酬，那么剩余的部分恐怕不会比普通利润多。所以，表面利润的大部分，在这场合，也不外是真实工资。

零售商表面上的利润与批发商表面上的利润之间的差异，在都市比在小市镇及农村小得多。在杂货行业能投资一万镑的地方，杂货商人的劳动工资，对于这么大资本的真实利润，就不过是很小的一个附加部分。所以，在那种地方，富裕零售商表面上的利润比批发商表面上的利润更趋于一致。正由于这个原因，都市里的零售价格一般和小市镇及农村同样低廉，而且往往比后者低廉得多。例如，杂货一般是低廉得多；面包与家畜肉往往是同样低廉。把杂货运往都市的费用并不比运往小城市或农村多，而把谷物和牲畜运往都市的费用便大得多，因为它们大部分要从远得多的地方运来。杂货的原价，都市和农村一样，所以，在货物价格中附加利润最少的地方，便最低廉。面包和家畜肉的原价，大城市比农村高，所以，大城市的利润虽较低，这些物品的售价未必较低，却往往是同样低廉。就面包及家畜肉这类商品说，其表面利润减少的原因，就是其原价增加的原因。市场的扩大，一方面由于所用资本较多而减少其表面利润，另一方面，又由于仰给于远方的必要而增加其原价。这表面利润的减少与原价的增大，在许多场合，看来几乎可以互相抵消。谷物及牲畜的价格，虽然在王国各地很不相同，但面包及家畜肉的价格，在王国的大多数地方，一般地说，几乎相同，其原因也许就在于此。

零售商及批发商的资本利润，虽在都市一般比小市镇和农村小，但以小资本开始经营而发大财的人，在都市常可看到，而在小市镇和农村却几无一人。在小市镇和农村，由于市场狭隘，营业未必都随资本的增加而扩大，所以，在这些地方，个别商人的利润率虽很高，利润的总额却不很大，而他们年年的蓄积额也有限。反之，大城市的营业，能随资本的增加而扩大，而勤俭商人的信用，增加得比其资本增加快得多。这样，他的营业随他的信用及资本这两者的增大而扩张；他的利润总额随他的营业的扩张而增加；他每年所积累的资金也随他利润总额的增加而加大。但是，即使在大城市，由于一种正常的、确定的和为人所周知的行业而发大财的，也很少见，而发大财主要是由于长时期的勤勉、节约和小心的经营。诚然，大城市中，往往有从事所谓投机生意而突然致富的，但投机商人，并不是经营正常的、确定的和为人所周知的业务。他今年是谷物商，明年是酒商，后年又是砂糖商、烟草商或茶商。不论何种行业，只要他预先看到这行业有超过普通利润的希望，他便马上加入，一旦预先看到那种行业的利润将要降落到和其他行业相等，他又马上离开。因此，他的利润和损失，不能和其他任何正常的、确定的和为人所周知的行业的利润与损失相提并论。大胆的冒险者，有时也许由于两三次投机的成功而获得很大财产，有时也许会由于两三次投机的失败而损失很大财产。这种生意，除大城市外，在其他任何地方，都无法进行。因为经营这种生意所需要的情报，只在商务最繁盛和交易最频繁的地方才会有。

上述五种情况，虽使劳动工资与资本利润在很大程度上不均等，却不使劳动或资本不同用途所有实际上和想象上的利害不均等。这些情况的性质，使得一些用途上小的金钱得利得到补偿，并使另一些用途上大的金钱得利有所抵消。

但是，要使不同用途所有利害能有这样的均等，那么即使在最自由的地方，亦须具备三个条件：第一，那些用途，必须在那地方及其附近，为人所周知，而且确立很久。第二，那些用途必须处在普通状态，即所谓自然状态。第三，那些用途，必须是使用者唯一用途或主要用途。

第一，只有那些用途，在那地方及其附近，为人所周知而且确立很久，才会有这样的均等。

在其他情况都相同的地方，新行业的工资大都高于旧行业。当计划者拟设立一新制造业时，他最初必须以高于其他行业的工资或高于本行业应有的工资，从其他行业招诱工人过来，而他要经过很长时间才敢把工资降到一般水平。有些制造品，其需要完全由于时尚和一时爱好而产生，这些制造品总会不断变动，很少能持久，因而不能看做老制品。反之，另一些制造品，其需要主要由于效用与必需而产生，这些制造品，不像上述制造品那么容易变动，同一的形式和构造，可经历数世纪，还为人所需要。所以，前一类制造业，与后一类制造业比较，工资可能较高。伯明翰的制造品多半属于前一类；设菲尔德的制造品多半属于后一类。据说，这两个不同地方的劳动工资，很适合它们这样不同性质的制造品。

新的制造业、商业或农业经营，总是一种投机，而计划者期望由此获得非常的利润。这种利润，有时是很大的，但有时，也许是很小的；但一般说来，这种新行业的利润，和当地及附近其他旧行业的利润，却不保有正常的比例。如果计划成功了，利润在最初通常是很高的。但当这行业或营业一经确立而为人所周知的时候，竞争就使其利润降到和其他行业相同的水平。

第二，只在劳动和资本的不同用途处在普通状态，即所谓自然状态下时，这些用途的所有利害才会有这样的均等。

对几乎各种劳动的需求，有时较平常为大，有时却较平常为小。劳动这用途的收益，在前一场合，增高到普通水平以上，在后一场合，减低到普通水平以下。对农村劳动的需求，在锄草期和收获期比一年中大部分时期都大，其工资也随着需求的增加而增高；在战争中，四五万原为商船服务的海员，被迫而为国王服务，这样，对商船海员的需求，必然由于员额短少而增加，而这时海员的工资，常由每月二十一先令至二十七先令上升到四十先令至六十先令。然而在日趋凋落的制造业，情形却正相反，许多劳动者，不愿舍去原有职业，所得工资虽低于按照他们工作性质所应得的工资，也只好认为满足。

资本的利润，随使用资本所生产的商品的价格而变动。当任何一个商品的价格上升到普通或平均价格之上的时候，为要出售这商品而使用的资本，至少有一部分，其利润上升到原有水平之上；当价格下降时，利润也降到原有水平之下。一切商品的价格，或多或少地都会变动，但一些商品的价格，变动得比其他商品大得多。就人类劳动所生产的货物说，每年所用的劳动量，必是这样受每年需求的支配，以致每年平均产量，都尽可能接近于每年平均消费量。前面说过，有些用途，以同量劳动，总会生产同量或几乎同量商品。例如在麻布或呢绒制造业，同一数量的劳动者，年年几乎制造同一数量的麻布或呢绒。所以，像这类商品的市场价格变动，只能起因于需求上的偶然变动。国丧使黑布的价格增高，但是对素麻布及呢绒的需求几乎没有变动，所以，其价格也几乎没有变动。但有些用途，使用同量劳动，未必都生产同量商品。例如，就谷物、葡萄酒、啤酒花、砂糖、烟草等说，由同量劳动在各年生产的数量，很不相同。所以，此类商品的价格，不仅随需求的变动而变动，而且随数量方面更大和更频繁的变动而变动，因而这类商品价格的变动是非常大的。但是，经营此类商品的一些商人的利润，必然随此类商品价格的变动而变动。一般投机商人的活动，大都在此类商品上进行。他们看到此种商品将要上升，立即买入；看到此种商品将要下落，立即卖出。

第三，劳动和资本的不同用途的所有利害，只有在这些用途成为使用者的唯一用途或主要用途的场合，才会有这样的均等。

当某一个人依某一种职业谋生，而那职业并不占有他的大部分时间时，他往往就愿意在闲暇期间从事另一种职业，而他由此所得的工资，虽低于按照那工作性质所应当有的工资，他也愿意接受。

在苏格兰许多地方，迄今还有称为农场雇工的那一种人存在。不过，这种人现在比数年前减少了。他们是地主和农场主的外佣工。他们由雇主方面通常取得的报酬是一间住宅，一块种蔬菜的小园，一块够饲养一头母牛的草场，再加上一两亩不好的耕地。当雇主需要他们的劳动时，他也许还每星期给他们两配克[①]燕麦片，约值十五便士。在一年中大部分时间，雇主或是只需要他们的少许劳动或是全不需要，而他们自己小耕地的耕种，也不会占去能由他自己随意处理的全部时间。所以，当这些雇工比现今多的时候，据说，他们都愿意在闲暇时间，以极小的报酬为任何人工作，都愿意以低于其他劳动者的工资劳作。在古代，这种雇工遍布于欧洲各地。在土地种得很坏而人口稀少的国家，大部分地主和农场主，要不是使用这办法，那么在需要特别多劳动者的季节，就不能雇到。此等劳动者偶然得到的日报酬或星期报酬，显然不是他们劳动的全部价格。他们的小租用地，在他们劳动的全部价格中占一个很可观的部分。可是，那些收集往昔劳动及食品价格并喜欢把这两者的价格说得非常低贱的许许多多作家，似乎把这种劳动者偶然得到的日报酬或星期报酬，看做那种劳动的全部价格。

---

① 一配克合 9.092 公升。——译者

像这类劳动的生产物，往往以低于应有的价格在市场出售。苏格兰许多地方编织的袜子的价格，比任何地方用织机织成的袜子的价格低廉得多。那就是因为编织此等袜的劳动者都是从其他职业获得了他们的主要生活资料。每年设得兰都有一千双以上袜子输入利斯，其价格每双由五便士至七便士。我听说，设得兰群岛的小首都勒韦克，普通劳动的普通价格，每日为十便士。但是，即在设得兰群岛，他们所织成的绒线袜，一双却值一几尼以上。

在苏格兰，亚麻线的纺织，像袜子的编织一样，也是由主要做其他工作的雇工来搞的。这些人企图从纺麻或织袜取得他们的全部生活费用，但只得到极微薄的生活费。在苏格兰，一星期能赚得二十便士的女纺工，就算是很有本事的纺工。

在富裕国家，市场一般都是那么广阔，以致任何一个行业，都够容纳这行业的全部劳动和资本。以一种职业谋生，同时又从另一种职业获得若干小利益的情况，多半在贫国才有。然而，和上面有点相像的下述情况，却也出现于一个很富裕国家的首都。房租较伦敦为高的都市，我相信，全欧洲没有一个。但是，余屋附有家具，而租金却又低廉的都市，也要首推伦敦。在伦敦租赁余屋，不但比巴黎低廉得多，而且就同样好质量的房屋说，也比爱丁堡低廉得多。使人也许觉得惊奇的是，全房租的高昂，竟成为余屋租金低廉的原因。一切大都市房租的高昂，基于数种原因：劳动价格昂贵，一般必须由远地供给的一切建筑材料昂贵；地皮地租昂贵，占有垄断者地位的各个地主，对于不良街市地皮一亩，往往要求比最优良农田百亩的地租更高的地租。伦敦房租高昂的原因，除上述外，还有一个，那就是伦敦人民所特有的风俗和习惯，使各家主都得租赁全屋。住宅一语，在法兰西和苏格兰以及欧洲其他地方，常常只意味着建筑物的一层，而在英格兰，却意味着同一屋顶下的全部房屋。伦敦商人必须在他的顾客所在的城市的那一部分租一整座房屋。他把最下一层作为自己的店铺，顶楼作为他自己及其家属的寝所。他把中间两层，分租他人，借以收回一部分房租。他期望靠营业来维持其家庭的生活，并不希望以分租的租金来养活家庭。而巴黎和爱丁堡的分租部分房屋的人，往往专靠分租房间来谋生，因此，分租的租金，不但须足够支付房屋的全部租金，并须足够维持他家庭生活的全部费用。

第二节 起因于欧洲政策的不均等

由此可见，即使在有完全自由的地方，由于缺少上述三条件的任何一个，劳动和资本不同用途所有利害就必然有以上所说的那些不均等。但是，因为欧洲政策不让事物有完全自由的发展，所以由此便产生了比上述重要得多的其他不均等。

欧洲政策主要是依以下三种方式促成这样的不均等的：第一，限制某些职业中的竞争人数，使其少于原来愿意加入这些职业的人数；第二，增加另一些职业上的竞争，使超越自然的限度；第三，不让劳动和资本自由活动，使它们不能由一职业转移到其他职业，不能由一地方转移到其他地方。

第一，欧洲的政策，由于限制一些职业上的竞争人数，使愿加入者不能加入，所以使劳动和资本用途所有利害有了非常大的不均等。

同业组合的排外特权，是欧洲政策限制职业竞争人数的主要手段。

有组合的行业的排外特权，势必在特权设立的城市中，只许那些有经营此业自由的人相互竞争。得到这种自由的必要条件，通常是在当地有适当资格的师傅门下做学徒。组合的规则，有时限定各师傅所得容纳的学徒人数，通常规定学徒的年限。这两种规则的目的，在于限制各该行业上的竞争人数，使愿加入者不能加入。学徒人数的规定，是直接限制竞争，而长的学徒年限的规定，由于增加学习费用，间接限制竞争，但同样有效果。

设菲尔德的刀匠师傅，依组合规则，同时不得有徒弟一人以上。诺福克及诺韦杰的织匠师傅，同时不得有徒弟二人以上，违者每月科罚金五镑，向国王缴纳。英格兰内地及英领各殖民地的帽匠师傅，亦不许同时有徒弟二人以上，违者月科罚金五镑，半归国王，半归向记录法庭控告的人。这两项规定，虽曾由王国公法确认，显然是按照设菲尔德制定规则的这种组合精神制定的。伦敦丝织业，组合不到一年，就制定各师傅不得同时有徒弟二人以上。后来，通过议会的法令，才把这规则废止了。

往昔，全欧洲大部分有组合的行业，似乎都把学徒期限定为七年。所有这样的组合，往昔都称为 university，这确是任何组合的拉丁文原名。铁匠 university，缝工 university 等等，在古时都市的特许状中，常可看见。今日特称为大学(university)的这个特殊团体，设立之初，获得文艺硕士学位所必需的学习年限的规定，明显地是以往昔有组合行业的学徒年限的规定为范本的。一个人，想在普通行业上，获得称师授徒的资格，就得在具有适当资格的师傅门下做学徒七年。同样,一个人想在文艺上成为硕士、教师或学者(此三者在往昔是同义语),取得收受学生或学徒(此两者原来亦是同义语)的资格,也得在具有适当资格的硕士门下学习七年。

伊丽莎白五年所颁布的通常称为学徒年限法令规定,此后无论何人,至少须做七年学徒,否则不许从事当时英格兰所有的一切手艺、工艺或技艺。于是以前英格兰各地许多特殊组合的规则,都成了市镇一切行业的公法。该法令所用的词语,极为笼统,似包括王国全部,但在解释上,其适用范围,只限于各市镇。按照解释,一个农村劳动者,可搞几种不同的工艺,尽管他对于每一种技艺都未曾从师学习七年。为便利农村居民,一个人兼搞几种工艺,是必要的,而且要把一定人数分给每一种工艺,农村人口往往是不够的。

此外,按照这法令用语严格的解释,则其适用范围,又只限于伊丽莎白五年以前在英格兰境内建立的行业,而没有扩到以后新建立的行业。这种限制,引起了几个区别,作为政策的规定,这些区别是再愚蠢不过的。例如,按照裁定,马车制造人,不得自行制造车轮,亦不得自行雇人制造,他必须向车轮匠购买。因为车轮制造业是伊丽莎白五年以前英格兰已有的行业。但车轮匠,即使没有在马车制造匠门下做过学徒,却不妨制造马车,或雇人制造。因为马车制造业是学徒法令颁布以后英格兰才有的行业,所以不受该法令的限制。在曼彻斯特、伯明翰和沃弗汉普顿等地,有许多制造业,就根据这种理由,不受学徒法令的拘束,因为它们是伊丽莎白五年以后在英格兰建立的。

就法兰西说,学徒年限,各市不同,各业也不同。在巴黎,虽大多数行业以五年为期,但一个人想取得某种行业上的师傅资格,他至少还须再做五年帮工。在以后这五年间，他被称为师傅的伙伴，而这五年期间，称为伙伴期间。

就苏格兰说，关于学徒年限，没有普遍规定的法律。在不同的同业组合，年限不相同。在年限定得长的组合，一般可通过给付少额款项来缩短期限。此外，在大多数城市中，只要给付极少额款项，便可买得任何同业组合的会员资格。苏格兰的主要制造者，如亚麻布和大麻布的织工，以及附属于这类制造者的其他各种技工，如车轮制造者、纺车制造者等，不给付款项，可在自治城市操业。在自治城市，一切市民，在一星期内的法定日，都可自由贩卖家畜肉。在苏格兰，学徒年限普通为三年，即使一些需要非常精巧的技艺，也是如此。据我所知，一般说来，欧洲各国的同业组合法律，都不像苏格兰那么宽大。

劳动所有权是一切其他所有权的主要基础，所以，这种所有权是最神圣不可侵犯的。一个穷人所有的世袭财产，就是他的体力与技巧。不让他以他认为正当的方式，在不侵害他邻人的条件下，使用他们的体力与技巧，那明显的是侵犯这最神圣的财产。显然，那不但侵害这劳动者的正当自由，而且还侵害劳动雇用者的正当自由。妨害一个人，使不能在自己认为适当的用途上劳动，也就妨害另一个人，使不能雇用自己认为适当的人。一个人适合不适合雇用，无疑地可交由有那么大利害关系的雇主自行裁夺。立法当局假惺惺地担忧着雇主雇用不适当的劳动者，因而出手干涉，那明显地不只是压制，而且是僭越。

长期学徒制，并不能保证市场上不常出现不良作品。要是市场上常有不良作品，那一般地说不是无能的结果，而是欺诈的结果。最长的学徒年限，也不能保证没有欺诈。所以，为防止此种弊害，需要有一种完全不相同的法规。金属器皿上刻有纯度记号，麻布和呢绒上印有检记，对购买者所给予的保证，比学徒法令所给予的保证大得多。购买者判别货物，一般只看记号或检印，绝不会认为，制造货物的工人曾否做过七年学徒，是值得查问的。

长期学徒制，并不倾向于养成少年人的勤劳习惯。按件计资的劳动者，由于所做愈多所得愈厚，自会趋于勤勉。至于学徒，由于利不干己，很可能流于怠惰，实际上亦常如此。就下级职业说，劳动乐趣，完全在于劳动报酬。谁能最早享到劳动的乐趣，谁就最早对劳动有兴趣，也就最早获得勤勉习惯。一个少年人，在长时间内，不能由劳动享受丝毫利益，当然就对劳动有恶感。由公共慈善团体送去做学徒的儿童，其年限一般比普通的年限长，结果多半成为非常怠惰而无用的人。

古代没有学徒制度存在。在一切近代法典中，师傅和学徒间的各种相互义务，都成为重要的一条，但罗马法关于此等义务，却只字不提。我们现在归诸学徒一词的概念，即在一定行业中，仆人在主子将授予这一行业的技艺的条件下，必须在一定年限内，为主子的利益而工作，我不能由希腊或拉丁语中，找出一个相当字眼来表达这个概念（我想，我敢断定这两国文字中没有这种字眼）。

长的学徒年限，是全然不必要的。比一般手艺高得多的技艺，如挂钟手表的制造，并不含有需要长期教授的神秘技术。诚然，这些美妙机器的最初发明，甚至用以制造这些机器的一些器具的最初发明，无疑是经过长久时间和深湛思索之后才作出的作品，并且可公公正正说是人类发明才能的最可喜成果之一。但是，当这些机器和器具，一经发明好了，一经理解好了，那么，要详详细细地给少年人讲解，怎样使用器具和怎样做机器，大概不需要几星期以上的讲授时间，也许只需要数天的讲授时间。就一般机械工艺说，数天讲授时间，一定就够了。诚然，就普通手艺说，要学得手的灵巧，非有大量实践和体验不可。但一个少年人，如果最初即以帮工的资格劳动，并依他工作量的多少给予工资，而他要赔偿由于粗劣的技艺和无经验而损坏的材料，那他在业务的实习上，必然勤勉得多，注意得多。其教育，一般地说，更必有效，而且总可少花些时间，少花些费用。诚然，师傅将是一个损失者。现在师傅无须出的学徒在七年学习期内的工资，到那时，他就要掏腰包。而且，最终，学徒本身也不免成为损失者。在一个那么容易学得成功的职业上，他将遇到更多的竞争者，于是，当他成为一个完全劳动者时，他的工资将比现今少得多。竞争这样的增大，不仅会减低工人的工资，也会减低师傅的利润。而从事手艺、工艺和技艺的，都将成为损失者，但社会却将成为得利者，各种技工的制造品，将以比现在低廉得多的价格，在市场出售。

同业组合以及大部分组合规则的设立，在于通过限制自由竞争，以阻止价格这样的下降，从而阻止工资及利润的下降——自由竞争势必引起价格这样的下降。往时，欧洲多数地方，设立组合，只须取得组合所在地的自治城市的许可。在英格兰，还须取得国王的特许状。不过，国王这种特权，似乎不是为了防止这些垄断事业侵犯一般自由，而是为了要向臣民榨取货币。一般地说，只要向国王缴纳若干款项，似乎都很容易取得特许状。假若某一种类技工或商人，认为不经国王特许而设立组合是合适的，这些当时所谓不正当的同业组合，未必因此会受到取缔，但须每年向国王缴纳若干罚金，取得允许，来行使被剥夺的权利。[①] 一切组合以及组合认为应制定来管理自己的规则，都归组合所在地的自治城市直接监督。所以对组合有什么管制，通常不是来自国王，而是来自那更大的团体，对于更大的团体，那些附属团体只是构成部分。

自治城市的统治权，当时完全掌握在商人和技工手中。对他们中各个阶级来说，防止他们常说的各自产品在市场上存货过多，实际上就是使他们各自产品在市场上经常保持存货不足状态，这样做分明都是符合于他们各自利益的。各阶级都急于制定为达到此目的的适当规则，而且在自己被允许制定的条件下，也同意其他一切阶级都制定规则。结果，各阶级所需要的货物，都得以比此等规则制定以前略高的价格，向市上其他阶级购买。而他们自己的货物，也能以相当高的价格出卖。卖买相衡，正如他们所说半斤八两。同一市内任何阶级都不会因此等规则而蒙受损失。但在他们与农村交易时，他们却得到很大的利益。维持各都市并使各都市富裕的，正是这种交易。

一切都市的生活资料与工业原料，全都仰给于农村。都市对这些资料与原料给付代价的主要方法有二：第一，把那些原料中一部分加过工制成成品送还农村，这样，那些物品的价格，就因劳动工资及老板或直接雇主的利润而增大了。第二，把由外国输入或由国内遥远地方输入都市的粗制品或精制品一部分，送往农村；这样，那些物品的原价，就因水陆运输的劳动者工资及雇用这些劳动

① 见马多克斯：《自治城市》，第 26 页及以下各页。

者的商人的利润而增大了。都市由它的制造品取得的利益，乃是它的第一种商业的得利；它由对内及对外贸易获得的利益，乃是它的第二种商业的得利。劳动者的工资及各种雇主的利润，构成了这两种商业得利的全部。所以，不论何种规则，只要会使那些工资和利润比此等规则制定以前有所增加的，就会使都市能以较少的都市劳动量购买较多的农村劳动量。此等规则，使都市商人和技工享有比农村的地主、农场主及农业劳动者更大的利益，因而破坏了都市与农村商业上应有的自然均等。社会劳动的全部年产品，每年都是在都市和农村人民中间分配的。由于有了此等规则，都市住民，就享有此等规则未制定前所不会有的较大份额，而农村住民，却享有较少的份额。

都市对每年由农村输入的食品和原料，实际上所给付的代价，乃是它每年输往农村的制造品及其他物品的数量。输出品的卖价愈高，输入品的买价便愈低。都市产业就更为有利，而农村产业就更为不利。

我们只须通过一次非常简单而又明显的观察，无须作精密计算，就可弄明白，欧洲各地都市产业都比农村产业更为有利。在欧洲各国，我们可以看到，以小资本开始经营原来属于都市的产业，即商业和制造业，而后来发大财的，至少有一百个人，而以小资本开始经营原来属于农村的产业，即改良和耕种土地以出产天然产物，而后来发大财的，只有一个人。所以，都市产业的报酬，必然比农村产业优异。都市的劳动工资和资本利润，也明显地比农村大。但是，资本与劳动，自然要寻找最有利的用途。它们自然要尽量汇集于都市而离开农村。

都市住民群集一地，能够容易地结合在一起。结果，都市中最不足道的工艺，在某些地方，也有组合。即使在完全未有组合的地方，他们一般都有组合的精神，换言之，他们嫉妒外乡人，不愿意收学徒，不愿意把工艺上的秘密传授别人。这种组合精神，往往教导他们通过自愿结合或协约，来阻止不能靠规则来禁止的自由竞争。所雇劳动者人数有限的行业，最容易形成这类结合。比如，使一千纺工和织工继续操作所需要的梳毛工，也许不过六人。这些梳毛工人，通过结合，不收学徒，不仅能够垄断这种工艺，使整个羊毛制造业成为他们的奴隶，而且使他们劳动的价格，大大超过按照这作业性质所应有的工资。

农村的住民，散居相距很远的地方，不能容易地结合起来。他们不但从来没有组合，并且一向就缺乏组合的精神。他们并不认为，必须经过当学徒，才有资格从事农村的主要职业，即农业。然而，事实上除了所谓美术及自由职业，恐怕没有一种职业像农业那样需要种种复杂的知识和经验的。用各国文字写成的关于农业的不可胜数的书籍可以证明，连最有智慧、最有学识的国民，也不认为农业是最容易理解的。而且，如果我们想从那些书籍，获得一般农民通常都掌握的关于各种复杂操作的知识，也是办不到的，尽管一些无聊作家，在说到一般农民时，有时爱用轻蔑的话。反之，就普通机械工艺说，所有操作都可在薄薄数页的小册子里附加插图，作详尽明了的说明。现在法国科学院所刊行的工艺史，对于某些工艺，实际上就是用这个方法说明的。此外，必须随天气的变更以及许多意外事故而变更的操作方法，所需要的判断与熟虑，比永远相同或几乎完全相同的操作方法所需要的多得多。

不仅一般农民的技术或农业的一般操作方法，而且农村中许多低级劳动所需要的经验与熟练，比大部分机械工艺所需要的多得多。对铜铁加工的人，使用完全同性质或几乎同性质的工具与材料工作。但用一队牛马耕锄土地的人，却使用健康状态、体力和性情在各个时间各不相同的工具工作。而他所加工的材料和所用器具的状况都是容易变的，都需要他运用很大的判断力和思辨力来处理。普通庄稼汉，虽被看做愚蠢无智的典型，却几乎都有此种判断力与思辨力。诚然，他不像都市机械工人那么惯于社会交际，而他的声调和言语，也不免使那些没有听惯的人觉得粗野而且不容易了解。但他惯于考虑各种各样事物的理解力，一般比终日通常只搞一二种极简单操作的人强得多。只要你因营业关系，或为好奇心所驱使，曾和农村下级人民与都市下级人民多接触，你就知道，前者实比后者优秀。据说，中国和印度农村劳动者的地位与工资，都比大多数技工和制造工人高。假若没有同业组合法规及组合精神从中作梗，各地方也许都和中国、印度一样。

不过，欧洲各地都市产业所以比农村产业优越，并不完全由于同业组合及组合法规的存在。其他许许多多规定，也助长了这种优势。对外国制造品，和对外国商人输入的一切货物，课以高的关税，都倾向于助长这种优势。同业组合法规，使都市居民能够抬高他们制品价格，不必忧虑由于同国人的自由竞争而降低价格。而高关税的规定，使都市居民不怕外人的竞争。由这两种法规而产生的增高价格，不论何处，都由农村的地主、农场主和劳动者负担。他们对于这种垄断权的建立，几乎未曾反抗。他们通常不想结成组合，也不适合于结成组合，而商人和制造者的叫喊和诡辩很容易说服他们，使他们相信，社会一部分而且是不重要的一部分的私利，乃是全社会的利益。

英国都市产业比农村产业优越的程度，过去似较现今为大。与前世纪或现世纪初叶比较，现今的农村劳动工资，更接近于工业劳动工资，现今的农业资本利润，亦更接近于工商业资本利润。这种变化，可以说是以前过分奖励都市产业所必产生但直到晚近才呈现的后果。都市所累积的资本量，终于达到这么大的数额，以致把这数额的资本，使用在都市所特有的产业上，就不能得到像往昔那么多的利润。都市所特有的产业，与其他一切产业，同样有一定的限度，而资本增加，由于扩大竞争，势必使资本利润减低。都市方面利润的减低，势必使资本流向农村，农村劳动有了新需求，劳动的工资必然增高。要是我可这样说的话，资本这样就散布于地面上，而且由于在农业方面使用，资本便部分地回到农村来，资本的大部分，本来是以农村为牺牲而在都市中累积的。欧洲各国农村最大的改良，都是都市本来所累积的资本流回农村的结果，关于这点，我将在下面说明，同时将论证，虽有若干国家，经这过程达到了很大的富裕程度，但这过程本身是极缓慢、极不确定、极易遭到不可胜数的意外事故的阻挠，而且，无论就哪一点说，都是违反自然，违反理性的。至于这过程所由而产生的利害关系、偏见、法律及习俗，我将在本书第三篇及第四篇作出详尽明了的说明。

同业中人甚至为了娱乐或消遣也很少聚集在一起，但他们谈话的结果，往往不是阴谋对付公众便是筹划抬高价格。诚然，想通过能实施的或不违反自由和正义的法律来阻止同业者这样的集会，那是办不到的，但法律不应该使这种集会易于举行，更不应该使这种集会非举行不可。

要同市一切同业者都把姓名住所登记在公共登记簿的规则，就使这种集会易于举行。因为这把本来也许无法结识的个别人联系起来，并使同一行业每一个人都能借此获知所有其他人的住址。

要同一行业的人捐些钱，以救济同业中的贫者、病者以及孤儿寡妇的规则，由于要他们处理一个共同利害问题，就使这样的集会非举行不可。

同业组合，不但使这种集会成为必要，而且使多数通过的决议案对全体有拘束力。就自由行业说，除非同业者全体同意，否则不可能结成有效的组合，而且这组合只在各个人意见继续一致的时间内，才能继续存在。而就同业组合说，能依多数决议制定规则，并附有适当的惩罚条款；这规则限制竞争的作用，比任何自由结合更有效更持久。

有人说，为着更好地管理行业，同业组合是必要的。这是全无根据的话。对职工的有效和真正的监督，不是他们所属的组合的监督，而是他们的顾客的监督。使职工不敢欺诈懈怠的，乃是对失业的恐惧。排外的组合，必然削弱这种监督力量。有了排外的组合，一批工人，不论好坏，都得雇用。所以在许多有组合的都市中，甚至在一些最必要的行业上，也不能找到差可人意的工人。如果你要有差可人意的作品，那就必须在郊外定做，那里的劳动者没有排外特权，只凭本领。但你得把他们制成了的物品，秘密运入都市。

这样，欧洲的政策，由于使某些职业中的竞争限于比愿加入者为少的人数，就使劳动和资本的各种用途的所有利害，有了非常大的不均等。

第二，欧洲的政策，增加了某些职业中的竞争，使其超过了自然的限度，因而使劳动和资本的各种用途的所有利害有了另一种即和上述不相同的不均等。

由于人们认为，给某些职业培养适当数目的人才是非常重要的，所以有时由公共团体，有时由热诚的私人捐助基金者，为此目的，设置了许多奖金、助学金、奖学金、苦学生津贴等等。结果，就使这些职业的人数，大大超过自然的限度。我相信，一切基督教国家，大部分牧师的教育费，都是出自这个来源。完全由自费受教育的，不多见。所以，那些自费受教育的人，所花的长久时间和巨大费用以及所下苦功，未必都能获得相应的报酬，因为教会中挤满了愿意接受比他们应得报酬低得多的报酬的人。这样，富者应得的报酬，就因贫者的竞争而被夺去了。我们把教区牧师助理或教堂牧师同一般行业的帮工比较，未免有失体统，但教区牧师助理或教堂牧师的薪水与帮工的工资，却可正当地视为有同一性质的。这三种人，都按他们和其上司所订的契约获取工作报酬。按照几次全国宗教会议所公布的规定，英格兰教区牧师助理的薪水直到十四世纪中叶还是五马克，其所含白银和现今十镑货币所含的大约相同。在同一时期，泥水师傅的工资一日四便士，泥水帮工的工资一日三便士，前者所含银量和现今一先令所含相同，后者相当于现今九便士。[①] 所以这两种劳动者，假如能经常被雇，其工资就比教区牧师助理优越得多。假若泥水师傅每年有三分之二的时间就

① 参阅爱德华三世第二十五年关于劳动者的法令。

业，其所得工资便和教区牧师助理的薪俸相等。安妮女王第十二年第十二号法令宣称："由于对教区牧师助理没给予充分的给养与奖励，所以有些地方，这些教区牧师助理的给养很不充分。兹特授权各地主教，以签字盖章，发放足够维持生活的俸金或津贴，每年不得超过五十镑，也不得少于二十镑。"现今，教区牧师助理年得四十镑的，即视为非常优裕。尽管上述法令限定年薪不得少于二十镑，但是许多教区牧师助理，每年俸金少于二十镑。伦敦的制鞋帮工，却有的每年可得四十镑；同市中，任何种类的勤勉劳动者，每年所得，几乎都在二十镑以上。二十镑这数额，确不超过许多农村教区普通劳动者通常所得的数额。无论什么时候，要是法律企图规定工资，其结果总是使工资减低，而不使它增高。可是法律曾经好多次企图抬高教区牧师助理的工资，并为保持教会的尊严，命令教区长，要给教区牧师助理以超过他们甘愿接受的极微薄生活费的报酬。法律在这两方面的企图，都毫无效果。法律从来没把教区牧师助理的工资，提高到它要提高的程度，也没把劳动者的工资减低到它要减低的程度。法律既不能阻止前者因处境穷困，竞争者众多，而甘心接受比法定生活费少的给养，也不能阻止后者，由于雇用人为要取得利润或愉快，竞相雇用，而获得超过法定生活费的给养。

教会下级职员的景况，虽很穷困，但大圣俸的优异，和其他教会中的尊严，却能保持教会的崇高地位。而且，这种职业所受到的尊敬，正可以补偿他们金钱上报酬的低微。在英格兰及一切罗马天主教国家，教会这一彩票上所能中的彩数，比所需要的多得多。苏格兰、日内瓦以及一些其他新教教会的实例，使我们确信，就一个有那么大声誉，而受教育机会又是那么容易取得的职业说，要获得一般圣俸的希望，便诱使相当多的有学问和品行端庄的人充当圣职。

而就全无常俸的律师和医师这些职业说，如果也有那么多的人由公费教育，那么这些职业上的竞争，不久就变得非常激烈，大大削减他们金钱上的报酬。这样一来，以自费教育子弟，从事这些职业，就不值得。这些职业，将完全由公共慈善团体所培养的人士充当。他们人数众多而且贫穷，一般都满足于极微薄的报酬。结果，律师和医师这些职业，就不能像现在那样受尊重。

通常叫做文人的那班落魄的人，正处在律师和医师在上述假设下所可能有的境况。在欧洲各地，这些人大部分是为要供职教会而教育出来的，但有种种原因，使他们不能取得圣职。所以，他们的教育一般都是出于公费，而他们的人数到处又是那么多，使得他们劳动的价格，通常极其低微。

印刷术发明以前，文人靠其才能获取报酬的唯一职业，就是充当公私教师，换言之，把自己学得的奥妙而有用的知识，授予他人。这种职业，比印刷术发明以后，为书贾执笔卖文的职业，确是更有名誉，更有效用，而且一般地说，甚至是更可获利的职业。要做一个出色教师，所需要的时间与研究，所需要的天资、知识和勤勉，至少必与著名律师和医师所需要的相同。然而，出色教师的普通报酬，却比不上律师和医师所得的报酬，因为前者的职业，挤满了靠公费受教育的穷苦的人，而后者的职业，则由以自费受教育的少数人充任。不过，公私教师的通常报酬，现今虽然很少，但若那些为面包而执笔卖文的更贫苦文人，不赶出市场，而加入竞争，那么这些教师的报酬，无疑比现今还要微薄。在印刷术发明以前，学者和乞丐，似乎是非常接近的同义语。当时各大学校长，似乎常给他们的学生发乞食证。

在从前还没设置这种奖学津贴，使贫困子弟为从事神学、医学及法学这三种职业而受教育的时候，卓越教师的报酬，似乎就比上面所说的大得多。苏格拉底，在所谓反诡辩学派的演说中，曾谴责当时教师言行不一致。他说："他们对他们学生作极堂皇的诺言，说要把学生训练成为有智慧、幸福和公正的人，但对这样重大的功劳，他们只要求四迈纳或五迈纳那么微薄的报酬。"他继续说："教人智慧，自己无疑地应当是有智慧的。但是，一个人以这样低的价格，出卖这样高的货色，定会被人訾为大愚。"在这里，苏格拉底对当时教师报酬，确没有夸张的意思；我们可相信，当时教师的报酬，正是他所说的那么多。四迈纳，等于现今十三镑六先令八便士；五迈纳，等于十六镑十三先令四便士。雅典当时对最优秀教师的普通报酬，必定不少于五迈纳。苏格拉底自己向学生每人要十迈纳，即三十三镑六先令八便士。据说，他在雅典讲学时，有一百个学生。我认为，一百个是他在一个时期所授的学生数，即来听他叫做一系列连续讲演的人数。像雅典这么大的都市，像苏格拉底这样出色的教师，像他所教的又是当时那么流行的修辞学，学生一百人，并不算太多。所以，对于每系列连续讲演，他必定得到有一千迈纳，即三千三百三十三镑六先令八便士。在另一个地方的普鲁塔克说，他的通常讲金，有一千迈纳。当时其他许多卓越的教师，似都曾获有大宗财产。乔治阿斯曾以纯金制成自己的金像，赠给德尔菲寺堂。我们不可认为，他自己的金像，与其身体是同样大。

乔治阿斯的生活方式，和当时其他两位有名的教师，即皮阿斯及普罗特格拉斯的生活方式，在柏拉图看来，都很华丽，甚至接近于豪奢。柏拉图自己的生活，据说，也很阔绰。亚里士多德是亚力山大王子的师傅。王子及其父腓力普，对他报酬的隆厚，那是一般所公认的。但亚里士多德却以为，回到雅典再开学园，更为上算。当时传授知识的教师，也许没有此后数十年那么多。此后数十年，竞争的结果，也许使教师的劳动的价格，以及世间对他们人格的尊敬，都稍稍下降。但最杰出的所享受的报酬和尊敬，似乎总是比今日从事同一职业的人大得多。雅典市民曾派遣学园学派大师卡尼阿迪及斯多亚派大师提奥奇尼斯出使罗马，其使节的尊严，真令人羡慕。当时雅典虽失去了以前的壮观，但还是个独立有名的共和国。此外，卡尼阿迪是巴比伦人，以嫉妒外人充当公职著称的雅典人，居然在这种场合，派遣卡尼阿迪，足见他们对这位大师尊敬到了什么程度。

上述那样的不均等，从全体看来，对社会大众，也许是利多害少。公职教师的地位，虽不免因此稍稍降低，但学艺教育费的低廉，确是一种利益，大大抵消了公职教师地位的降低。如果欧洲大部分地方的学校和学院组织得比现在更合理，那么大众由此得到的利益将更大。

第三，欧洲政策，妨碍劳动和资本的自由活动，使不能由一职业移转到其他职业，由一地方移转到其他地方，从而使劳动和资本不同用途的所有利害，有时候出现令人非常不愉快的不均等。

学徒法令，妨碍劳动的自由活动，甚至使劳动在同一地方不能由一职业转到其他职业；同业组合的排外特权，妨碍劳动的自由活动，甚至使劳动在同一职业不能由一地方转到其他地方。

我们时常看到，一种制造业的劳动者获得高工资，而另一种制造业的劳动者却不得不满足于最低的生活费。前一种制造业，处在前进状态，不断需要新的劳动者，后一种制造业，处在衰退状态，劳动者的过剩，不断增加。这两种制造业，有时是在同一都市，有时是在同一都市的邻近地方，但相互间却不能有丝毫的协助。在前一场合，有学徒法令妨害其相互协助。在后一场合，有学徒法令和排外的组合，妨害其相互协助。可是，有许多不同种类的制造业，操作很类似，设无此等不合理的法规，从中作梗，劳动者就能很容易由一职业转到另一职业。例如，织素麻的技术与织素丝的技术，几乎完全相同。织素羊毛的技术，虽略有差别，但因为这差别极其有限，麻织工或丝织工，亦只要学习数日，就能成为差可人意的毛织工。因此，假若这三种主要制造业中，任一制造业陷于衰退状态，该制造业的劳动者，可改就其他两种繁荣的制造业之一，而他们的工资，在繁荣的制造业中不会过高，在衰退的制造业中，亦不会过低。诚然，英格兰今日麻布制造业，通过特别法令而开放了，人人都有从事这业的自由，但由于该业，没在英格兰大部分地区大力推广，所以这对其他衰退制造业的劳动者，只能提供很有限的就业机会。在实施学徒法令的地方，衰退制造业的劳动者只好请教区救济，或以普通劳动者的资格从事劳动。不过，按照他们的习惯，他们更适合于做类似制造业的工人，而不大适合于做普通劳动者。所以，一般地说，他们宁愿请教区救济。

什么妨害劳动者的自由流动，也同样妨害资本的自由流动。因为一种行业上所能使用的资本量，在很大程度上，决定于这行业所能使用的劳动量。不过，同业组合法规妨碍资本由一地移到另一地的自由流动，在程度上小于它妨碍劳动的自由流动。不论何处，富裕商人要在自治城市中获得经商的特权，比贫穷技工在自由城市中获得劳作的特权容易得多。

我相信，同业组合法规妨碍劳动的自由移动，是欧洲各地共有的现象。而济贫法妨碍劳动的自由移动，据我所知，却是英格兰所特有的现象。自有济贫法以来，贫民除了在所属的教区内，就不易取得居住权，甚至不易找得工作的机会。同业组合法规所妨害的，只是技工和制造工人劳动的自由移动。获得居住权的困难，甚至妨害一般劳动的自由移动。英格兰的乱政，恐以此为最。我现在就其起源、发展及现状，作一些说明，也许不是无益的吧。

英国贫民，一向是靠修道院施舍，修道院破毁的结果，贫民得不到此种施舍。后来，虽几经设法救济，但均无效果。伊丽莎白女王三十四年，颁布第二号法令，规定各教区有救济其所属贫民的义务，并规定每年任命管理人，会同教区委员，通过教区税，征收足够救济贫民的金额。

按这法令，各教区都不得不赡养所辖境内的贫民。但一个人怎样才算是所辖境内的贫民呢？这就成为一个相当重要的问题。这个问题，在一定时间内，有了略不相同的答案，直到查理二世第十三年及十四年的法令，才确定下来。该法令规定，不论是谁，只要继续不断在某教区住过四十天，就可取得这教区的户籍。但在这四十天期限内，治安推事二人，得依教区委员或贫民管理人的陈诉，把新居民遣回他最后合法居住处所的教区，除非新居民租有每年十镑地租的土地，或能向治安推事提出担保脱除原属教区户籍而治安推事认为满意的保证金。

据说,此种法令曾产生若干欺诈行为。教区职员有时贿使区内贫民潜赴其他教区,并在其他教区潜住四十天,获得户簿,以图脱去原属教区户籍。为矫正此种弊窦,詹姆士三世第一年,作以下的规定:不论何人,在新教区获得户籍所必需的连续居住四十日,一律从他以书面向当地教区委员或贫民管理人报告他新居地址及家族人数之日算起。

然而,教区职员对于自己教区,未必都像他们对其他教区那样公正办事。对于这样闯进教区的人,他们有时默许他们闯进,接受书面报告,而不采取任何适当处置。由于教区各居民,为自身利益,都要尽可能阻止这样闯进的人,所以,在威廉三世第三年,又有以下的规定:那四十日居住期,只从那书面报告,在教堂于星期日做礼拜后公布之日算起。

伯恩博士说:"书面报告公布后,继续居住四十日而获得户籍的人,毕竟寥寥无几。此等法令的目的,不在于使移住人获得户籍,而在于使人不能潜入教区,因为缴交报告书,只是给这教区以迫令他迁回原教区的力量。但是,如果一个人有那样的地位,以致实际上能否迫令其迁回原教区很有疑问,那么他缴交报告书,就迫使教区在以下两种办法中选择一种:第一,容许他继续居住四十日,不抗拒地给予户籍;第二,试行权力,命其退出。"

因此,这种法令,使贫穷人几乎不可能按继续居住四十日的老办法获得新户籍。为使一个教区普通人民,不致因这法令而不能在另一个教区安家立业,又规定无须缴交或公布报告书亦能取得户籍的其他四种办法:一,缴纳教区所课的税;二,被推选为一年任期的教区职员，并供职一年；三，在教区当学徒；四，被教区雇用，为期一年，而且在这整年内连续做同一工作。

谁都不能按这四种办法中头两个办法，取得户籍，而只能通过教区全体人民的行动，取得户籍。教区人民都懂得很清楚，把一个除自身劳动力外一无所有的人，按课税或选为教区职员等办法收容进来的结果是怎样。

已经结婚的人都不能按后两个办法取得户籍。做学徒的，很少是结过婚的，而已经结婚的佣工，又有明令规定，不得由于受雇一年而取得户籍。采用通过服务取得户籍这办法的主要结果是，在很大程度上消除了以一年为雇用期的老习惯，这习惯，从前在英格兰是那么通行，直到今日法律仍把未经议定的雇佣期间解释为一年。但是，雇主未必都愿意因雇用佣工一年，便给他以户籍，而雇工亦未必都愿意因被雇一年而取得新户籍，因为最后的户籍取消以前的户籍，他们可能因此失去他们出生地即父母亲和亲戚居住地的原户籍。

很明显，一个独立工人，不论他是普通劳动者或是技工，都不能通过做学徒或被雇而获得新的户籍。因此，当他带着他的技能进入新教区时，不论他如何健康，如何勤勉，除非他租有每年租金十镑的土地——这对于除劳动力外一无所有的人，是无法办到的——或能向治安推事提出保证脱除原属教区户籍而两个治安推事认为满意的保证金，否则教区委员或贫民管理人就可随时令其退出。诚然，保证金数目完全由治安推事自由裁决，但他们所要求的，不可能少于三十镑，法律规定，凡购买价值少于三十镑的世袭不动产的人不能取得户籍，因为这不够作为脱除原户籍的担保。

靠劳动为生的人很少能提出三十镑保证金，而且实际上所要求的往往比这数额大得多。

为了在一定程度上恢复那几乎完全被上述法令所剥夺的劳动自由流动，当局想出了发证书的办法。威廉三世第八年及第九年的法令规定，不论是谁，要是持有他最后合法居住的教区发给的证书，由该区委员及贫民管理人署名，两名治安推事认可，并注明任何教区都有收留他的义务，那么他所移向的教区，不得以他可能成为负担的理由，令其退出，只有在他实际上成为负担时才可令其迁移，在那场合，发给证书的教区，有负担其生活费和迁移费的义务。为使持证者所要居住的教区能有最大的安全，同一法令又规定：移居者须租有一年租金十镑的土地，或自行给教区服务满一年，才能取得户籍。这样，他就不能通过缴交报告书、被雇、做学徒或缴纳教区税而取得户籍。此外，安妮女王第十二年法令第一号第十八条规定，持有此项证书的人的佣工或学徒都不能在他所住教区内取得户籍。

这个发证书的办法在什么程度上恢复了被上述各法令所几乎完全剥夺的劳动移动自由，我们可从伯恩博士以下有见识的话看得出来。博士说："教区当然有种种理由，责令新来者交出证书。持有证书而来居住的人，不能通过做学徒、被雇、缴交报告书或缴纳教区税而取得户籍。他们的学徒和雇工不能取得户籍。如果他们成为负担，他们所居住的教区，当然知道要把他们迁到什么教区去，而后一教区要担负他们的迁移费及迁移期间的生活费。如果他们病了，不能迁移，发证的教区须担负他们的生活费。所有这些，都非有证书不可。但所迁入的教区责令交出证书的理由，就是原教区一般不肯发给证书的理由。领证书的人民，大有被迁回的可能，而在他们迁回时，境况比从前还要坏。”伯恩博士这种论调，其用意似乎说，贫民要迁入的教区，应要求交证书，而贫民要迁出的教区，不应轻易发证书。这个极有才智的作家，在他所著《济贫法史》中又说：“就证书这办法说，存在着多少惨酷的事实，它使教区职员有权力把贫民可以说是终身幽禁起来，尽管贫民在不幸获得所谓户籍的地方继续居住是那么不合适，而他自己所要移住的地方对他是那么有利。”

虽然证书只证明领证者所属的教区，并不证明领证者的善良操行，但这证书是否发给，是否收纳，完全由教区职员自由裁决。据伯恩博士说，有一次，有人向高等法院建议，命令教区委员及贫民管理人签发证书，但高等法院认为这是个非常离奇的建议，拒绝了。

英格兰境内，相距不远的各地方的劳动价格，很不均等，这也许是起因于英格兰的居住法，那种法律使无证书的贫民不能转地劳作。诚然，康健而勤勉的独身者有时也可以由于宽容而无证书而在其他教区得到居处，但有妻室子女的人，要作此种尝试，就不免要为大多数教区所斥逐。而独身者，要是后来结婚，也将同样被斥逐。因此，在英格兰，不能像在苏格兰以及我相信在居住方面没有障碍的所有其他国家那样，一个教区劳动力的不足，都可由其他教区劳动力的过剩得到补救。在这些国家，在大都市附近或在对劳动有异常需要的地方，工资有时高些，而距此等地方愈远，工资便越接近于那国家的工资一般水平，但像英格兰邻近各地方的工资，有的时候突然发生的莫明其妙的差异，却是别处没有的。在英格兰，贫民要超越教区的人为境界，往往比超越国家间由高山脉或海湾构成的自然境界困难得多。这些自然境界有时使这些国家的工资率判然不同。

强迫一个没有犯过轻罪的人，迁出他所愿居的教区，显然是侵害天赋自由与正义的。英格兰的普通人民，虽是那么羡慕自由，但他们也像其他大多数国家的普通人民一样，从来不曾正确了解自由是什么，在一百多年内，一直甘受此种压迫，不图补救。有思虑的人，有时也说，居住法为群众所不满，可是，它没像搜查票那样，成为大家叫叫嚷嚷地反对的对象。搜查票无疑是一种弊害，但不会产生像居住法那么普遍的压迫。我敢断言，今日四十岁的英格兰贫民几乎没有一个在他一生中没受过这荒谬居住法惨酷的压迫的。

我将以下面的话，结束这冗长的一章。在往昔，最初以全国性的普通法律，然后以各州治安推事的特殊命令，规定工资，到现在，这两种办法都废而不用了。伯恩博士说："四百余年来的经验告诉我们，把性质上不允许仔细限定的东西硬加以精密厘定的做法，该废止了。如果所有同业工人都领受同额工资，一切竞争都会停止，而技能或发明才能也将无发挥之余地。"

然而，时至今日，个别法案有时还企图规定个别行业和个别地方的工资。乔治三世第八年的法令规定，除国丧场合，伦敦及其附近五英里以内的裁缝业者，每日不得支给二先令七便士以上的工资，而其雇工也不得领受此金额以上的工资，违者科以重罚。从来立法当局在规定雇主及雇工关系时，总是以雇主为顾问。所以，法规对劳动者有利的，总是正当而公平，但对雇主有利的，往往却是不正当不公平。例如，命令某些不同行业雇主须以货币而不得以货物支给工资的法律，是完全正当而公平的。雇主们并不因此而有什么实际上的困难。所要求于他们的，只是把他们一向想采用而实际上不常采用的货物支付法，改为货币支付法。这种法律当然对劳动者有利，但乔治三世第八年的法令，却有利于雇主。当雇主企图减低劳动工资而互相联合时，他们通常是缔结一种秘密的同盟或协定，相约不得支给定额以上的工资，违者惩处。如果劳动者也成立一种对抗的结合，约定不许接受定额以下的工资，违者惩处，法律就将严厉地制裁劳动者。法律果是公平，就得以对付劳动者的办法，对付雇主。但乔治三世第八年的法令却用法律实施了雇主们有时企图通过这种结合来规定的规章。劳动者常常抱怨这法律，说这法律把最有能力和最勤勉的劳动者和普通劳动者同样看待，这种抱怨似乎是完全有根据的。

此外，从前，常常通过规定食品及其他物品的价格，来规定商人的利润。据我所知，今日的面包法定价格是这种旧习惯的唯一遗迹。在有排外同业组合的地方，规定生活第一必需品的价格，也许是一种适当处置。但在没有组合的地方，竞争对调节物价的作用比法定价格的作用大得多。乔治二世第三十一年制定的规定面包价格的办法，由于法律上的缺陷，在苏格兰无法实行，这办法要靠市场职员执行，而苏格兰当时没有市场职员。直到乔治三世第三年，才矫正法律上这个缺陷。但苏格兰以前未实行法定价格，也无何等大的不便，而在现在还实行法定价格的地方，也不见有何等大的利益。但是，在苏格兰大多数都市，都有自称有排外特权的面包业组合，但没对这特权加以严密的保护。

已经说过，投在不同用途上的劳动和资本的不同工资率和利润率的比例，似乎不大受所属社会的贫富、进步或退步停滞状态的影响。公共福利上这样的变革，虽然会影响一般工资率和利润率，但归根到底对所有不同用途必有相同的影响。因此，不同用途上的工资率和利润率的比例，必继续相同，至少在相当长的期间内，不会因上述变革而变动。

第十一章　论地租

作为使用土地的代价的地租，自然是租地人按照土地实际情况所支给的最高价格。在决定租约条件时，地主都设法使租地人所得的土地生产物份额，仅足补偿他用以提供种子、支付工资、购置和维持耕畜与其他农具的农业资本，并提供当地农业资本的普通利润。这一数额，显然是租地人在不亏本的条件下所愿意接受的最小份额，而地主绝不会多留给他。生产物中分给租地人的那一部分，要是多于这一数额，换言之，生产物中分给租地人那一部分的价格，要是多于这一数额的价格，地主自然要设法把超过额留为已有，作为地租。因此，地租显然是租地人按照土地实际情况所能缴纳的最高额。诚然，有时由于存心宽大，更经常是由于无知，地主接受比这一数额略低的地租；同样，有时也由于无知（但比较少见），租地人缴纳比这一数额略高的地租，即甘愿承受比当地农业资本普通利润略低的利润。但这一数额，仍可视为土地的自然地租，而所谓自然地租，当然是大部分出租土地应得的地租。

也许有人认为，土地的地租，不外是地主用来改良土地的资本的合理利润或利息。无疑地，有些时候，情况可以说在一定程度上是这样，但不可以说在很大程度上是这样。对于未经改良的土地，地主也要求地租，而所谓改良费用的利息或利润，一般只是这原有地租的附加额。而且改良土地，未必都由地主出资本，有时是由租地人出资本。不过，在续订租约时，地主通常要求增加地租，好像改良是由他出资本搞的。

有时，地主对于完全不能由人力改良的自然物，也要求地租。例如，克尔普是一种海草。这种海草一经燃烧，即可成为制造玻璃和肥皂以及其他用途所需要的硷盐。不列颠几个地方，尤其是苏格兰，都生产这种海草。它生于高潮能达到的岩石上，这些岩石每日被海潮淹没两次，所以，生在这些岩石上的海草，绝不是通过人力而增多的。但是，对于以生产这种海草的海岸为界的所有地，地主也要求地租，像他们对谷田要求地租一样。

设得兰群岛附近，产鱼极为丰富。鱼成为居民食粮的大部分。但是，居民要从水产物获利，就不能不住在近海地带。因此，该地地主所收的地租，就不是和农民由土地上所能获得的利益成比例，而是和他由土地和海上这两方面所能获得的利益成比例。这种地租部分是以鱼缴纳的。鱼这种商品价格中含有地租成分是很少见的，我们在这里可以看到它的实例。

这样看来，作为使用土地的代价的地租，当然是一种垄断价格。它完全不和地主改良土地所支出的费用或地主所能收取的数额成比例，而和租地人所能缴纳的数额成比例。

只有这样的土地生产物，才能经常送往市场售卖，即其普通价格，足够补还产物上市所需要垫付的资本，并提供普通利润。如果普通价格超过这限度，其剩余部分自然归作土地地租。若不超过这限度，货物虽可运往市场售卖，但不能提供地租。价格是否超过这限度，取决于需求。

土地生产物中，有些物品的需求，使得它们在市场售卖的价格，总是超过其原费；有些物品的售价，或是超过或是不超过其原费。前者，总能给地主提供地租；后者，随着不同情况，有时能提供地租，有时不能提供地租。

所以应当注意，地租成为商品价格构成部分的方式是和工资与利润不同的。工资和利润的高低，是价格高低的原因，而地租的高低，却是价格高低的结果。商品的价格有高有低是因为这一商品上市所须支付的工资与利润有高有低。但这商品能提供高地租，能提供低地租，或不能提供地租，却是因为这商品价格有高有低，换言之，因为这商品价格，是大大超过或稍稍超过足够支付工资及利润的数额，或是仅够支付工资及利润。

我把本章分为以下三节，专门讨论：第一，总能提供地租的土地生产物；第二，有时能提供、有时不能提供地租的土地生产物；第三，这两种原生产物，彼此互相比较或和制造品比较，在不同改良阶段，所自然产生的相对价值上的变动。

第一节　论总能提供地租的土地生产物

像一切其他动物一样，人类的增殖，自然会和其生活资料相称。所以，对于食物，总是或多或少地有需要。食物总能购买或支配或多或少的劳动量，而愿为获得食物而从事劳作的人，总是可以找得到的。诚然，对劳动支给高工资的结果，食物能购得的劳动量虽与处理得最经济时所能维持的劳动量未必相等，但食物总能按照邻近一带劳动者的普通生活标准维持一定数量的劳动。

但是，就几乎任何位置的土地说，其所产食物，除足够维持它上市所需的劳动外，还有剩余。而这剩余，又不仅仅足够补偿雇佣劳动所垫付的资本及其利润，还留有作为地主地租的余额。

挪威及苏格兰的荒凉旷野，产有一种牧草。以这牧草饲养牲畜，所得的乳汁与繁殖出来的牲畜，除了足够维持牧畜所需要的一切劳动，并支给牧畜者或畜群所有人的普通利润外，还有小额剩余，作为地主的地租。牧场地租，随着牧场条件的优良程度而增加。优良土地，不但比同面积的劣等土地，能维持更多的牲畜，而且由于牲畜集聚于较小地区，饲养上和收获上，需要较少的劳动。这样，地主就从生产物数量的增加以及维持费用的减少这两方面得到利益。

不问土地的生产物如何，其地租随土地肥沃程度的不同而不相同；不问其肥沃程度如何，其地租又随土地位置的不同而不相同。都市附近的土地，比僻远地带同样肥沃的土地，能提供更多的地租。耕作后者，所费劳动量，与耕作前者所费劳动量虽相同，但僻远地方产物运到市场，必需较大劳动量。因此，这僻远地方，必须维持较大数量的劳动，而农业家利润及地主地租所出自的剩余部分，势必减少。但是，前面说过，僻远地方的利润率，一般比都市附近高，所以，在这减少的剩余部分中，属于地主的部分，必定更小。

良好的道路、运河或可通航河流，由于减少运输费用，使僻远地方与都市附近地方，更接近于同一水平。所以，一切改良中，以交通改良为最有实效。僻远地方，必是乡村中范围最为广大的地方，交通便利，就促进这广大地区的开发。同时，又破坏都市附近农村的独占，因而对都市有利。连都市附近的农村，也可因此受到利益。交通的改善，一方面虽会使若干竞争的商品，运到旧市场来，但另一方面，对都市附近农村的农产物，却能开拓许多新市场。加之，独占乃是良好经营的大敌。良好经营，只靠自由和普遍的竞争，才得到普遍的确立。自由和普遍的竞争，势必驱使各个人，为了自卫而采用良好经营方法。将近五十年前，伦敦近郊一些州郡，曾向议会请愿，反对征收通行税的道路扩展到僻远州郡。他们所持的理由是，这样那些僻远州郡，由于劳动低廉，它们的牧草和谷物，将以比附近州郡低的价格在伦敦市场出卖，伦敦附近州郡的地租，将因此下降，而他们的耕作事业，将因而衰退。然而，从那时起，他们的地租，却增高了，而他们的耕作事业，也改善了。

中等肥沃程度的谷田为人类生产的食物，比最上等同面积牧场所生产的多得多。耕作谷田，虽需大得多的劳动量，但在收回种子和扣除一切劳动维持费用以后所剩余的食物量，也大得多。所以，一磅家畜肉的价值，如果一向都没被认为大于一磅面包的话，那么上述较大的剩余到处都具有较大的价值，而且是农业家利润及地主地租所从出的较大基金。在农业幼稚初期，情况似乎普遍如此。

但这两种食物即面包与家畜肉的相对价值，在不同农业发展时期，大不相同。在农业幼稚初期，国内绝大部分未曾开辟的土地，都用于牧畜。家畜肉比面包多，而面包这食物成为极大竞争的对象，因而可卖得极大价格。据乌洛阿说，在阿根廷首都，四五十年前，一头牛的普通价格为四里尔，合英币二十一便士半，而且购买时，可在二三百头的牛群中随意选择。乌洛阿没说到面包价格，这大概是因为面包价格并没有什么值得叙述的地方。他又说，那边一头牛的价格，几乎和捕获它所费的劳动相等。但无论在哪里，栽种谷物，就得使用很大劳动量，而阿根廷位于拉普拉塔河上，拉普拉塔河当时成为欧洲至波托西银矿的直接通路，在这样一个国家，其劳动的货币价格，不可能很低廉。但当国内大部分地区成为耕地的时候，情形却完全两样了。这时，面包比家畜肉多，竞争既转变了方向，家畜肉价格就变得比面包高。

加之，耕地扩大，未开辟原野，就不够供应家畜肉的需求。许多耕地，必须用于饲养牲畜。所以牲畜价格，不但要足够维持饲养所需要的劳动，而且要足够支付土地用作耕地时地主所能收得的地租及农业家所能收得的利润。可是，荒野地上所饲养的牲畜，与改良地上所饲养的牲畜，在同一市场，比照品质和重量，以同一价格出售。荒野地所有者，就乘此良机，按照其牲畜的价格，增加土地的地租。不到一世纪以前，苏格兰高地许多地方的家畜肉价格，和燕麦面包的价格相等，甚或较为低廉。后来，英格兰和苏格兰统一，苏格兰高地的牲畜在英格兰得到了市场。现在，苏格兰高地家畜肉的普通价格比本世纪初大约高三倍，而高地许多土地的地租在这一时期内增加三四倍。今日不列颠各地，最上等家畜肉一磅约值最上等白面包二磅以上，而在丰年，有时值最上等白面包三磅乃至四磅。

所以，随着改良的进展，未改良的牧场的地租与利润，也在一定程度上，受已改良的牧场的地租与利润的支配，而已改良的牧场的地租与利润，又受谷田的地租与利润的支配。谷物每年收获一次，家畜肉却需四五年工夫，才有收获。因此，同是一亩土地，家畜肉的出产额，比谷物出产额少得多，家畜肉较低的产量必须从较高的价格得到补偿。假若价格的优越程度，超过了这限度，那么就有更多的谷田，改为牧场；假若价格的优越程度，没达到这限度，那么已用作牧场的土地，一部分又必改为谷田。但是，必须知道，牧草和谷物在地租和利润上这样的均等，直接生产牲畜食物的土地和直接生产人类食物的土地，在地租和利润上这样的均等，只在大部分土地已经改良的国家，才会发生。就某些地方说，情形却完全两样，牧场的地租和利润，比耕地的地租和利润高得多。

在大都市附近，对牛乳及马粮的需求，以及家畜肉的高价，使牧草价格增高得超过它对谷物价格的自然比例。很明显，这种地方性利益绝不会扩及到僻远地区。

某些国家的特殊情况，有时使其人口变得非常稠密，以致这些国家所有土地，像大都市附近地域一样，所生产的牧草及谷物，不够满足其居民生活上的需要。因此，其土地主要用以生产那容积较大、不易由远方输来的牧草，而人民所食的谷物，则仰给于外国。现今荷兰正处在这样的状态。在古罗马繁荣时代，古意大利都把大部分土地，用来生产牧草。据西西罗说，老伽图曾说："经营私有土地所得的利润与利益，以善于饲养为最，占第一位；差可人意的饲养，占第二位；不善的饲养，占第三位。"他把农耕的利润与利益，列为第四位。古罗马常把谷物无代价地或极低价地分配其人民，结果大大阻害邻近古罗马的古意大利地域的耕作。这种谷物，来自被征服省份。这些被征服省份，有的不纳赋税，但须将产物十分之一，以每配克六便士的法定价格卖给共和国。共和国以这谷物廉价配售人民，这必然使罗马旧领土的谷物，在罗马市场上跌价，因而必然妨害其谷物耕作。

此外，在以谷物为主要产物的开阔地方，圈围草地的地租往往比附近谷田的地租高。圈围便于饲养耕畜，而圈围地这样高的地租，并不是由于草地生产物的价值，而是由于利用耕畜耕作的谷田生产物的价值。假若邻近土地全被圈围，那高地租就会跌落。现在苏格兰圈围地地租的高昂，似乎由于圈围地太少，圈围地一增加，其地租大概就会下降。圈围土地，对牧畜比对耕作更有利。它不但可节省看守牲畜的劳动，也使牲畜由于不受守护人或守护狗的惊扰，吃得更好。

但在没有这种地方性利益的地方，牧地的地租和利润，自不免要受适宜于耕种谷物或其他一般植物性食品的土地的地租和利润的支配。

同一面积的土地，仅仅使用天然牧草，所能饲养的牲畜便比较少，而使用芜菁、胡萝卜、包菜等人工牧草，或使用其他已经用过的方法，所能饲养的牲畜便比较多，这样就可使进步国家中家畜肉本来高于面包的价格，稍稍降低。而且，事实上似乎如此；至少，可以相信，伦敦市场上家畜肉对面包的相对价格，现今比前世纪初叶低得多。

伯奇博士在他所著《亨利亲王传》的附录中，详记这亲王日常支付的家畜肉的价格。重六百磅的牛一头，通常只费他九镑十先令，即每百磅三十一先令八便士。亨利亲王是在 1612 年 11 月 6 日，他十九岁时死的。

1764 年 3 月，议会曾调查当时食品价格高腾的原因，在这次搜集的许多证据中，有一个弗吉尼亚商人证言：他于 1763 年 3 月备办船上食物，支付每百磅牛肉二十四先令至二十五先令的价格，他认为这是普通价格，而在物价高的年度，即1764年，对于同质同量的牛肉，他却支付二十七先令。但是，1764年这样高的价格，却比亨利亲王所付的日常价格还低四先令八便士；应当指出，为远道航海而购买的适于腌藏的牛肉，一定是最好的。

亨利亲王所支付的价格，等于每磅三又五分之四便士，那是包括上等或下等肉块的平均价格。所以，推算起来，当时零售的上等肉，每磅不可能少于四便士半或五便士。

在1764年议会作调查时，作证人都说，当时上等牛肉的上好肉块的零售价格每磅为四便士到四又四分之一便士，而下等肉块的价格，每磅由七个铜元到二便士半或二又四分之三便士。他们说，一般地说，此种价格比三月间的普通市价，每磅约高半便士。但是，连这样高的价格，也比亨利亲王时代的普通零售价低廉得多。

前世纪头十二年间，温莎市场上等小麦的平均价格，每夸特(合九温彻斯特蒲式耳)为一镑十八先令三又六分之一便士。

然而，在1764年前十二年(包括1764年)内，同一市场上上等小麦的平均价格，每夸特为二镑一先令九便士半。

因此，小麦价格在前世纪头十二年内，比它在1764年前的十二年(包括1764年在内)内低廉得多，而家畜肉价格却高得多。

在一切大国中，大部耕地，都用来生产人类的粮食或牲畜的粮食。此等土地的地租和利润，支配其余一切耕地的地租和利润。假若用以生产某种特殊生产物的土地，提供了比上述少的地租和利润，那种土地，马上就会改作谷田或牧场。若能提供更多的地租和利润，那么部分谷田或牧场不久就改用来生产那特殊的生产物。

为使土地适合于那特殊生产物的生产，或最初要花比谷田或牧场所要花的更大改良费用，或每年要花更大的耕作费用。较大的改良费用，一般提供较大的地租，而较大的耕作费用，一般也提供较大的利润。这样增高的地租和利润，往往只是较大费用的合理利息或报酬。

就栽植啤酒花、果树及蔬菜的土地说，地主的地租和农业家的利润，一般比谷田或草地大。但是，使土地适合于这种栽植，需要有更大的费用，所以应给予地主以更大的地租。此外，这种土地，需要更细心和更巧妙的使用，所以应给农业家以更大的利润。况且，这些作物，至少是啤酒花和水果的收成，很不确定，所以，其价格必须提供类似保险的利润的某种东西，以补偿一切意外损失。种园者的平凡境遇，使我们确信，他们的大技能，很少得到过大的报酬。许多有钱的人为着自娱都从事种园者那种愉快作业。所以，以种园谋利，得不到很大利益，因为那些应该成为他们产物的最好顾客的都自己种植各种珍贵花木。

地主从这种改良所享得的利益，似乎都仅仅足以补偿改良所花的费用。就古代耕作说，除葡萄园外，农场中能提供最有价值产物的部分，似乎是便于浇水的菜园。但是被古代人尊为农业技术之父的德莫克里特斯，在二千年前，写了关于这方面的著述。他认为，把菜园绕以围墙，是不聪明的办法，因为菜园的利润，不能补偿其石墙的费用，而砖块（我想那种砖块是指由日光晒干的一种）一经风雨毁坏，就需要修补。科伦麦勒引用德莫克里特斯的话，不加反驳，但提倡使用由荆棘和茨做成的篱笆。他说，根据他的经验，那是既持久又不易侵入的栅栏，然而在德莫克里特斯时代，一般人民似乎还不懂得这个圈围方法。科伦麦勒这意见，首先为瓦罗推荐，以后又为帕拉迪阿斯采用。根据这些古代农事改良者的意见，菜园生产物的价值，似乎只稍稍超过特殊栽培和浇水的费用。靠近太阳的国家，那时和现在都认为，应掌握水源，把它导入园地。欧洲今日大部分地方的菜园，依旧采用科伦麦勒提倡的围篱方法。在不列颠及其他北方国家，不借助于围墙，就不能获得优良的果实。所以，它们的优良果实的价格，必须偿付其生产上所不可少的围墙建筑费和维持费。常常用果树圈围菜园，这样就使不能以生产物来补偿围墙建筑费和维持费的菜园，也得到圈围的好处。

种植适当而培养完善的葡萄园，乃是农场中最有价值的部分，这似乎是古代和现代一切葡萄酒产国都承认的农业上无可置疑的原理。但据科伦麦勒说，种植新葡萄园有无利益，却是古代意大利各农业家间争论纷纭的问题。科伦麦勒和一个确实爱种新奇植物的人一样，决然赞同种植新葡萄园，并通过利润与费用的比较，力图证明，种植新葡萄园是一种最有利益的农事改良。然而，关于这种新产业计划中利润与费用的比较，通常是很不可靠的，而在农业中尤其如此。如果这种种植所得的利益，都是像科伦麦勒所想象的那么大，那么关于这问题，就不会有那种争论。直到现今，在葡萄酒产国中，这还是争论纷纭的问题。这些国家的农事作家，即高级耕作的爱好者和鼓吹者，和科伦麦勒一样，都决然赞同栽种新葡萄园。法国旧葡萄园所有者阻止种植新葡萄园的焦急心情，似可支持那些作家的意见，并表示那些有经验的人，都觉得现今在那个国家种植葡萄，比栽种其他任何植物，更有利可图。可是，同时似乎也表示，从另一方面看来，葡萄园的优越利润，如果不受限制葡萄自由培植那些法律的庇护，就不能持续下去。1731 年，旧葡萄园所有者，得到以下敕令：凡未经国王特许，新葡萄园的种植，停种二年以上的葡萄园的续种，都在禁止之列。要得国王这种特许，又须先请州长查验，证明这土地不适宜于任何其他耕作。据说，当时发布这敕令的理由，是谷物、牧草的缺乏和葡萄酒的过剩。但是，葡萄酒过剩，如确系事实，那么它就会使这种种植的利润降落到牧场和谷田的利润的自然比例以下，这样无须上述敕令便有效地阻止新葡萄园的种植。关于所谓葡萄园增加，招致了谷物缺乏，我们知道，就法国说，在土地适宜于生产谷物的葡萄产州，谷物耕种得比其他各州更精细，在勃艮第和吉延是如此，在上郎格多克也是如此。一种耕作事业雇用很多劳动者，必然给另一种耕作事业的产品提供了好市场，从而鼓励另一种耕作事业。减少能购买葡萄酒的人数，无疑是最没有效果的奖励谷物耕作事业的方策。这方策简直等于通过阻遏制造业来促进农业的政策。

因此，那些作物，需要有较大土地改良费用，使土地适合于栽种，或需要有较大的每年耕作费用，其地租和利润，纵使往往大大超过谷物或牧草的地租和利润，这超过额如果仅足抵偿高的费用，那么其地租和利润，实际上是受普通作物的地租和利润的支配。

诚然，有时也发生这样的情况，适合于栽种某特殊作物的土地过小，不够供应其有效需求。在这种情况下，那生产物全部，都可售给愿出比一般略高的价格的那些人，他们所出的价格，稍稍超过这作物生产以至上市，按地租、工资和利润的自然率，或按大部分其他耕地的地租、工资和利润率，所必须支付的全部地租、工资和利润。在这种价格中，除去改良及耕作的全部费用后，所剩余的部分，在这种情况下，而且只在这种情况下，可不和谷物或牧草的同样剩余部分保有正常的比例，而且可在任何程度上超过。这超过额的大部分，自然归于地主。

必须知道，葡萄酒的地租利润对谷物牧草的地租利润的普通和自然比例，只在生产好的普通葡萄酒的葡萄园才会有。这种葡萄园的土壤，或是轻松，或是含有沙砾，或是含有沙。而所产葡萄酒，除浓度与适合卫生外，又无可以称道的特色。国内普通土地，只能和这种普通葡萄园相提并论，至于有特殊品质的葡萄园，那显然非普通土地所可同日而语了。

在一切果树中，以葡萄树最易受土壤差异的影响。据说，来自一种特殊土壤的特殊美味，绝不是在另一种土壤上，通过人工所能做到的。这种现实上或想象上的美味，有时仅为几个葡萄园产物所特有，有时为小区域中绝大部分葡萄园所共有，有时又为一大州中大部分葡萄园所共有。这种葡萄酒在市场上出售的全量，不够供应其有效需求，即不够供应那些愿支付为产制和运输这种葡萄酒，按一般地租、工资和利润率，或按一般葡萄园所支付的地租、工资和利润率，所必须支付的全部地租、工资和利润的人的需求。因此，这全量可卖给愿支付更高价格的人，这必然会把这种葡萄酒的价格抬高到超过普通葡萄酒的价格。这两种价格相差的大小，要看这种葡萄酒的流行性与稀少性所激起的购买者竞争程度的大小而定。但无论相差多少，其差额的大部分，归于地主。虽然这种葡萄园，在栽培上，一般都比其他葡萄园更为谨慎周到，但其较高的价格，与其说是慎重栽培的结果，倒不如说是慎重栽培的原因。就生产此种高价产物说，由怠慢而产生的损失非常的大，所以，即使最不小心的人，也不得不注意。因此，这高价中的一小部分，就足够支付生产上额外劳动的工资和额外资本的利润。

欧洲各国在西印度占有的蔗田，可与这高价的葡萄园相比拟。蔗田的全部产量，不够满足欧洲人的有效需求，所以，这全部产量，只能卖给愿以超过这产品生产和上市，按其他任何产品通常支付的地租、工资和利润率，所必须支付的地租、工资和利润的价格而购买的人。据熟悉交趾支那农事的波佛尔氏[①]说，交趾支那最上等精制白糖价格，通常为每昆特尔三皮亚斯特，合英币十三先令六便士。那边所谓昆特尔，合巴黎的一百五十磅到二百磅，平均相当于巴黎一百七十五磅。以英衡计，每百磅约八先令。这与我们从我们殖民地输入的红糖或粗砂糖通常支付的价格比较，不及四分之一，与最上等精制白糖比较，价格也不及六分之一。交趾支那大部分农地，是用来生产大多数国民所食的米麦。那里，米麦和砂糖的价格，也许具有自然的比例，即大部分农地各种作物，自然而然地成比例，使各地主和各农业家，都得到尽可能按通常原始改良费用和每年耕作费用计算的报酬。但我国蔗田殖民地的砂糖价格，对欧美稻田或麦田的生产物价格，却没有这种的比例。据说，甘蔗栽培者，常常希望以糖酒及糖蜜两项，补偿所有的栽培费，而以全部砂糖作为纯利润。就我说，不敢冒昧确认此系事实，设其如此，正如谷物耕作者希望以糠蒿二项，补偿其耕作费用，而以全部谷粒作为纯利润。我常常看见，伦敦及其他都市的商人团体，收买我国

① 《一个哲学家的游记》。

蔗田殖民地的荒地，托代办人或代理人从事改良和耕作，期获利润；虽然距离遥远，而当地司法行政又不健全，不能保障他们的确定收入，他们亦在所不顾。而在苏格兰、爱尔兰或北美产谷区域的最肥沃土地，谁都不想用同一方法来改良和耕作，虽然这些地方司法行政完善，他们可望得到比较正常的收入。

在北美的弗吉尼亚和玛利兰，由于栽种烟草更为有利，所以，人们情愿种烟草，不愿种谷物。在欧洲大部分，栽种烟草，也获得利益，但是欧洲几乎所有国家，都以烟草为主要课税对象，而国内要是栽种烟草，对各栽种地征税，比对输入烟草课关税较为繁难，于是大多数地方，竟因此以不合理的命令，禁止栽种烟草。结果，允许栽种烟草的地方，便取得了一种垄断，而弗吉尼亚和玛利兰的烟草生产量最大，所以它们虽有若干竞争者，却享受这种垄断的大部分利益。可是，栽种烟草，似不像栽种甘蔗那么有利。我从来不曾听过，居住不列颠的商人，投资改良和培植烟草园。以种烟草发财，由殖民地返国的，也不像由我们蔗岛，以生产砂糖发财而返国的那么常见。从殖民地居民乐于栽种烟草、不愿栽种谷物这一事实看来，欧洲对烟草的有效需求，似未全部得到供给，但烟草的供给，也许比砂糖的供给更接近于有效需求。现在，烟草的价格，也许超过烟草产制和上市，按谷田一般支付的地租、工资和利润率所必须支付的全部地租、工资与利润，但其超过额必定小于现今糖价的超过额。因此，我国殖民地的烟草种植者，像法国旧葡萄园所有者那样，都害怕生产过剩。于是，通过议会法令，限定年龄十六岁到六十岁的黑奴一人，只得栽培烟草六千本，他们认为六千本可出烟草一千磅。他们计算，每个黑奴，除生产这数量烟草外，还能耕作玉蜀黍耕地四亩。道格拉斯[①]博士告诉我们（我想他的话未必可靠），他们为防止市场供给过剩，在丰年有时把每个黑奴所生产的烟草，烧去若干，像荷兰人把他们所生产的香料烧去若干一样。如果维持现今烟草价格，需要采用这种过激办法，那么，栽种烟草优于栽种谷物的好处，即使目前还多少存在，恐怕不会长久继续下去。

由此可见，生产人类粮食的耕地的地租，支配着其他大部分耕地的地租。任何特殊产物所提供的地租，不会长久低于大部分耕地的地租，因为那土地定会立即改为他用；要是任何特殊产物所提供的地租，通常高于大部分耕地的地租，那是因为适合于这产物的土地过少，不能供应其有效需求。

在欧洲，直接充作人类粮食的土地生产物是五谷。所以，除位置特殊外，欧洲谷田的地租，支配所有其他耕地的地租。英国不必羡慕法国的葡萄园，也不必羡慕意大利的橄榄园。因为葡萄与橄榄，如非占有特殊位置，其价值亦须由谷物价值规定，而在谷物生产上，英国土地的肥沃，并不比这两国土地差得多。

如果任何一个国家国民一般爱吃的植物性粮食，不是谷物，而是另一种植物，并假定在这国家普通土地上，通过和谷田耕作相同或几乎相同的耕作，所能产出的这种植物量，却比最肥沃谷田所生产的多得多，那么，地主的地租，换言之，支付劳动工资并扣回农业家资本及其普通利润后所剩余的食物量，必然大得多。不论这国家维持劳动的普通工资是怎样，这较大的剩余量，总能维持较大的

① 《摘要》，第 2 卷，第 372、373 页。

劳动量，而地主因此也就能购买或支配更多的劳动量。他的地租的真实价值，换言之，他对于他人劳动所提供的生活必需品和便利品的支配权，必定大得多。

稻田所产的食物量，比麦田所产的大得多。据说，稻田每亩，普通每年收获二次，每次三十蒲式耳到六十蒲式耳。虽然耕种稻田，通常需要更多的劳动，但其生产量，除了维持劳动以外，还有更多的剩余。因此，在以米为普通爱好的食物，而耕作者主要也是靠米维持生活的产米国家，地主从这更大的剩余所得的，比产麦国地主所得的多。在卡罗来纳和英领其他殖民地，耕作者一般兼有农业家和地主身分，因此，地租与利润混淆；当地稻田虽每年只收获一次，而当地人民根据欧洲普通习惯，不以米为普通爱好的植物性食物，但都认为耕种稻田，比耕种麦田更为有利。

良好的稻田，一年四季都是沼泽地，而且有一季充满着水。它不适宜于种麦，不适宜于作牧场，不适宜于作葡萄园，实则除种稻外，不适宜于栽种任何对人类有用的植物性食物。而适于那些用途的土地，也不适宜于种稻。所以，即在产米国中，稻田的地租，不能规定其他耕地的地租，因为其他耕地不能转为稻田。

马铃薯地的产量，不亚于稻田的产量，而比麦田的产量大得多。一亩地生产马铃薯一万二千磅，并不算怎么优异的产量，一亩地生产小麦二千磅，却算是优异产量。诚然，马铃薯所含水分很大，从这两种植物所得的固体滋养料，不能与其重量成比例。但是，从马铃薯这块根食物的重量中，即使扣除一半作为水分——这是很大的扣除——一亩地的马铃薯，仍有六千磅固体滋养料，仍三倍于一亩麦地的产额。况且，耕作一亩马铃薯的费用，比耕作一亩麦地的费用少，而就麦地在播种前通常需要的犁锄休种说，所费就超过栽种马铃薯的锄草及其他特殊费用。所以，这块根食物，如果在将来成为欧洲某地人民的普通爱好食物，正如米在一些产米国家成为人民的普通爱好食物那样，使得栽培马铃薯的土地面积在全耕地中所占的比例，等于现今栽种小麦及其他人类食用谷物的土地面积在全耕地中所占的比例，那么同一面积的耕地必能养活多得多的人民。而且，劳动者如果一般都靠马铃薯过活，那么在生产中，除了扣回耕作资本及维持劳动外，还有更大的剩余。这剩余的大部分，亦将属于地主。人口就会增加，而地租也会增高，大大超过现今的地租。

凡适于栽种马铃薯的土地，亦适于栽种其他一切有用植物。假如马铃薯耕地，在全部耕地中所占比例，和今日谷田所占比例相同，那么马铃薯耕地的地租，就将像今日谷田地租那样，规定其他大部分耕地的地租。

我听说，兰开夏某些地方认为，劳动人民吃燕麦面包，比吃小麦面包，肚子更饱。而在苏格兰，我也听到同样的话。我对于此种传闻，总觉有点疑问。吃燕麦面包的苏格兰普通人民，一般地说，不像吃小麦面包的同一阶级英格兰人民那么强壮，那么清秀；他们既不像英格兰人那么起劲地工作，也不像英格兰人那么健康。由于在这两地上流人中间没有这种差异，经验似乎告诉我们，苏格兰普通人民的食物，没有英格兰普通人民的食物那么适合于人类的体质。但就马铃薯说，情形却完全两样。伦敦的轿夫、脚夫和煤炭挑夫，以及那些靠卖淫为生的不幸妇女（也许是英国领土中最强壮男子和最美丽女子），据说，这些人的大部分，来自一般以马铃薯为食物的爱尔兰最下级人民。马铃薯提供最明确的证据，证明它含有营养素，而且特别适合于人类的体质。

马铃薯很难保存一年，而且不可能像谷物那样贮藏二三年。不能在腐烂以前卖出的恐惧，使人不想栽种马铃薯，而在任何大国，马铃薯不像面包那样，成为各阶级人民的主要植物性粮食，这也许是一个主要原因。

第二节　论有时提供有时不提供地租的土地生产物

在各种土地生产物中，似乎只有人类食物是必然提供地租的；其他生产物，随着不同情况，有时提供地租，有时不提供地租。

人类最需要的东西，除了食物，就是衣服及住宅。

在原始自然状态下，土地在衣服及住宅材料方面所能供给的人数，比在食物方面所能供给的人数多得多。但在进步状态下，土地在前一方面所能供给的人数，有时却比在后一方面所能供给的人数少，至少，就人们需要衣服住宅材料和愿意支付代价这两方面说，是如此。所以，在原始自然状态下，衣服和住宅材料总是过剩，因而没有多少价值，甚或完全没有价值。在进步状态下，此等材料往往缺乏，其价值于是增大。在前一场合，大部分衣住材料，由于无用被抛弃，而使用部分的价格，可以说只等于改造这些材料使其适于人用所花的劳动与费用。因此，对于地主，自不能提供地租。在后一场合，这些材料全被使用，而且往往求过于供。于是，对于此等材料的任何部分，总有人愿意以超过其产制和上市的费用的价格来购买。所以，此等材料的价格，对地主总可提供若干地租。

原始的衣服材料，乃是较大动物的皮。所以，以那些动物的肉为主要食料的狩猎和牧畜民族，在获取食料时，就获得了他们自身穿不了的衣服。如果没有对外贸易，那么此等多余材料，便看作无价值东西而被抛弃。就未被欧洲人发现以前的北美狩猎民族说，情况大抵如此。现在，他们以过剩的毛皮和欧洲人交换毛毡、火器和白兰地酒，这样就使他们的毛皮具有若干价值。我相信，在现在世界的通商状态下，即使最不开化的民族，只要土地所有制业已确立，就在一定程度上有这种对外贸易，他们在国内土地生产但不能在国内加工或消费的衣服材料，在较富裕的邻国中，找到那样的销路，以致此等材料的价格，抬高到超过其运输费用。于是，此等材料的价格，就给地主提供了若干地租。当苏格兰高地牲畜的大部分，在内部丘陵地带消费的时候，兽皮成为输出的最主要商品，换回其他物品，这样就稍稍增加了高地土地的地租。从前，英格兰不能在本国加工或消费的羊毛，也在当时更富裕和更勤劳的弗兰德人的国家里找到了销路，其售价对羊毛产地也提供了若干地租。然而，在耕作状态不比当时英格兰及今日苏格兰高地更为进步，又无对外贸易的国家，衣服材料显然是那么过剩，以致有一大部分由于无用而被抛弃，那就不能给地主提供地租。

住屋材料，未必都能像衣服材料那样容易运往遥远地方，因而，也不像衣服材料那样容易成为国外贸易的对象。即使在今日商业状况下，也常常如此。在住屋材料生产过剩的国家，这些过剩材料，不能给地主提供什么价值。伦敦附近的良好石矿，提供了相当大的地租，而苏格兰和威尔士许多地方的石矿，却不提供地租。

在人口稠密农耕进步的国家中，用于建筑的无果树木，价值很高，其产地提供了相当大的地租，而在北美许多地方，树木产地的所有者，却不但得不到地租，如果有人愿意采伐并运去他的大部分大树，他还会非常感谢。苏格兰高地有些地方，由于缺少公路和水运，所以能向市场运送的只有树皮，而木材则随地委弃，听其腐烂。当住屋材料是那么过剩的时候，实际上被使用的那一部分的价值，也不过等于加工时所花的劳动和费用。这一部分，对地主不提供地租。然而当邻近富裕国民，有住屋材料的需要时，又当别论。例如，伦敦街道的铺石，曾使苏格兰海岸一部分不毛岩石的所有者，从向来不提供地租的岩石收到地租。又如，挪威及波罗的海沿岸的树木，在不列颠许多地方找到了国内找不到的市场，于是这些树木给其所有者提供了若干地租。

国家的人口，不和它们衣住材料所能供给的人数成比例，而和它们食物所能供给的人数成比例。食物要是得到供给，那就不难找到必要的衣服及住宅。但是，有了住宅、衣服，往往不易找到食物。即使在不列颠许多地方，以一人一日的劳动，也能造成称为住宅的简单建筑物。把兽皮制成最简单的衣服，只需要一天多的劳动。就野蛮或未开化民族说，为获得这种衣服及住宅，所费不过占全年劳动百分之一。而其余百分之九十九的劳动，用于获取食物，往往只勉强够用。

但由于土地改良和耕作的结果，一家的劳动，能供给两家的食物，于是半数人口的劳动便足以生产供给全社会的食物，所以其余半数，至少其中的大部分的劳动，能用来生产其他物品，即用以满足人类其他欲望和嗜好。衣服、住宅、家具，以及所谓成套的应用物品，便是大部分这些欲望和嗜好的主要对象。富人所消费的粮食，并不比他穷苦邻人所消费的多。在质的方面，也许大不相同，选择和烹调富人的粮食，可能需要更大的劳动和技术，而在量的方面，几乎相同。但是，我们且把富人堂皇的邸宅、巨大的衣橱，和贫民的陋屋敝衣比较一下吧！这两者，不论在质的方面、量的方面，都会令人感到极大的差异。各个人食欲，都受胃的狭小容量的支配，而对于住宅、衣服、家具及应用物品的欲求，似乎却无止境。所以，对自己所消费不了的剩余食物有支配权的人，一定愿意用剩余食物或其代价来交换足以满足其他欲望的东西。用满足有限欲望以后的剩余物品，来换取无限欲望的满足。另一方面，穷人为取得食物，竭力劳作，以满足富人此等嗜好；而穷人为使自己的食物供给较有把握，往往相互竞争，使其作品，益臻完善，益趋低廉。劳动者人数，随食物量增大而增加，换言之，随土地改良及耕作的进步而增加。由于他们工作的性质容许极度的分工，所以他们能够加工的原料的数量增加得比他们的人数多得多。因此，人类发明才能在建筑物、衣服、应用物品或家具上有用的或作为装饰品使用的各种原料，甚至地中的化石、矿产、贵金属和宝石，都有了需要。

这样看来，食物不仅仅是地租的原始来源，而后来才提供地租的土地的其他生产物说，其价值中相当于地租的部分，亦来自生产食物的劳动生产力的增进，而劳动生产力这样的增进，是土地改良和耕作的结果。但是，那些到后来才提供地租的其他土地的生产物，并不一定都能提供地租。即使土地业已改良并耕作的国家，对这类土地生产物的需求，未必都达到那样的程度，以致其价格，除了支付工资，偿还资本并提供资本的普通利润，还有剩余。这类生产物是否能提供地租,要看各种情况而定。

例如,煤矿能否提供地租,部分要看它的产出力,部分要看它的位置。

矿山的产出力是大还是小,要看使用一定数量劳动、从这矿山所能取出的矿物量是多于或是少于使用等量劳动从大部分其他同类矿山所能取出的数量。

有些煤矿,位置很便宜,但由于产出力过小,不能开采。其生产物,不能偿还费用。这样的煤矿,不能提供利润,也不能提供地租。

有些煤矿的产出物,仅够支付劳动工资,偿还开矿资本,并提供其普通利润。企业家由这种煤矿,能期待若干利润,地主却不能由此得到地租。所以,像这类煤矿,除了地主自己开采,投下资本,可期得到普通利润外,其余任何人,都不能经营有利。苏格兰有许多煤矿,由地主亲自经营。这些煤矿,不能由他人经营,因为没有地租,地主不许任何人采掘,而任何人采掘,也不能付给地主以地租。

苏格兰还有些煤矿,产出力很大,但由于位置不好,不能进行采掘。足够支付开矿费用的矿山产量,有时虽可使用一般劳动量或比一般少的劳动量采掘出来,但在人口稀少,而缺少公路或水运的内地,这么多的矿产,将无法卖出。

和木柴比较,煤炭是比较不适意的燃料,据说,还是比较不合卫生的燃料。在消费煤炭的地方,其费用一般要比木柴的费用少。

此外,木柴价格,几乎像牲畜价格一样,随农业状态的变动而变动,其变动的原因和牲畜价格变动的原因完全相同。在农业幼稚状态下，各国大部分地方都是树木。那些树木，在当时地主眼中，全是毫无价值的障碍物，如果有人愿意采伐，他定然是欢喜不过的。后来，农业进步，那些树木，部分由于耕作发达而被砍去，部分由于牲畜增加而归于毁灭。牲畜头数增加的比例，和全由人类勤劳而获得的谷物增加的比例，虽不相同，但在人类的注意和保护下，牲畜也繁殖起来。人类在丰饶的季节，预先给牲畜贮藏食料，以备在缺少季节使用，这样人类给牲畜提供的食物量，就比未开发的自然所提供的多。人类给牲畜铲除敌害，使它们能安然自由享受自然所给予的一切。许许多多畜群，随意放牧森林，森林中的老树，虽不受到损害，但幼树却受到摧残。其结果，在一二世纪后，整个森林归于毁灭。这样，木柴的不足，抬高了木柴的价格。这价格，给地主提供了很好的地租。地主有时觉得，以最好土地栽植无果树木，更为有利，而大的利润，往往足够抵消其收入的迟缓。这似乎是现今不列颠境内许多地方的情况，在这些地方，植林的利润，被认为和谷田或种牧草的利润相等。不过，地主由植林所得的利益，不论何处，至少在相当长的期间内，不能超过谷田或牧场的地租，而在耕作进步的内地，其利益往往比此种地租少得多。在土地改良得很好的海岸，作为燃料的煤炭，要是容易得到供给，那么建筑木材由耕作事业较落后的外国输入，往往比本国生产更为便宜。爱丁堡最近数年建筑的新城市，也许没有一根木材是苏格兰产的。

不论木柴的价格是怎样，如果一个地方烧煤炭的费用和烧木柴的费用几乎相等，那么我们可相信，在那情况下，煤炭在那地方的价格就达到最高的水平。英格兰内地某些地方，特别是牛津郡，情况似乎就是如此。牛津郡普通人民的火炉中，通常都混用木柴与煤炭，可见这两种燃料的费用不可能有很大的差异。

在产煤国家，任何地方的煤炭价格，都比这最高价格低得多。否则，煤炭就担负不起由陆运或水运送往遥远地方的运输费用。这样，煤炭能够卖出的，不过是很少的分量。煤矿采掘者及所有者，为自己利益计，定会觉得，与其以最高价格卖出少量，倒不如以比最低价格略高的价格卖出多量。此外，产出力最大的煤矿，支配附近一切煤矿的煤炭价格。那些产出力最大煤矿的所有者及经营者发觉，以略低于附近煤矿的价格出售煤炭，就能增大其地租与利润。这样一来，邻近煤矿，不久也不得不以同样的价格出售煤炭，尽管它们不能以这价格出售，尽管这样的价格总要削减，有时甚至剥夺它们的地租与利润。于是一部分煤矿只好停止经营，另一部分煤矿因不能提供地租而只能由所有者自己来经营。

像一切其他商品一样，煤炭能在相当长的时期内继续售卖的最低价格，乃是仅足补偿使它上市所需用的资本及其普通利润的价格。那些对地主不提供地租，因而非由地主自己来经营就得完全弃置的煤矿，其煤炭价格，一般必和这最低价格大致相同。

即使在煤炭提供地租的地方，煤矿价格中的地租部分，一般比其他大多数土地原生产物价格中的地租部分小。土地地面的地租，通常等于总生产额的三分之一。这份额，大抵是确定的，不受收获上意外事变的影响。然而就煤矿说，则以总生产额的五分之一为非常大的地租，而以总生产额的十分之一为普通地租。而且，这地租额极不确定，要看生产额有无意外变动而定。意外变动是那样的大，以致在三十倍年租被认为是购买田产的普通价格的国家，十倍年租却被看做是收买煤矿的高价。

对所有者说，煤矿的价值，取决于煤矿的产出力，也同样取决于煤矿的位置。而金属矿山的价值，则取决于产出力的多，取决于位置的少。由矿石分离出来的普通金属，尤其是贵金属，具有那么大的价值，以致一般地说，都负担得起长时间陆运和长距离水运的费用。其市场不局限于矿山邻近国家，而扩及全世界。例如日本的铜，成为欧洲贸易商品；西班牙的铁，成为智利及秘鲁的贸易商品；秘鲁的银，不仅在欧洲找到了销路，而且通过欧洲，也在中国找到了销路。

西莫兰及什罗普郡的煤炭价格，对纽卡斯尔的煤炭价格，没有多大影响，而利奥诺尔的煤炭价格，对纽卡斯尔的煤炭价格，则毫无影响。这些煤矿产物，绝不会互相竞争。但距离很远的金属矿产物，却往往有发生相互竞争的可能，而事实上，也常如此。因此，世界产金属最多的地方，普通金属价格，尤其是贵金属价格，必然或多或少地影响世界各地矿山的金属价格。日本铜的价格，必对欧洲铜矿上铜的价格发生影响。秘鲁银的价格，换言之，秘鲁银在当地所能购买的劳动量或货物量，不但对欧洲银矿上银的价格有影响，而且对中国银矿上银的价格，也有影响。秘鲁银矿发现以后，大部分欧洲银矿归于废弃。银价降得那么低，以致那些银矿产物，不能偿还开采费用，或者说，除偿还开采时所消费的衣食住及其他必需品外，不能提供一些利润。波托西银矿发现后，古巴及圣多明各的矿山，乃至秘鲁的旧矿山，也有这种情况。

这样看来，各矿山所产各种金属的价格，在一定程度上，都受世界当时产量最大的矿山产物价格的支配，所以大部分矿山所产的金属价格，除偿还其采掘费用外，没有多大剩余，因而，对地主，不能提供很高的地租。在大多数矿山所产的贱金属价格中，地租似乎只占小部分，而在贵金属价格中，地租所占部分尤小。劳动与利润，构成了贵贱金属价格的大部分。

以产量丰富著称于世的康沃尔锡矿的平均地租，据这锡矿区副监督波勒斯说，高达总产量的六分之一。他并说，有些矿山的地租超过这比率，有些不及这比率。苏格兰许多产量很丰富的铅矿的地租，也占总产量的六分之一。

据佛勒齐及乌罗阿两氏称，秘鲁银矿所有者，往往只要求经营银矿的人，在他设立的磨场中磨碎矿石，并把一部分磨碎的矿石给予所有者作为磨碾的代价。的确，直到 1736 年，西班牙国王对这些银矿所征收的矿税，计达标准银产额五分之一；截至此时为止，这可视为大部分秘鲁银矿的真实地租，秘鲁银矿当时是世界最丰富的银矿。如果矿不征税，这五分之一当然属于地主，而当时由于负担不起这种捐税而没有采掘的许多矿山，定会开采。康沃尔公爵所征的锡税，据说为全价值的百分之五以上，即二十分之一以上；不论其税率怎样，要是不课税，这当然属于矿山所有者。假定以二十分之一，与上述六分之一相加，就可发现，康沃尔锡矿的全部平均地租对秘鲁银矿的全部平均地租的比例，是十三比十二。然而，秘鲁银矿现今连这低微的地租也不能担负，而银税也在 1736 年由五分之一，减到十分之一。银税虽轻微如此，但与二十分取一的锡税比较，却更能引诱人们做走私生意，而就走私说，贵重的物品必比容积大的物品容易得多。所以，有人说，西班牙国王得不到什么税收，而康沃尔公爵却得到很好税收。以此之故，地租在世界最丰富锡矿生产锡的价格中所占的部分，可能比地租在世界最丰富银矿生产银的价格中所占的部分大。在偿还开采那些矿产物所使用的资本及其普通利润后，留归矿山所有者的剩余部分，贱金属似比贵金属大。

秘鲁银矿开采者的利润，通常亦不甚大。最熟悉当地情形并最受人敬佩的上述那两位作家告诉我们说，在秘鲁着手开采新银矿的人，都被认为是注定要倾家荡产的，所以大家都避开他。看来，采矿业在秘鲁和在这里一样被看作彩票，中彩的少，不中彩的多，而几个大彩，却诱引许多冒险家做这样无结果的尝试，失去他们的财产。

可是，由于秘鲁国王的岁入大部分来自银矿，所以秘鲁法律尽量奖励新矿的发现及开采。发现新矿山者，不论是谁，一律按照他看准的矿派方向，划出一块长二百四十六英尺宽一百二十三英尺的矿区归他所有，并自行开采，不给地主任何报酬。鉴于自己的利益，康沃尔公爵也在那古公国内，制定了类似的规定。凡在荒野或未圈地内发现锡矿的人，都可在一定范围内，划出锡矿的境界，这叫做为矿山定界。这境界设定者，就是该矿区实际所有者。他可以不经原地主许可自行开采，或租与他人开采，不过在采掘时要给地主微薄的报酬。在以上那两种规定中，私有财产的神圣权利都由于国库岁入想象上的权利而被侵犯了。

秘鲁同样奖励新金矿的发现与开采，而国王的金税只占标准金产量的二十分之一。原来金税与银税同为五分之一，后来减到十分之一，然而就开采的情况看来，即十分之一的税率也觉太重。上述两作家佛勒齐和乌罗阿曾说，由银矿发财的已属罕见，由金矿发财的更为罕见。这二十分之一似乎是智利、秘鲁大部分金矿所支付的全部地租。金的走私比银的走私容易得多，这不但由于和容积对比，金的价值高于银的价值，而且由于金的固有状态特殊。像大多数其他金属那样，银在被发现时，一般搀有其他矿物，很少是纯质，要把银从这矿化物中分解出来，须经过极困难和极烦琐的操作，而这种操作，要在特设的厂坊进行，这样就容易受到国王官吏的监督。反之，金在被发现时，几乎都是纯质，有时发现相当大的纯金块，即使搀有几乎看不出来的砂土及其他外附物，但通过极简短的操作，也能使纯金从这些混杂物分解出来。不论何人，只要持有少量水银，就可在自己私宅中进行分解工作。所以，国王如果从银税只得到很少的收入，那么他从金税所得的收入可能要少得多，而地租在金价中所占的部分，必定比它在银价中所占的部分小得多。

贵金属能在市场出卖的最低价格，换言之，贵金属长期在市场上所能交换的最小其他货物量，要受决定一切其他货物普通最低价格的原理的支配。决定这种最低价格的，是使贵金属从矿里走上市场通常所需投下的资本，换言之，是使贵金属从矿里走上市场通常所需消费的衣食住。这最低价格必须足够偿还所费的资本并提供这资本的普通利润。

但贵金属的最高价格似乎不取决于任何他物，而只取决于贵金属本身的实际供给是不足还是丰裕。贵金属的最高价格，不由任何其他货物的最高价格决定，不像煤炭那样，其价格由木柴的价格决定，除木柴外任何东西的缺乏都不能使煤炭价格上涨。把金的稀缺性增加到一定程度，那么最小一块金可能变得比金刚钻还昂贵,并可能换得更大数量的其他货物。

对贵金属的需求,一半出于其效用,一半出于其美质。除铁外,贵金属也许比任何其他金属有用。贵金属容易保持清洁,而且不易生锈,所以,食桌及厨房用具,如以金银制造,更惹人喜爱。银制的煮器比铅制、铜制或锡制的煮器清洁。金制的煮器又比银制的煮器清洁。不过,贵金属的主要价值,在于它的美质,而这美质,使贵金属特别适宜于做衣物和家具的装饰。任何颜料或染料,都不能提供像镀金那么光亮的色彩。贵金属的这种美质,又因贵金属的稀少而大大增加。在大部分富人看来,富的愉悦,主要在于富的炫耀,而自己具有别人求之不得的富裕的决定性标志时,算是最大的炫耀。在他们看来,有几分用处或有几分美的物品,由于稀少而大大增加其价值,换句话说,由于收集相当数量的这种物品,需要有很大劳动量,而这么大的劳动量的代价,只有他们才能支付,因而大大增加其价值。他们情愿用比这种物品美丽得多、有用得多,但比较普通的物品的价格更高的价格来购买这种物品。效用、美丽和稀少这些特质,乃是贵金属具有高价,即到处都能换得很大数量其他货物的根本原因。贵金属并不是由于用作货币而后具有高价值的,它在未用作货币以前,就已有了高价值,而高价值正是使它适宜于作这种用途的特质。不过,这种用途,由于引起了新需求,由于减少了能被用于其他用途的数量,后来保持或增加了其价值。

对宝石的需求,全由美质而产生。宝石除作为装饰物外,没有其他效用。其美质的价值,因为稀少,即因为采掘困难和采掘费用浩大,而大大增加。所以,在大多数场合,工资及利润,几乎占宝石高价格的全部。地租在宝石价格中只占极小部分，往往不占任何部分，只有产出力最大的矿山才提供相当大的地租。宝石商塔弗尼埃考察戈尔康达和维沙波尔两地的金刚石矿山时听说，当地矿山是为着国王的利益而开采的，而国王曾命令，除产最大和最美的金刚石的矿山外，其余所有矿山一律封闭。在所有者看来，其余所有矿山都是不值得开采的。

由于世界各地贵金属及宝石的价格，都受世界上最丰富矿山产物价格的支配，所以贵金属或宝石矿山给所有者所能提供的地租，不和其绝对产出力成比例，而和其相对产出力成比例，换言之，和它比同种类其他矿山优越的程度成比例。如果有新矿山发现，而这些新矿山之优于波托西矿山，正像波托西矿山之优于欧洲矿山一样，那么，银价就会下降得多，甚至波托西矿山也无经营价值。在西领西印度发现以前，欧洲最丰富矿山，也许已能对其所有者提供像秘鲁最丰富矿山对其所有者所提供的那么大的地租。就银量说，当时虽较今日少得多，但当时由此所能换得的其他货物量，可能与今日相同，而所有者当时所得份额所能换得的劳动量或商品量，也可能与今日相等。生产物和地租的价值，换言之，生产物和地租给公众与矿主所提供的实际收入，今昔可能一样。

贵金属或宝石最丰富的矿山，对于世界财富，不能有多大的增加。因为这类产品的价值，主要来自其稀少。要是这类产品多了，其价值必然下落，这时，金银餐具，及其他衣服家具的奢华装饰物，就能以较前少的劳动量或商品量买入。这就是世界能得自金银宝石之丰富的唯一利益。

就土地财产说，情况却不如此。土地的生产物及地租这两者的价值，不和其相对产出力成比例，而和其绝对产出力成比例。生产一定分量衣食住的土地，总能供给一定人数的衣食住，而且，不论地主享有的比率如何，他总能因此支配相当的劳动，和支配这劳动所给他提供的商品。最贫瘠土地的价值，并不因近邻有最肥沃土地而减少。反之，其价值却常因此而增加。肥沃土地所养活的众多的人口，给贫瘠土地的许多生产物提供了市场，而贫瘠土地的生产物，在能以自己产物维持自己的人民中，原是找不到市场的。

什么东西增加了生产食物的土地的产出力，它就不仅增加了被改良土地的价值，而且也给许多其他土地的生产物创造了新的需求，从而使这些土地的价值也增加了。由于土地的改良，许多人都有自己消费不了的剩余食物，因而对贵金属和宝石有了需求，对于衣服、住宅、家具和设备方面其他一切便利品和装饰品，也有了需求。食物不仅成为世界上财富的主要部分，而且使许多其他各种财货具有主要价值的，乃是食物的丰富。当古巴和圣多明各刚被西班牙人发现时，那边的穷苦居民，常以小金块作为头饰和服饰。他们对这些金块的评价，似乎和我们对那些比一般略美的小鹅卵石的评价相同，就是说，值得拾取，但有人要时，却不值得拒绝。他们对新客第一次请赠金块，无不立即赠与，似乎并不认为赠送了新客非常珍贵的礼物。他们看到西班牙人那么热切地想获得金块，感到惊讶。他们没有想到世界上竟有这样的国家，它的许多人民，对于他们老是缺乏的食物有那么大的剩余量，愿意以足够供养全家好几年的大量食物，来交换小量会发亮的玩意儿。如果他们能够理解此中理由，西班牙人的黄金热，就不会使他们惊异了。

第三节　论总能提供地租的生产物与有时提供有时不提供地租的生产物这二者价值比例的变动

改良和耕作日益增大，粮食日益丰富，这必然会增加对一切能供实用及装饰用的非食物的土地生产物的需求。所以，在改良进展过程中，可预期这两种生产物的相对价值只有一种变动。就是说，和总能提供地租的生产物的价值相比，有时提供地租有时不提供地租的生产物的价值不断地增长。随着技术和产业的发展，衣服居住材料、地中有用化石和矿物，以至贵金属和宝石的需求逐渐增加。它们所能换得的食物逐渐增多，换言之，其价格逐渐增高。因此，以上所说是大部分事物在大多数场合的情况，要是没有特殊事故使这些物品中某些物品的供给增加得大大超过其需求的话，那就是这些物品在一切场合的情况。

例如，砂石矿的价值，必然随其周围地方改良的日益增大和人口的日益增加而增高；如果这石矿是邻近一带的唯一石矿，情况尤其如此。然而银矿的价值，即使在周围千英里以内没有第二个银矿，其价值也不一定会随矿山所在国的改良而增加。砂石矿产物的市场，很少扩到周围数英里以外，而其需求，一般必和这小区域的改良与人口成比例。而银矿产物的市场，却可扩展到全世界。所以，除非全世界都改良，各地方人口都增加，否则白银的需求不会因银矿附近某大国的改进而有所增加。即使全世界都有了改进，但若在这改进的过程中，发现了丰富得多的新矿山，那么尽管白银的需求必然会增加，但由于银的供给增加得那么多，所以银的真实价格可能逐渐低落。一定分量的白银比如说一镑白银所能支配或所能购买的劳动量，或者说一镑白银所能换得的劳动者主要生活资料即谷物的量，可能逐渐减少下去。

白银的大市场，是世界上有商业有文化的地方。

假若白银市场的需求，由于一般的改良而增加，同时，供给却不按同一比例而增加，那么，白银的价值就会按照谷物的价值而逐渐增高起来。即一定分量白银所能换得的谷物量将逐渐增加，或谷物的平均货币价格将逐渐下降。

反之，如果由于某种意外事故，供给的增加，在好多年内，在比例上都大于需求的增加，那么这金属就会逐渐低廉。换言之，尽管有了一切改良，谷物的平均货币价格却逐渐增高。

另一方面，假若这金属的供给和其需求几乎按同一比例增加，那么这金属就能继续购买或交换几乎相同数量的谷物。尽管有了一切改良，谷物却继续保持着几乎相同的平均货币价格。

这三者似乎包括了在改良进程中所能发生的事情的一切可能的组合。如果我们以法国和英国发生的事实来作判断，那么在过去四世纪中，这三种不同的组合似乎都在欧洲市场上发生过，而发生的顺序和我这里所说的大约相同。

顺便谈谈前四世纪银价的变动

第一期

在1350年及前此数年间，英格兰小麦一夸特的平均价格，大约都被估计为不低于陶衡银四盎斯，陶衡银四盎斯约合现今英币二十先令。以后，似乎逐渐低落到二盎斯，约合现今英币十先令。我们觉得，这一夸特十先令的价格，是十六世纪初叶估定的小麦价格，直到1570年，还为这么多。

1305年，即爱德华三世第二十五年，制定了所谓劳动法规。这法规在前言中大大非难佣工的横霸，说他们不应要求雇主增加工资。所以，这法规规定：一切佣工及劳动者，此后应满足于爱德华三世第二十年及前此四年通常领得的工资及配给（配给一词，当时含有衣服及食料这二者），因此他们所得的配给小麦，无论何地，只以每蒲式耳十便士计算，而且，这配给，以小麦或货币交付，又须听雇主选择。每蒲式耳十便士，是爱德华三世第二十五年极普通的小麦价格，因为它需要由特殊法令来迫使佣工接受，以代替通常的配给口粮，而这价格，也被认为是前此十年即法令所指的爱德华三世第十六年的低廉价格。但爱德华三世第十六年，十便士含有大约陶衡银半盎斯，大约等于现今英币半克朗。所以，与当时货币六先令八便士相当、又与今日货币二十先令相当的陶衡银四盎斯，必定在当时被认为是小麦一夸特即八蒲式耳的普通价格。

关于被认为是当时谷物的普通价格，这法令所提供的证明，无疑地比历史家及其他著述家记录的某些年度的谷价好得多，因为他们所记，侧重异常高昂或异常低廉的价格，所以想依此判断当时的普通价格，实不容易。加之，我们还有别种理由可相信，十四世纪初及以前数年小麦的普通价格，不下于每夸特四盎斯，而其他各种谷物价格，也依此为准。

1309年，坎特布里的圣奥古斯丁修道院副院长拉弗·得·波恩就任时，曾大摆筵席。关于这次筵席，威廉·桑恩记录了食单及许多食物价格。计当时消费的，第一为小麦五十三夸特，价十九镑，即每夸特六先令二便士，约合今币二十一先令二便士；第二为麦芽五十六夸特，价十七镑十先令，即每夸特六先令，约合今币十八先令；第三为麦二十夸特，价四镑，即每夸特四先令，约合今币十二先令。在这场合，麦芽和燕麦价格，似乎高于它们和小麦的通常比价。

此等价格的记载，不是因为其异常高昂，也不是因为其异常低廉，而只是对这次大规模飨宴所消费大量谷物实际价格的偶然记载。

亨利三世第五十一年，即1262年，恢复了所谓“面包麦酒法定价格”这个古代法令。亨利三世在前言上说，此法令系其祖先即往时英格兰国王所制定。由此推断，此法令，至少是亨利二世定的或竟是诺尔曼征服时代定的。此法令按照当时每夸特由一先令至二十先令的小麦价格，规定面包价格。但是，可假定此种法令，谅必同样仔细考虑到超过普通价格或不及普通价格的价格，所以在这假设下，含有陶衡银六盎斯而相当于今币三十先令的当时十先令，在此法令制定之初，必被视为一夸特小麦的普通价格，而且，直到亨利三世第五十一年，还被认为是普通价格。因此，我们假定，那普通价格不少于法定最高面包价格的三分之一，换言之，不少于含有陶衡银四盎斯的当时货币六先令八便士，总不会大错。

因此，根据这些事实，我们有相当理由作出这个结论：即在十四世纪中叶及以前一个相当长的时期中，一夸特小麦的平均价格或普通价格，大概不会在陶衡银四盎斯以下。

由大约十四世纪中叶至十六世纪初，被认为是小麦的不高不低价格，换言之，小麦的普通或平均价格，似已逐渐减到这价格的一半，最后降到大约等于陶衡银二盎斯，约合今币十先令。一直到1570年，还被估定为这么多。

在1512年诺萨伯兰第五世伯爵亨利的家务记录中，对于小麦价格，有两种不同的计算：其一，一夸特以六先令八便士计算；其二，一夸特仅以五先令八便士计算。在1512年，六先令八便士仅含有陶衡银二盎斯，约合今币十先令。

从许多法令看来，由爱德华三世第二十五年以至伊丽莎白在位初期这二百余年的时间中，六先令八便士一直被认为是小麦的普通价格或平均价格，亦即所谓不高不低的价格，然而，在这时期内，由于银币有一些变革，此名义金额中所含的银量，却在不断减少。不过，银价的增加，很足以补偿含银量的减少。所以，在立法当局看来，名义金额含银量减少这种情况不值得注意。

1436年，立法当局规定，小麦价格如低落至每夸特六先令八便士，那就不经特许，亦可输出。1463年又规定，小麦每夸特价格若未超过六先令八便士，那就禁止其输入。立法当局认为，当麦价十分低的时候，任其输出，亦无不便，但若麦价增高，则允许输入是精明的措施。因此，当时含有今币十三先令四便士那么多银的六先令八便士（其含银量，比爱德华三世时代同一名义金额所含的银量，已减少三分之一），就是当时所谓不高不低的小麦价格。

1554年，腓力普王及玛利女王第一年和第二年的法令，以及1558年，伊丽莎白女王第一年的法令，同样规定，在小麦一夸特价格超过六先令八便士时，禁止其输出。当时六先令八便士所含银量，并不比现今同一名称的金额多二便士。但不久就发觉，要到价格如此低落时才不限制谷物输出，这实是等于永远禁止小麦输出。于是，在伊丽莎白第五年，即1562年，又规定小麦价格若不超过每夸特十先令，就可随时在指定的港口输出。当时十先令和现今同一名称的金额几乎含有相等的银量。所以，这六先令八便士的价格，当时被认为是所谓不高不低的小麦价格，这和上述亨利伯爵家务记录所估计的价格，大抵相符。

法国的情形，亦与此相似，该国谷物平均价格，在十五世纪末叶及十六世纪初，比过去二世纪低廉得多。杜普雷·得·圣莫尔以及论谷物政策这篇论文的文雅作家都这样说。在同一时期，欧洲大部分国家的谷价也许同样下降了。

白银和谷物相对价值的增高，也许全是因为供给继续不变而需求则随改良及耕作的进步而增加；也许全是因为，需求继续不变而供给逐渐减少，当时世界上已发现的大部分银矿，都已采掘将尽，因而费用大大增加；也许部分由于前一原因，部分由于后一原因。十五世纪末叶及十六世纪初，欧洲大多数国家的政局，比过去数世纪安定。这安定性的增加，自然使产业发展和改良程度增高，而贵金属及其他一切装饰品和奢侈品的需求，也自然随财富的增加而增加。年产物加多，那么为流通这年产物，便需要有更多的铸币。富者人数增多，就需要有更多银制器皿及其他银制装饰品。此外，认为当时以银供给欧洲市场的大部分银矿，可能采掘将尽，因而采掘起来费用更大，那也是很自然的，因为其中多数银矿是从古罗马时代起就开采的。

论述往时商品价格的作家，大部分都认为，自诺尔曼征服时代起，甚或从朱利阿·恺撒侵略时代起，直到美洲各矿山发现的时候止，银的价值都在不断减少。我想，这种见解的发生，一部分起因于他们对谷物及其他土地原生产物所作的观察，另一部分则起因于一种通俗说法，说一切国家的银量，自然而然地随财富的增加而增加，其价值则自然而然地随银量的增加而跌落。

在观察谷物价格时，以下三种情况似乎常使他们走入迷途：

第一，在古时，几乎所有地租都是以实物支付，即以一定数量的谷物、家禽、牲畜等支付的。然而有时候地主却规定，关于年地租，他可随心所欲地要求佃户以实物支付，或以代替实物的一定数额货币支付。像这样以一定数额货币代替实物缴纳的价格，在苏格兰称为换算价格。因为在这场合，要实物和要代价的选择权，总操在地主手中，所以，为佃户的安全计，其换算价格，需要定得比平均市价低，而不把它定得比平均市价高。因此，许多地方的换算价格，都比平均市价的一半稍稍多些。苏格兰大部分地方，直到今日，对家禽还沿用这种换算办法，有些地方，对牲畜还沿用这种换算办法。要不是由于实施公定谷价制度而废除换算办法，那么，对谷物恐怕至今还会沿用这种办法。所谓公定谷价，就是根据谷价公定委员会作出的判断，每年依照各州实际市场价格，对各种类各不同品质谷物的平均价格所评定的价格。这一制度，在换算谷物地租时，都照当年的公定价格而不依据任何定价；所以，佃户都得到充分保障，而地主亦觉得方便得多。但搜集往年谷价的作家们，往往把苏格兰所谓换算价格，误认为实际市场价格。弗利伍德有个时候，曾自认犯了此种错误。可是，由于他是为着某一特殊目的而从事著述，他把这种换算价格用了十五回以后，才敢承认此种错误。那时换算价格系小麦每夸特八先令。在他所研究的第一年即1423年，这金额所含的银量与今币十六先令所含的相同，但在他所研究的最后一年即1562年，这金额所含的银量，则与现今同一名称金额所含的银量相同。

第二，某些关于法定价格的古代法令，有时由怠惰录事潦草地抄写，有时由立法当局潦草地订定，这样就使上述作家受到迷惑。

以前关于法定价格的法令，首先总是规定，在小麦和大麦价格最低时，面包和麦酒应有的价格，接着规定，在这两种谷物超过这最低价格时，面包和麦酒应有的价格。然而，那些法令的抄写者往往以为，抄所规定的头三四个最低价格，就够了，他们想借此节省自己的劳动，我想他们认为，这已足以表明，较高的价格应按什么比例增加。

例如，在亨利三世第五十一年面包、麦酒公定价格法令中，面包的价格就是按照一夸特小麦从当时的货币一先令到二十先令的不同的价格规定的。然而在拉弗赫刻印法令汇编以前，一切法令集所根据的抄本，都没有抄到十二先令以上的价格。因此，为这不完全抄本所贻误的一些作家，就很自然地认为，每夸特六先令即大约等于今币十八先令的普通价格，乃是当时小麦的一般价格或平均价格。

又如，约在同时制定的惩罚椅和颈手枷法令规定，麦酒的价格按大麦一夸特从二先令到四先令不等的价格每上升六便士调整一次。但是，这四先令的价格，并不被认为是大麦当时常达到的最高价格，而这些价格只是作为例子，来说明较高或较低价格应按这比例增减。这可从这法令最后的词句："Et sic deinceps crescetur vel diminuetur per sex denarios."看得出来。这词句，虽欠精确，但意义却够明了。就是说："这样，麦酒价格，应随大麦价格每六便士的升降而增减。"立法当局在制定这法令时，似乎像抄写上述那条法令的人同样疏忽。

苏格兰古律书的古抄本，载有公定价格的法令，其中面包价格是根据小麦的所有不同价格调整的，这些价格从每波尔十便士到三先令不等，苏格兰一波尔约合英格兰半夸特。在被认为是这法令制定的时候，苏格兰三便士约合现今英币九先令。鲁迭曼氏似乎依此断定[①]，三先令为当时小麦最高价格，十便士、一先令，至多二先令，则为其普通价格。但是，一参阅抄本，就很明白，那些价格，只是作为例子用来说明小麦和面包所应有的比价的。这法令最后说："reliqua judicabis secundum præscripta habendo respectum ad pretium bladi.""其余，得按上面所提到的谷物价格加以判断"。

第三，在远古时代，小麦有时以极低价格出卖，这也使上述作家有所误解，他们认为，当时的小麦最低价格，既比后代的小麦最

① 参阅他给安德逊：《苏格兰古文书》所写的序言。

低价格低得多，那么其普通价格，亦必比后代低得多。但在另一方面，他们也许发现，远古时代的小麦最高价格，也比后代的小麦最高价格高得多，正如其最低价格比近代的最低价格低得多。例如在1270年，弗利伍德提到一夸特小麦的两种价格：其一为当时货币四镑十六先令，合今币十四镑八先令；其二为当时货币六镑八先令，合今币十九镑四先令。像这样过高的价格，在十五世纪末叶或十六世纪初叶，都不会见到。虽然，谷物的价格，在各个时期都易于变动，但在动乱和无秩序的社会，变动得更为剧烈。在这样的社会，商业和交通中断，以致国内甲地的富饶，不能救济乙地的贫乏。从十二世纪中叶到十五世纪末叶，在普兰塔日尼王室统治下紊乱的英国，一个地区，可能很富饶，而另一个相距不很远的地区，可能由于季节灾害或邻近豪族侵入，毁坏庄稼，而陷于饥馑；如果有个敌对的贵族的领地介在这两地区中间，那么前者就不能对后者有所援助。然而，在十五世纪后半叶和十六世纪，在都铎王朝的强力统治下，没有一个贵族强大得敢于扰乱社会秩序。

读者在本章末尾，将会看到弗利伍德所搜集的，从1202年到1597年（包括这二年在内）的小麦价格，他把这些价格换算为现时货币，并按照年代顺序，每十二年分作一期，计共分为七期。各期的末尾，又记有该期十二年间的平均价格。弗利伍德对于这样长时期，只能搜集到八十年的价格，以致最后一期还差四个年度。因此我从伊顿学院的记载，补入了1598年、1599年、1600年及1601年的价格。我所增补的，只此四年。从此等数字，读者可以看到，自十三世纪初叶一直到十六世纪中叶以后，每十二年的平均价格，都在逐渐下降，到十六世纪末期，又逐渐上升。弗利伍德所搜集的价格，似乎主要是惹人注意的过高价格或过低价格，所以，我不敢断言，由他这些价格能得出很确当的结论。但是，这些价格，要是能证明什么的话，那么所证明的就是我所要阐明的了。可是，弗利伍德自己，像大多数其他作家，似乎都相信，银价在此期间，由于银产量日益丰饶而不断减低。他所搜集的谷物价格，确和此种意见不一致，而和杜普雷·圣莫尔的见解，和我所努力说明的那种见解却完全一致。弗利伍德和圣莫尔这两位作家，似乎都孜孜不倦地、诚诚恳恳地搜集往时的各种物价。他们两人的意见，虽是那么不相同，而他们两人所搜集的事实，至少就谷物价格说，是那么一致，这不免令人感到几分奇异。

然而，最有见识的作家所据以推断远古时代银的巨大价值的，与其说是谷物的低廉价格，倒不如说是其他许多土地原生产物的低廉价格。据说，谷物是一种制造品，在未开化时代，谷物比其他大部分商品贵得多。我想，所谓大部分商品，是指家禽、牲畜和猎物那一类非制造品。此等物品，在贫困和野蛮时代，无疑比谷物低廉得多。但这低廉，不是银价过高的结果，而是这些商品价值低的结果。这不是因为白银在那时代能购入或代表比富裕和进步时代更多的劳动量，而是因为在那时代，此等商品购入或代表少得多的劳动量。白银在西属美洲必然比欧洲低廉，即在产出国必然比输入国低廉，因为要耗去运费和保险费，由水陆长途运输。但是乌罗阿却告诉我们，不久以前，在阿根廷首都，从四百头牛中挑一头，价格仅二十一便士半。拜伦告诉我们，在智利首都，良马一匹的价格为英币十六先令。在土壤肥沃而大部分区域又全未开垦的国家，家禽、牲畜和猎物都不难由极少量劳动获得，因此它们所能购买的劳动极为有限。此等商品在那里只能以低廉的货币价格出售这一事实,并不证明那边白银的真实价值很高,只证明那边此等商品的真实价值很低。

白银及其他一切商品的真正尺度,不是任何一个商品或任何一类商品,而是劳动。这一点我们应当随时牢记。

在土地几乎荒芜或人口稀少的国家,自然生产的家禽、牲畜和各种猎物,往往比居民所需消费的多得多。在这种状态下,供给通常超过需求。所以,在不同的社会状态,在不同的改良阶段,此等商品便代表极不相同的劳动量,或等于极不相同的劳动量。

无论在什么社会状态下,无论在什么改良阶段中,谷物都是人类劳动的产物。但各种劳动的平均产量,大体上总是和其平均消费量相适应,就是说,平均供给,大体上总是和其平均需求相适应。而且无论在什么改良阶段,在同一土壤同一气候中,生产同一数量的谷物,平均地说,需要花几乎相同的劳动量,或者说,需要花几乎等量的代价,因为,在耕作改良的状态下,劳动生产力的不断增加,或多或少要被牲畜即主要农具价格的不断增加所抵消,我们根据这些,可以确信:在一切社会状态下,在一切改良阶段中,等量谷物,比等量其他土地原生产物,能更近似地代表或交换等量劳动。唯其如此,所以我们在前面说过,在财富和改良的不同阶段中,谷物是比其他任何一个或一种商品更正确的价值尺度。因此,在上述不同阶段,我们以谷物与银相比,比用其他任何一个或一种商品与银相比,更能正确判定银的真实价值。

加之,谷物或其他为人民一般爱好的植物性食物,在各个文明国家,都是劳动者生活资料的主要部分。农业扩大的结果,各国土地所生产的植物性食物，比动物性食物多得多，而劳动者到处都以最低廉和最丰饶的适合卫生的食物为主要生活资料。除了最繁荣的国家，或劳动报酬非常昂贵的地方，在劳动者生活资料中，家畜肉不过占极小部分，家禽占更小的部分，猎物不占任何部分。在法国，甚至在劳动报酬较法国略高的苏格兰，劳动贫民，如非到了佳节或其他特殊场合，就很少尝到肉味。因此，劳动的货币价格，在很小程度上，取决于家畜肉或其他土地原生产物的平均货币价格，而在极大程度上取决于谷物即劳动者主要生活资料的平均货币价格。所以，金银的真实价值，换言之，金银所能购入或所能支配的真实劳动量，在极小程度上取决于金银所能支配的家畜肉量或任何其他土地原生产物量，而在极大程度上取决于金银所能购入的谷物量。

然而，上述不仔细的观察，也许不会使那么多聪明作家陷于迷途，要不是他们同时受到以下一个俗见的影响，即由于各国的银量自然随着财富的增加而增加，所以银的价值自随银量的增加而减少。但是，这种见解，毫无根据。

任何一个国家贵金属数量增加的原因有二：其一，供给贵金属的矿山的产额的增加；其二，人民财富的增加，即劳动年产物的增加。前一原因，无疑地和贵金属价值的减少有关，但后一原因，却与其价值的减少无关。

随着更丰饶矿山的发现，就有更大数量的贵金属提供市场，而较大数量贵金属所要交换的生活必需品和便利品，在数量上如果和从前一样，那么同一数量金属所换得的商品量必定比从前少。所以，一国贵金属量的增加，要是起因于矿山产额的增加，那就必然使贵金属的价值有所减少。

反之，在一国财富增加时，换言之，在该国劳动年产物逐渐增大时，这更大量商品的流通，就需要有更大量的通货。而人民有了更大数量的商品来交换金银器皿，买得起金银器皿，自然会购买越来越多的金银器皿。他们的通货量，由于必要而增加，他们的金银器皿量，由于追求虚荣和浮华而增加，而精巧雕像、绘画及其他各种奢侈品和珍奇品，由于同一原因，也可能增加。但是，雕刻家和画家在富裕繁荣时所获报酬，不可能比贫乏不景气时低，因此金银在富裕繁荣时的价格，不可能比贫乏不景气时低。

如果更丰饶新矿的偶然发现，并不使金银价格下落，那么，由于各国的金银价格自随各国财富的增进而上升，所以，不论矿山的状态如何，金银在富国的价格，自然总比贫国的价格高。金银像其他一切商品一样，自要寻找最好价格的市场，而对一切货物都付得起最好价格的国家，通常就是能对金银支付最好价格的国家。必须记住，对于一切货物所支付的代价，归根到底不外乎劳动。在劳动都得到同样良好报酬的国家，劳动的货币价格，与劳动者生活资料的货币价格成比例。然而，金银在富国所能交换的生活资料，自然比贫国多，换言之，金银在生活资料丰饶的国家所换得的生活资料，自比生活资料的供给比较恶劣的国家所能换得的多。这两个国家要是相隔很远，其差异便很大，因为金银虽自然而然地由坏市场流入好市场，但由于距离很远，很难输送巨大数量的金银，使两个国家金银的价格，接近于一个水平。这两个国家要是很靠近，那么由于运输容易，上述差额便较小，有时甚至看不出来。中国比欧洲任何国家富裕得多，而中国和欧洲生活资料的价格，大相悬殊。

中国的米价比欧洲各地的小麦价格低廉得多。英格兰比苏格兰富裕得多，但此两地小麦价格的差异，却少得多，只不过看得出有些差别。就数量说，苏格兰产的小麦价格，一般似乎比英格兰产的低廉得多，然就品质说，其价格却肯定比英格兰产的要高些。苏格兰几乎每年都从英格兰得到大量的供给。不论何种物品，其价格在输入国通常总是比输出国高些。因此，英格兰小麦，在苏格兰售得的价格，必然比英格兰高。可是，就品质，即就小麦所能制成的面粉或饭食的量和质说，英格兰小麦一般不能以比苏格兰小麦高的价格在苏格兰市场上出售。

就生活资料价格说，中国与欧洲有很大差异，而就劳动货币价格说，则有更大的差异。这是因为欧洲大部分处在改良进步状态，而中国似乎处在停滞状态，所以，劳动在欧洲的真实报酬比中国高。英格兰劳动的货币价格，比苏格兰劳动的货币价格高，因为后者虽在不断进步，但不像前者那么快，所以，其劳动的真实报酬也低得多。苏格兰人民很多移住外国，而英格兰人民却很少迁移，这足以证明，这两地的劳动需求有很大的差别。必须记住，不同国家不同真实劳动报酬的比例，不受各该国实际贫富程度的支配，而受各该国进步、退步或停滞等状态的支配。

在最富裕民族中，金银自然有最大价值，而在最贫乏民族中，自然只有最小价值。在最贫乏的未开化民族中，金银几乎没有价值。

谷物在大都市总是比僻远地方昂贵。但这昂贵，不是银价实际低廉的结果，而是谷物实际昂贵的结果。把银运往大都市，所需要的劳动量并不比运往僻远地方少，而把谷物运往大都市却需要多得多的劳动量。

在一些很富裕的商业国，如荷兰及热那亚地区，其谷物价格的高与大都市谷物价格的高属于同一原因。它们不能生产足够维持其居民的谷物。它们富于技术工人和制造工人的勤勉与熟练，富于简化劳动和节省劳动的各种机器，富于运输船舶，而且富于其他一切运输工具和商业手段。然而，它们缺乏谷物，它们所需要的谷物必须从遥远国家输入，所以其价格，须附加自这些国家运来的费用。把白银运往阿姆斯特丹，所需要的劳动量并不比运往但泽少，但把谷物运往阿姆斯特丹，却需要多得多的劳动量。总之，白银的真实成本，在两地必定几乎相同，谷物的真实成本，在两地却大相悬殊。现在假定荷兰或热那亚居民数目照旧，而它们的真实富裕程度减低了，从遥远国家输入谷物的能力也减低了，那么，伴随着这种衰退而来的必然是银量的减少，银量的减少或者是衰退的原因，或者是衰退的结果，但谷物的价格，不但不会随银量的减少而下降，反而会上升到饥年的价格。当我们缺少必需品时，我们必定放弃一切不必要物品。不必要物品的价值，在贫穷困苦时期下降，正如它在富裕繁荣时期上升那样。必需品的情况与此不同。必需品的真实价格，即它们能支配或购买的劳动量，在贫穷困苦时期上升，在富裕繁荣时期下降。富裕繁荣时期，总是物资非常丰富的时期，否则就不能说是富裕繁荣时期。谷物是必需品，而白银只是不必要物品。

因此，在十四世纪中叶到十六世纪中叶这段时期内，由于财富增进和改良发展而引起的贵金属数量的增大，不论其增大程度如何，它对不列颠或欧洲其他任何国家，都不可能发生减少贵金属价值的倾向。所以，搜集往时谷物价格的作家，要是根据对谷物或其他物品价格的观察，没有理由推断这个时期里白银的价值减低了，那么他们就更没有理由，根据想象中财富的增进和改良的发展来推断这期间白银价值的减低。

第二期

不管各学者对于第一期银价变动的意见，是那么不相同，他们对于第二期银价变动的意见，却相同。

在从1570年左右到1640年左右这大约七十年的时期里，白银价值和谷物价值的比例，按完全相反的方向变动。这期间，银的真实价值下降了，换言之，它所能换得的劳动量，比以前少；谷物的名义价格上升了，从前售价是每夸特二盎斯银，约合今币十先令，这时售价是每夸特六盎斯或八盎斯银，约合今币三十先令或四十先令。

美洲丰饶矿山的发现，似乎是这时期银对谷物的比价减低的唯一原因。对于此种变动，大家都作同样的说明，关于银的比价下降这一事实及其原因，从未发生争执。在这一时期，大部分欧洲在产业和改良上，都有了进展，而对银的需求，因此必然增加。但是，供给的增加，大大超过了需求的增加，所以，银价大大低落。应当注意，美洲银矿的发现，对英格兰的物价，似未曾有显著影响，直到1570年以后，才有影响。尽管波托西银矿已发现二十多年了，但对英格兰物价还无影响。

根据伊顿学院的记录，从1595年到1620年并包括1595年和1620年在内，温莎市场上，最好小麦一夸特或九蒲式耳的平均价格为二镑一先令六又十三分之九便士，从这金额略去零数，再减去全额的九分之一，即减去四先令七又三分之一便士，那么一夸特或八蒲式耳的价格为一镑十六先令十又三分之二便士。从这金额同样略去零数，再由余下的金额，减除九分之一或四先令一又九分之一便士，即最好小麦与中等小麦这二者价格之差，那么中等小麦价格，约为一镑十二先令八又九分之三便士，约合银六盎斯又一盎斯的三分之一。

又据同一记录，从 1621 年到 1636 年，在同一市场上，同一衡量的最好小麦的平均价格，约为二镑十先令。从这金额按上述扣除，那么一夸特或八蒲式耳中等小麦的平均价格为一镑十九先令六便士，约合银七又三分之一盎斯。

第 三 期

美洲矿山发现所招致的银价低落，似乎到 1630 年与 1640 年之间或在 1636 年左右，已告停止，而与谷价比较，银价的低落那时候似乎有过之而无不及。到了现世纪，银价多少趋于上升，这上升的趋势，或许在前世纪以前即已开始。

据上述记录，从 1637 年到 1700 年，即前世纪最后六十四年间，温莎市场上，由九蒲式耳组成的一夸特最好小麦，平均价格似为二镑十一先令三分之一便士。这平均价格，比十六年前的平均价格，仅高一先令三分之一便士。但在这六十年间，发生了两个事件，以致当时谷物的缺乏，远远超过收成情况所造成的程度。单单这两个事件，就够说明谷物价格这时稍稍昂贵的原因，而无须设想银价有进一步的下跌。

第一个事件是内乱。内乱阻害耕作，妨碍商业。其结果，谷物价格的腾贵大大超过了当时收成情况所造成的程度。内乱的这个影响，普及到不列颠一切市场，而谷物须仰给于僻远地方的伦敦市场所受影响尤巨。所以，据上述记录，温莎市场上，由九蒲式耳组成的最好小麦一夸特，价格在1648年为四镑五先令，次年为四镑。这两年谷物的价格，超过二镑十先令(1637年前十六年的平均价格)，计达三镑五先令。要是把它在前世纪最后六十四年中摊分，那就很够说明当时谷价为什么稍稍腾贵。此两年度的价格，虽属最高价格，但内乱引起的高价格，无疑不只是这些。

第二件事，是1688年颁布的谷物输出奖励法令。据一般人设想，这种奖励金，由于促进耕作，经过长久的岁月，大概总会增加谷物的产量，使国内市场上的谷价因此趋于便宜。奖励金究能在什么程度上，增加谷物生产，减低谷物价格，我要在后面讨论，现在所要说的，只是1688年到1700年间，并不曾发生这个效果。在这个短期中，奖励金的唯一效果是，因为奖励每年剩余量的输出，曾使前一年度的丰产，不能弥补后一年的歉收，所以反抬高了国内市场上的谷物价格。从1693年到1699年间，英格兰普遍感到的谷物缺乏，虽主要起因于当时天时不良，因此不是英格兰所特有的现象，而是欧洲大部分所共有的现象，但我们应当知道，奖励金的颁发，确曾在英格兰增加谷物缺乏的程度。所以，1699年，有九个月时间禁止谷物输出。

在上述两件事发生的时候，还发生了第三件事，这件事虽不会引起谷物的缺乏，也不会增多通常对谷物所实际支付的银量，但谷物价格的名义金额，却必然会因此增大若干。这种事件，即银币的削剪磨毁,使银币价值大大低落。此种恶劣行为,始于查理二世时代,以后继续发展,一直到 1695 年。据朗迪斯所述:当时通用银币的价值,比其标准价值平均约低百分之二十五。但是,代表一切商品市场价格的名义金额,与其说受标准银币应含银量的支配,无宁说受银币实含银量的支配。所以,这名义金额,在铸币因削剪磨毁而价值低减的场合,比较在铸币接近标准价值的场合,非较大不可。

在本世纪,银币低减至标准重量以下的程度,当以目下为最。不过,银币的磨损虽很大,其价值却因它能与金币兑换,而为金币价值所维持住了。在晚近金币改铸以前,金币虽磨损了不少,然没有银币磨损那么厉害。反之,在 1695 年,银币的价值,并没有得到金币维持;金币一几尼,当时通常可换削损了的银币三十先令。晚近金币改铸以前,银块价格,每盎斯很少能值五先令七便士以上,这价格只比造币厂价格高五便士。但 1695 年,银块普通价格,却为每盎斯六先令五便士,①即超过造币厂价格十五便士。所以,就是在晚近金币改铸以前,金银两种铸币和银块比较,其低于标准价值的程度,至多不过百分之八。反之,在 1695 年,据说铸币却低于标准价值百分之二十五。但是,在本世纪初叶,换言之,在威廉王进行大改铸之后,大部分通用银币,一定比今日银币更接近其标准重量。本世纪中,没有发生一种像内乱那样阻害耕作妨碍商业的大灾厄。采行将近数十年的谷物输出奖励制度,虽必定把谷物价格抬高,超过按照那时实际耕作情况本来会有的价格,但因为这种

---

① 朗迪斯关于银币的论文,第 68 页。

奖励金在本世纪已有充分时间，产出一般人们所期待的好结果，即促进农耕和增加国内市场上的谷物量。所以，就我们后面将要说明的那种学理说来，它在一方面虽产生稍稍抬高物价的效果，同时在另一方面，却也不见得不会产生稍稍减低物价的效果。许多人还以为，减低的效果，比提高的效果更大。所以，根据伊顿学院的记录，在本世纪最初六十四年期间，温莎市场上由九蒲式耳组成的一夸特最好小麦，平均价格计为二镑六又三十二分之十九便士。这价格比前世纪最后六十四年期间的平均价格，约低十先令八便士，即百分之二十五以上；比 1636 年以前十六年期间（那时候美洲丰富矿山发现的影响，可以认为已经充分发挥）的平均价格，约低九先令六便士；比 1620 年以前二十六年期间（那时候美洲矿山发现的影响，尚未充分发挥）的平均价格，约低一先令。据上所述，则在本世纪最初六十四年中，中等小麦的平均价格，由八蒲式耳组成的一夸特，约为三十二先令。

由此可知，在本世纪中，和谷物价格相比，银价似乎稍稍上升，但这上升的趋势，也许于前世纪终结以前即已开始。

1687 年，温莎市场上，由九蒲式耳组成的一夸特最好小麦，价格计为一镑五先令二便士。这价格，是 1595 年以来的最低价格。

格里戈里·金是一位通晓此种事情的有名学者。1688 年，他推算的结果，认为在一般丰年，小麦的平均生产者价格，为每蒲式耳三先令六便士，即每夸特二十八先令。据我所知，所谓生产者价格，有时又称为契约价格，即农民签订契约，规定在一定年限内，供给商人一定数量谷物时所定的价格。因为这契约，使农民可以省去上市议价的费用和麻烦，所以，契约价格通常比一般认为的平均市价低。金氏判定当时一般丰年的普通契约价格为每夸特二十八先令。据我所知，在最近连年天时不佳谷物缺乏的时期以前，这种价格，确是一般年岁的普通契约价格。

1688 年，议会通过设置奖励金，奖励谷物的输出。当时乡绅在立法机关所占席数，较现今为多。他们感到谷物的货币价格在逐渐下落。奖励金是以人为力量，使这价格抬高到查理一世及查理二世时代那种程度的权宜办法，所以，在谷价涨到每夸特四十八先令以前，要继续发给。这个价格，与金氏在同年推定的一般年岁的生产者价格相比，约高二十先令，即约高七分之五。假使金氏的计算，确有几分值得它那时候所博得的普遍赞扬的话，那么，当时除了极歉收的年度，每夸特四十八先令的价格，就只有借助于奖励金那一类人为手段，否则绝无实现可能。不过，当时威廉王政府的实力，尚未巩固，正在恳求乡绅制定年土地税。政府方面既有所求于乡绅，对于乡绅们的建议便只好采纳了。

由此可见，在前世纪结束以前，银价和谷价相比大抵已抬高若干了，到了本世纪，这上升趋势，虽由于奖励金的必然作用，不能按照当时的实际耕作情形而大大显著起来，但银价大体上仍继续上升。

在丰年时候，奖励金由于促进谷物的输出，当然会使谷价特别昂贵，超过本来会有的数目。但奖金制度最明显的目的，却也就是在最丰收的年度，仍要设法使谷价提高，以奖励耕作。

不错，在谷物大缺乏的年度，奖励金大抵停发。但是，在这种年度内，仍有许多年数的谷价，不免蒙受奖励金制度的影响。丰年谷物,既由奖励金诱起了异常的输出,所以,以甲年丰收补救乙年不足的调剂作用,就无从施展了。

总之,奖励金不论在丰年或在歉岁,都会使谷价抬高,超过按照实际耕作情况所本来会有的价格。这样说来,假使本世纪最初六十四年的谷物平均价格,比前世纪最后六十四年期间的谷物平均价格低,那么,要是在同一耕作状态下,没有奖励金的作用,那就一定会低得多了。

但是,也许有人说,没有奖励金的促进,耕作状态或许就有所不同。奖励金制度对于一国农业究有何种影响,我要在后面专门讨论奖励金的时候说明。在这里,我只打算论述银价和谷价相比升涨更多这一事实,并不单是英格兰特有的现象。这现象,在同一时期且以几乎同一比例也在法国发生。这事实,曾经三位非常忠实、勤勉而辛苦的谷价研究者杜普雷·德·圣莫尔先生、麦桑斯先生和谷物政策论著者①所承认。

但法国在1764年以前,曾以法律禁止谷物输出。我们很难设想,几乎相同于发生在一个禁止谷物输出国家的价格下降现象,在另一个国家却归因于奖励谷物输出。

大概,谷物平均货币价格上这种变动,与其认为是谷物真实价值下落的结果,倒不如说是欧洲市场上银的真实价值渐趋腾贵的结果。前面说过,谷物在相当长时期内,和银或任何其他商品比较,是更正确的价值尺度。美洲各丰饶矿山发现后,谷物的货币价格,比以前腾贵了三倍乃至四倍。当时这种变动的原因,一般人都

① 指黑巴特著的《一般谷物政策论》。——译者

以为不是谷物真实价值腾贵，而是银的真实价格下落。所以，本世纪最初六十四年间的谷物平均价格，如果比前世纪大部分年度的谷物平均价格低廉，我们应该同样说，这变动的原因，不是谷物真实价值下落，而是银的真实价值上升。

过去十年乃至十二年间高昂的谷价，曾使人猜疑，欧洲市场上白银的真实价值还会继续下落。但这种高昂的谷价，分明是天时异常不顺的结果，是偶发的暂时的事故，不是恒久的事故。在最近十年乃至十二年间，欧洲大部分，都苦于天时不良。加以波兰发生扰乱，许多在谷价高昂年度须仰赖波兰供给的国家，于是益陷于谷物缺乏的苦境。像这样长期的天时不顺，虽不是很寻常的事故，但也绝不是特殊稀奇的事故。曾研究过去谷价的人，都不难举出同种类似的其他若干实例。此外，异常荒歉的十年，比异常丰收的十年，并不是更为稀奇的现象。从 1741 年到 1750 年的谷价低廉，与最近八年乃至十年间的谷价高昂正好是一个对照。据伊顿学院的记录，1741 年到 1750 年间，温莎市场上，由九蒲式耳组成的一夸特的最好小麦，平均价格仅为一镑十三先令九又五分之四便士。这比本世纪最初六十四年间的平均价格，约低廉六先令三便士。依此推断，在这十年间，由八蒲式耳组成的一夸特的中等小麦，平均价格就仅为一镑六先令八便士了。

但是，1741 年与 1750 年间的谷物价格，一定是由于有奖励金的缘故，才没有在国内市场上按自然的趋势下落。据海关统计，这十年间所输出的各种谷物的数量，竟达到八百零二万九千一百五十六夸特一蒲式耳。为此而支付的奖励金达一百五十一万四千九百六十二镑十七先令四便士半。1749 年，首相佩兰在下院陈述，前三年中，谷物输出奖励金一项支出了极巨大的金额。他所说，有很正当的理由。但如在次年，则更有充分理由。因为单是这一年，付出的奖励金就达到三十二万四千一百七十六镑十六先令六便士。[①] 这种强制的输出，必曾使国内市场上的谷价，升涨到超过没有奖励金时所会有的价格，至于超过多少，无须说明。

在本章所附的统计表之末，读者可以看到，那十年的统计，是和其他各年的统计分开的。此外，也可看到前此十年的统计。这十年的平均数，虽同样在本世纪最初六十四年的总平均数以下，但低得不多。但 1740 年，实是异常歉收的年度。1750 年以前那二十年间，和 1770 年以前那二十年，恰好是一个对照。前者虽夹有一二昂贵年度，但显然比本世纪的总平均数低得多，后者虽夹有一二低廉年度(例如 1759 年)，但显然比总平均数高得多。假使前者低于总平均数以下的程度，不如后者超过总平均数以上的程度，其原因，自应归于奖励金制度。况且，这变动显然很急激，非缓慢渐进的银价变动所能解释。结果的急激，只能由动作急激的原因来说明。那就是天时的意外变动。

不列颠的劳动货币价格，在本世纪中，确是上升了。但这种上升，不是欧洲市场上银价减低的结果，而是不列颠普遍繁荣因而对劳动的需求增加的结果。法国的繁荣程度，不及英国，自前世纪中叶以来，该国劳动的货币价格，随谷物的平均货币价格，日渐低落。在前世纪乃至本世纪中，法国普通劳动一日的工资，几乎始终如一地等于小麦一塞蒂埃的平均价格的二十分之一，一塞蒂埃约为四

① 参阅关于谷物贸易的第 3 篇短论。

温切斯特衡蒲式耳。前面说过，不列颠劳动的实际报酬，换言之，付给劳动者的生活必需品和便利品的实际量，在本世纪中，已着实增加。其货物价格的上升，似乎不是由于欧洲一般市场上银价的跌落，而是由于不列颠有特殊的好景况，使该国特殊市场上劳动的实际价格上升。

在美洲发现以后，在一段时期中，白银在欧洲市场上，依旧是以原来的价格或不大低于原来的价格出卖。因而，这一期间的矿业利润，非常可观，大大超过自然水平。但此后不久，以银输入欧洲的人，渐渐发觉了，输入额不能全部以这高价售出。银所能交换的货物量，逐渐减少。银的价格，逐渐落至自然价格的限度。换言之，银的价格，仅够按照自然率支付其上市所须支给的劳动工资、资本利润及土地地租了。前面说过，秘鲁大部分银矿都须付西班牙国王所课等于总产额十分之一的赋税。于是，使土地的地租，全无着落。这种赋税，最初为总产额之半，不久即减低至三分之一，接着又减至五分之一，最后为十分之一，一直继续到现在，在秘鲁大部分银矿中，这似乎就是偿还开矿家资本及支付其普通利润后所剩下的全部了。开矿家的利润，曾有一度非常高，但现今却低落到仅足使他继续开采了。这事实，是一般所承认的。

西班牙国王对于秘鲁银矿所课的矿税，在 1504 年，减为等于登记的银的五分之一。该年即 1545 年波托西银矿发现之前四十一年。在九十年中，即在 1636 年以前，这些对西班牙国王纳税的美洲最丰饶矿山，有足够时间，充分发挥影响，使欧洲市场上的银价，降低到无可再低的限度。九十年是一个足够长的时间，使任何非独占商品的价格，都要降落到其自然价格，或者说，降落到在它继续缴纳特种赋税的场合下仍能长期间继续出售的最低价格。

欧洲市场上的银价，本有可能进一步跌落，使得税率，也许不但必须减低至十分之一，像1736年那样，而且还必须像金税一样，减低至二十分之一，甚至使得现今尚继续开采的大部分美洲矿山，有停止开采之必要。这些情况之所以没有发生，是由于银的需求亦在逐渐增加，美洲银矿出产物的市场亦在逐渐扩大，不仅维持住了欧洲市场上的银价，而且还把银价抬高到稍稍超过前世纪中叶的水平。

自美洲发现以来，一直到现今，其银矿出产物的市场，都在逐渐扩大。

第一，欧洲市场已逐渐扩大。美洲发现后，欧洲大部分都有很大进步。英格兰、荷兰、法兰西、德意志、瑞典、丹麦，甚至俄罗斯，都在农业及制造业上着实向前发展。意大利似乎也不曾退步。它的没落，是在秘鲁被征服以前，此后，则渐有起色。西班牙及葡萄牙，据说是退步了。可是，葡萄牙只占欧洲的极小一部分；西班牙的衰退，亦没有达到一般想象的程度。在十六世纪初叶，西班牙即使与法国比较，也是一个极贫穷的国家。法国从那时以来已有很大改进。所以，常常巡游这两国的查理五世，曾有这样有名的评语：在法国一切物资都是丰富的，但在西班牙一切物资都是缺乏的。欧洲农业和制造业的生产额既然增大了，其流通所需的银币量自须逐渐增加；富翁的人数，既然加多了，银制器皿和银制饰物的数量，也必须逐渐增加。

第二，美洲本地，是它的银矿产物的新市场。这地方农业、工业及人口的进步，比欧洲最繁荣国家也快得多，因此对银的需求的增加也自然快得多。英领殖民地，完全是一个新市场。那里，以前一向对银没有需求，现则一部分因为铸币，一部分因打制器皿，而不断增大银的需求了。大部分西班牙领和葡萄牙领殖民地，也全为新市场。新格伦纳达、尤卡登、巴拉圭、巴西等地，在未被欧洲人发现以前，其居民纯为不知工艺不知农业的野蛮民族。可是，他们到现在，大部分都有了相当的工艺与农业了。墨西哥与秘鲁两国，虽不能全然视为新市场，但确是比过去扩大了的市场。记述这两国古代壮丽状态的奇异故事，不论如何掩饰夸张，凡读它们的发现史及征服史的人，只要具有沉着的眼光，就会看出，当时居民在农工商业上比今日乌克兰的鞑靼人更为无知。即两国中比较进步的秘鲁人，也只知道以金银做装饰品，而不知铸金银为货币。他们的商业，完全以物物交换的方式进行，所以，几乎没有分工这回事。耕作土地的人，同时不得不建筑自己的住宅，制造自己的家具、衣物、鞋及农具等。他们之间，虽有若干工匠，但是据说都是由君王贵族僧侣维持的，实际上恐怕就是这般人的仆役或奴隶。墨西哥和秘鲁所有的古代工艺，从来没有以任何制造品供给过欧洲市场。西班牙的军队，不过五百人，甚至往往不到二百五十人，却几乎到处觉得不易获得食物。据说这些军人足迹所至，就连人口极稠密、耕作极发达的地方，也常常发生饥荒。这种事实足以证明，记述这些国家人口稠密、耕作发达的故事，大部分是虚构的。西班牙殖民地的统治方式，在许多方面没有像英国殖民地那样有利于农业的发展、技术的改良及人口的增长，但西班牙殖民地在所有这几方面，却比欧洲任何国家都进步得快。其原因是土壤肥沃、气候宜人，以及土地广大低廉。这是一切新殖民地共有的优点。有了这些优点，就足以补偿其政治上的许多缺点。弗雷齐埃曾于1713年观光秘鲁，他说，利马市人口在二万五千至二万八千人之间。但1740年到1746年间，居住此地的乌洛阿却说，这市人口超过了五万。这两位著者，关于智利及秘鲁其他许多主要都市人口的计算的差异，与此略同。他们两人报告的正确，是无可置疑的。其计算的差异，正可表示当地人口的增加，并不逊于英领殖民地。总之，这一切，都表明美洲即是该地银矿产物的新市场。那里对于白银的需求的增加，必定比欧洲最繁荣国家还快得多。

第三，东印度为美洲银矿产物的另一市场。自这些矿山开采以来，该市场所吸收的银量，日有增加。从这时起，依赖亚卡普科船舶而进行的美洲和东印度间的直接贸易，继续增大，而同时经由欧洲的间接交易，增加得尤其多。十六世纪中，与东印度进行正规贸易的欧洲民族，只有葡萄牙人。但同世纪末，荷兰人起来竞争。不及数年，就把葡萄牙人赶走，使其不能再在印度的主要殖民地上立足。在前世纪的大部分时间，东印度贸易的最大部分，由这两国分占。葡萄牙人贸易日见衰退，而荷兰人的贸易，却以比这衰退更快的速度不断增长。英国人和法国人在前世纪即与印度进行交易，到这一世纪，他们间的贸易大大扩大了。瑞典人及丹麦人的东印度贸易，开始于本世纪。俄罗斯人，最近也组织所谓商队，取道西伯利亚及鞑靼，径赴北京，与中国进行正规的交易。总之，除法国东方贸易因最近的战争而被毁灭了以外，其余各国对东方的贸易，几乎无不在继续扩大。欧洲所消费的东印度货物日益增多。其消费额之大，似乎曾使印度各种业务逐渐增大。例如，十六世纪中叶以前，欧洲用茶，极其有限，不过把它用作药品。然而现在，英国东印度公司为本国国民当作饮料而输入的，每年计达一百五十万磅。但这还不够满足需要，又由荷兰各港和瑞典的哥登堡，不断秘密输入。而且，在法国东印度公司繁荣时代，又常由法国海岸秘密输入。此外，对于中国的瓷器，马鲁古群岛的香料，孟加拉的布匹，以及其他无数货物，欧洲的消费额也以几乎同样的比例增加。所以，就用在东印度贸易上的船舶说，前世纪任何时候全欧洲所用的船舶，比最近航运锐减以前的英国东印度公司一家所用的船舶，以吨数计，怕多不了许多。

但当欧亚初通贸易时，亚洲各国尤其是中国与印度的金银的价值，却比欧洲高得多。迄今仍是如此。此种差别，是因前者多为产米国，其稻田大抵每年能收获两次甚或三次，而每次收获的产量，又比小麦普通的收获多。所以，产米国与产麦国比较，即使面积相同，产米国的粮食，亦必较更为丰富。这些国家的人口，因此多得多。此外，这些国家的富人，持有自身消费不了的大量剩余，可以出卖，于是掌握着可购买多得多的他人劳动量的手段。因此，征之任何记载，中国和印度斯坦的高官巨豪，比欧洲最富裕的人，都有多得多的隶役。而且，这些大官富豪，持有过剩食物，于是能够支付较大数量的粮食来交换那些产额甚少的珍奇物品，例如富翁竞求的金银宝石。所以，供给印度市场的银矿，和供给欧洲市场的银矿相比，即使同样丰饶，其产物在印度所能换得的粮食，亦必较多。可是，以贵金属供给印度市场的矿山，似乎远较以贵金属供给欧洲市场的矿山贫瘠，而以宝石供给印度市场的矿山，却远较以宝石供给欧洲市场的矿山丰饶，所以，贵金属在印度，自然比在欧洲能换得更多的宝石，并能换得多得多的粮食。像金刚石那样非必要物品，其货币价格，在印度比在欧洲要低些，而像粮食这样最重要必需品的货币价格，在印度要比在欧洲低得多。但前面说过，在中国和印度斯坦——它们是印度的两大市场——劳动的真实价格，即劳动者得到的生活必需品的真实量，却不如欧洲劳动者。这些劳动者的工资，因此只能购到较少量的食物，食物在印度既比欧洲低廉，所以，与欧洲比较，印度劳动的货币价格，就加倍低廉，因为一方面它只能购到少量的粮食，一方面粮食的价格又便宜。在技术相同勤劳相同的场合，各国制造品，必有大部分的货币价格，与其劳动的货币价格成比例。中国和印度斯坦制造业上的技术和勤劳，虽不及欧洲各地，但似乎相差不远。它们劳动的货币价格，既如此低廉，其制造品的货币价格，自然要比欧洲任何地方低。加之，欧洲大部分地方输送货物，多由陆运。先把原料由产地运往制造所，再由制造所运往市场，其间所消费的劳动既多，制造品的真实价格及名义价格，就因而增大。反之，在中国和印度斯坦，则因内地河港纵横，货物常由水运。所需运费，既较欧洲为少，其大部分制造品的真实价格与名义价格，就更加降低。综合这些理由，贵金属由欧洲运往印度，以前极有利，现今仍极有利。在印度能够获得好价的物品，没有什么能与贵金属相比拟，就是说，在欧洲产制花费一定数量的劳动和商品的商品，没有一个在印度能比贵金属换得更多数量的劳动和商品。贵金属中，以金运往印度，又不如以银运往印度为有利，因为在中国及其他大部分印度市场上，纯银与纯金的比率，通常为十对一，至多亦不过十二对一。而在欧洲，则为十四或十五对一。在前者方面，虽能以银十盎斯至多十二盎斯购得金一盎斯，在后者方面，则需银十四盎斯乃至十五盎斯。因此，对于航行印度的欧洲船舶，一般地说，银是最有价值的输运品。对于向马尼拉航行的亚卡普科船舶来说，也是如此。新大陆的银，实际就是依着这种种关系，而成为旧大陆两端通商的主要商品之一。把世界各处相隔遥远的地区联络起来的，大体上也以银的卖买为媒介。

为供给如此广大的市场，每年由各矿山掘取的银量，不但要足够供应一切繁荣国家不断增加的铸币需求和器皿需求，还必须足够弥补一切用银国家银币银器皿的不断毁损和消磨。

贵金属用作铸币的不断消耗，用作器皿由于磨损与洗擦的不断消耗，以及用作使用范围非常广泛的各种商品的不断消耗，是极其可观的。单就这些消耗来说，每年就必须有极大数量的供给。某些制造业中所消费的这些金属，从全体来看，或许不比这逐渐的消费来得多，但由于消费快得多，所以特别感到显著。据说，单单伯明翰某些制造品，为镀金包金而使用的金银量，每年计达英币五万镑，这五万镑金银，一经移作此种用途，就绝对无恢复原状之可能。从这事实，我们更可以想到，世界各地，在与伯明翰这些制造品相类似的制造品上，或在镶边、彩饰、金银器、书边镀金及家具等物上，每年所消费的金银，不知多少。而且金银每年由一地运往他地，在海陆途中失去的分量，也一定不在少数。加之，掘地埋藏宝物，为亚洲各国几乎普遍的习俗。埋藏的场所，在埋藏者死亡以后，往往无人知道。这种习俗，必然增加金银的损失量。

根据极可靠的记录，由卡迪兹及里斯本输入的金银量（包括明输密输），每年约值六百万镑。

据麦根斯氏[①]说，1748 年到 1753 年这六年期间，西班牙每年输入的平均量，和 1747 年到 1753 年这七年期间，葡萄牙每年输入的平均量，合计银一百一十万零一千一百零七磅，金四万九千九百四十磅。银每金衡磅值六十二先令，计值三百四十一万三千四百三十一镑十先令。金每金衡磅值四十四几尼半，计值二百三十三万三千四百四十六镑十四先令。两者共值五百七十四万六千八百七十八镑四先令。麦根斯认为这些登记的进口数字是正确的。关于输出金银的各地点以及从每一地点输入金银量，他都根据登记簿，详为揭示。关于他认为可能秘密输入的金银量，他也作了估计。这位慎重商人的丰富经验，使他的意见，显得十分有力。

《欧洲人在东西印度创业的哲学史及政治史》一书作者，以能辩而见闻广博著名于世。据他说，自 1754 年到 1764 年输入西班牙的金银量，平均以十里尔银币为一皮亚斯特计算，计达一千三百九十八万四千一百八十五又五分之三皮亚斯特。但这只就登记过的输入量而言，若把秘密输入量加入，每年总输入恐不下一千七百万皮亚斯特。一皮亚斯特如按四先令六便士换算，全额即等于英币三百八十二万五千镑。这位作者，曾详细列举金银输出各地点，并参考登记录，详细记载各该地输出的金银量。据他报告，每年由巴西输入里斯本的金量，若就葡萄牙国王所征税额判断(税率似为标准金属的五分之一)，其价值当为葡币一千八百万克鲁查多，即法币四千五百万利佛，约合英币二百万镑。关于秘密输入部分，他

① 参阅《一般商人论》附录第 15、16 页。这附录，在 1756 年，即本论刊行三年后，还未付印。本论未经再版，附录亦多散逸。附录对本论的谬误，曾加以订正。

说，如果作为公开输入部分的八分之一计算，准没有错，这样又可加上二十五万镑，合计共二百二十五万镑。依据这种计算，西班牙葡萄牙两国每年输入的贵金属，总额就达到六百零七万五千镑。

此外，我曾查阅若干其他确实可靠的记述，尽管只是抄本，对于这每年平均总输入量所估计的数字，都在六百万镑左右，有的多一些，有的少一些。

每年输入卡迪兹及里斯本的贵金属量，不等于美洲各矿山全年产量的全部。全年产额中有一部分往往由亚卡普科船舶运往马尼拉；有一部分在西班牙殖民地和其他欧洲各国殖民地间进行秘密卖买；还有一部分无疑是留在出产地。此外，美洲矿山，并非世界唯一的金银矿山。但是，它们是世界最丰饶的矿山。人们公认，今日已发现的其他各矿山产出额和美洲矿山比较，是微不足道的。人们也公认，美洲产出额的大部分，每年都向卡迪兹和里斯本两地输入。但是，单是伯明翰一年消费的五万镑，已相当于这每年六百万镑输入的一百二十分之一。从这看来，世界各地每年消费的金银总额，也许与其产出的总额相等。即使有剩余，亦不过足供给一切繁荣国家的继续增加的需求。有时，甚或不够满足此需求，这样就使欧洲市场上的金银价格提高若干。

每年由矿山提供市场的铜铁量，绝非金银所可比较。但我们绝不能因此就想象，这些贱金属供给的增大，有超过其需求的倾向，或者说，有使其价格逐渐趋于低廉的倾向。那么，我们为什么想象贵金属有这倾向呢？不错，贱金属比较坚固，但用于比较容易磨损的用途，而且因其价值较轻，人们对其保存也不像对贵金属那么留心。但是，贵金属并不一定比贱金属更能久存。贵金属亦常在各方面损失、消磨和耗费。

一切金属价格，虽都有缓慢的逐渐的变动，但与其他土地原生产物比较，则逐年的变动，确是比较小。而贵金属价格与贱金属价格比较，则突然变动的可能性还要小。原来，金属价格不易变动的原因，就在于它的耐久性。去年上市的谷物，在今年年终将全部或几乎全部消费干净，但二三百年前由矿山采取的铁，可能一部分现在还在使用，两三千年前由矿山采取的金，也可能有一部分现在还在使用。各年度被消费的谷物量，与各年生产的谷物量，常常保持相当的比例。但甲年度与乙年度所使用的铁量间的比例，几乎不大会受这两年度铁矿产出额偶然差异的影响。所使用的金量间的比例，更不会受金矿出产额变动的影响。所以，大部分金属矿山逐年的生产额，虽比大部分谷田逐年的生产额，也许有更大的变动，但生产额的变动，对这两种不同生产物价格的影响，是不一样的。

金银价值比例的变动

美洲矿山发现以前，欧洲各造币厂规定纯金对纯银的价值比例，为一比十以至一比十二。即一盎斯纯金被认为值十盎斯乃至十二盎斯的纯银。到前世纪中叶，其比例改变为一比十四乃至一比十五，即一盎斯纯金被认为值十四盎斯乃至十五盎斯的纯银。这样，金的名义价值增大了，换言之，金所能交换的银量加多了。金银两金属的真实价值，换言之，它们所能购得的劳动量，虽一同下落，但银比金落得更低。美洲金矿银矿的丰饶程度，比以前任何已发现矿山都大，但银矿的丰饶程度，比金矿似乎更大。

每年由欧洲运往印度的银量很大，使得英国一部分殖民地的银价和金对比渐趋低落。加尔各答的造币厂，与欧洲一样，认为一盎斯纯金值十五盎斯纯银。可是，这评价和金在孟加拉市场上的价值相比，似觉太高。中国金银之比，依然为一对十，或一对十二，日本据说是一对八。

据麦根斯氏的计算，每年输入欧洲的金银数量之间的比例，将近一对二十二，即金输入一盎斯，银输入二十二盎斯。可是，银输入欧洲后，又有一部分转运东印度，结果，留在欧洲的金银数量之间的比例，他以为，约与其价值比例相同，即一对十四或十五。他似乎以为，这两金属价值间的比例，必然与其数量间的比例一致。所以，在他想来，如果没有这么多银输出，则它们价值的比例，当为一对二十二。

但两种商品的普通价值比例，与其在市场上普通存量的比例，不必一致。一头值十几尼的牛的价格，约为一头值三先令六便士的羊的价格六十倍。如果我们依此推想，通常市场上有牛一头，即有羊六十头，那是可笑的。只根据一般以金一盎斯可购银十四乃至十五盎斯的事实，就推论通常市场上有金一盎斯，即有银十四至十五盎斯，也是同样荒唐可笑的。

通常市场上银的数量对金的数量的比例，比一定数量金的价值对同一数量银的价值的比例，大抵大得多。市上廉价商品与市上高价商品相比较，往往不但前者的总量更大，而且前者的总价值也更大。每年上市的面包，不仅总量比家畜肉大，价值也比家畜肉大。家畜肉的总量和总价值，大于家禽的总量和总价值；家禽的总量和总价值，大于野禽的总量和总价值。廉价商品的顾客，通常比高价商品的顾客多得多，廉价商品因此能在市上售去更大的数量，售去更大的价值。所以，廉价商品总量对高价商品总量的比例，通常必大于一定数量高价商品价值对同量廉价商品价值的比例。就贵金属说，银为廉价商品，金为高价商品。因此，通常市场上，银不仅在总量上比金大，而且在总价值上也比金大，这是我们可以预断的。凡持有少量金银器物的人，只要把自己的银器和金器比较一下，就会发觉，银器在数量上，在价值上，都大于金器，而且，还有许多人，持有不少的银器，却毫无金器。即使有之，亦不过限于表壳、鼻烟盒，以及诸如此类的小玩意儿，其总额的价值，极为有限。不错，就英国铸币说，所有金币的价值，大于所有银币的价值，但在其他各国，情况并非如此。有些国家的铸币，其所有银币的价值，差不多与所有金币的价值相等。据造币厂统计，苏格兰在未与英格兰合并以前，金币虽略多于银币，但相差不多。[①] 其他许多国家的铸币，则占多数的不是金币而是银币。法国一切巨额的支付，通常都用银币。至于金币，则只限于随身携带的小额，此外即不容易得到。但是，一切国家的银器价值，总必大于其金器价值，而只有少数国家，金币占铸币的大部分，所以，以前一种优势来抵偿后一种优势，实绰有余裕。

在一种意义上，银在过去，总比金低廉得多，而在将来，恐也不免如此。但在另一种意义上，照今日西班牙市场上的情况，也许可说金较廉于银。一种商品，不但可按照其平常价格的绝对大小，而说它是昂贵的或低廉的，同时，并可按照其价格究竟在多大程度上

---

① 参阅鲁迪曼给安德逊《苏格兰古文书》所写的序。

超过其长时期供应市场所可能的最低价格，说它是昂贵的或低廉的。这所谓最低价格，是指只足够补偿这商品上市所必需的资本及其普通利润的价格，也就是对地主不能提供任何报酬而全部由工资及利润二者构成的价格。现在在西班牙市场上，金确实比银更接近于这最低价格。西班牙所课的金税，不过合标准金二十分之一，或百分之五，而银税则为十分之一或百分之十。前面说过，美洲西班牙属地的大部分金银矿山，其地租全都作为赋税供给国王。国王的收入，在金的方面还不及银的方面。经营金矿发财的，也比经营银矿发财的少。可见金矿的利润，一定低于银矿的利润。这样，西班牙市场上金的价格，既只提供较少的地租和利润，所以与银比较，就一定多少更接近于这最低价格了。把一切费用都列入计算，在西班牙市场上，全部黄金，似乎不能像全部白银那样有利出售。但是，葡萄牙在巴西所收的金税，与西班牙往昔在墨西哥和秘鲁所收的银税，同为标准金属的五分之一。这样，美洲的全部黄金是否比美洲的全部白银，以更接近这可能的最低价格的价格供应欧洲一般市场，就很难说了。

金刚钻及其他宝石的价格，恐怕比金的价格，更接近这可能的最低价格。

银税不仅和奢侈品税一样，是最适当的税目，而且，在当时，又是政府收入的重要泉源。所以，这种课税，在有征收可能的时候，是难于放弃的。但完税的不可能，已在 1736 年使银税由五分之一减至十分之一，也许有一天，同一的不可能将使其不得不再减，正像金税不得不减到二十分之一那样。美洲西班牙属地的银矿，也像其他各矿山一样，由于采掘较从前深入，由于排出这些深处的积水以及供给这些深处以新鲜空气等费用较大，开采费用逐渐增大。这种情形，曾经调查过这些矿山状况的人，都是承认的。

这些等于增大银的稀少性（因为一种商品的获得，如果困难加大了，费用增加了，就可说它是益形稀少）的原因，一定会引起以下三种现象之一。这种费用的增加，第一，一定会由于银价的按正比例增加而取得补偿；或是第二，一定会由于银税按正比例减少而取得补偿；或是第三，一定会一部分通过这种方法，另一部分通过另一种方法而取得补偿。三者必居其一，但以第三种现象为最可能。正如金税尽管大减，但和银相比的金价仍然上升一样，银税尽管大减，但和劳动及其他商品相比的银价，也可能仍然上升。

但是，银税的递减，纵然不能全然防止欧洲市场上银价的上升，至少，总会多少推迟其上升。减税的结果，以前因不堪重税而中止开采的矿山，现在也许会再行采掘。这样，每年上市的银量，一定要加多若干，而一定数量银的价值，也一定要低落若干。1736年西班牙国王减低银税的结果，欧洲市场上的银价，比较以前虽不曾实际减落，但与在银税不减场合所会有的银价比较，大概至少要低百分之十。

上述各事实和议论，使我相信，或者更切当地说，使我揣测，银税虽减，银价却在现世纪的欧洲市场上，上升若干。我所以说揣测，是因为我对于这问题，虽竭尽了力量，但我的意见仍够不上叫做信念。的确，假定银价果有上升，其上升程度，到目前为止也是很有限的，所以尽管说了上面这些话，恐怕还有许多人，不但对银价实际上曾否上升，而且对相反现象有否发生，即银价在今日欧洲市场上是否仍旧在下落，仍然拿不定主意。

不过，以下的事件，是必须注意的。不论金银的被假定的年输入量是多是少，其年消费量终归有一个时期会与其年输入量相一致。金银的总量愈多，其消费亦必增大，有时还比总量增加得多得多。总量增多，其价值必因而减少。于是用途增多，人们使用时也不那么慎重爱护，结果，金银的消费量必以比其总量的增加更大的比例增大。所以，经过一定时期后，金银的每年消费量，在输入不继续增加的条件下，一定会与其每年输入量趋于一致。可是，今日的输入，依旧在继续增加。

如果使金银每年消费量达到与每年输入量相等以后，每年输入逐渐减少，那么，每年消费量也许有一段时间会超过每年输入量。于是，金银的总量可能逐渐不知不觉地减少，金银的价值逐渐不知不觉地上升，一直到每年输入量不增不减之时为止。这时候，金银每年消费量，将逐渐不知不觉地适应每年输入量所能支持的数额。

怀疑银价仍在继续跌落的根据

欧洲财富日益增加，以及认为由于贵金属量自随财富增加而增加，贵金属价值因此自随贵金属数量增加而减少这个俗见，可能使许多人相信，欧洲市场上金银价值迄今还在跌落。而许多土地原生产物还在逐渐腾贵这个事实，也许使这班人越发确信这种见解。

我已在前面说过，一国随财富增加而增加的贵金属量，绝没有减低其价值的倾向。一切种类的奢侈品和珍奇品，当然都猬集富国，由于同一原因，金银也自然猬集富国。这不是因为这些物品，在富国比在贫国低廉，却是因为它们在富国比在贫国昂贵，即在富国可得更好的价格。优越的价格，吸引了这些物品，这优越性一旦消减，这些物品就不会向这方面猬集。

除了谷物及其他全靠人类勤劳而生产的各种植物，一切种类的原生产物，如家畜、家禽，如各种猎获物，如地中有用的化石和矿物等，都随社会财富增长和技术改进而自然趋于昂贵，这也是我已经努力说明过的。所以，纵使这些商品能换得比以前多的白银，我们仍不能因此便说，银价实际上已较前低落，换言之，银只能购买比以前少的劳动量。能由此引出的结论只是，这些商品的价格实际上已经提高，换言之，能购得比以前多的劳动量。随着财富的增长和技术的改进，这些商品，不但名义价格上升了，其真实价格也上升了。名义价格的上升，并非银价下落的结果，而是该商品自身真实价值上升的结果。

社会进步对三种原生产物的不同影响

原生产物，可以分作三类。第一类产物几乎全然不能由人类劳力使之增加；第二类产物能适应需要而增加；第三类产物虽能由人类勤劳而增加，但人类勤劳的实效是有限的或靠不住的。第一类产物的真实价格可随财富的增长和技术的改进而无限制地上升。第二类产物的真实价格，有时虽可大大上升，但绝不能长久超越一定限度。第三类产物的真实价格，在自然倾向上，虽依改良程度的增进而增高，不过在同一改良程度下，其价格有时甚至反而下落，有时保持原状，有时或多或少地上升，要看偶然事变使人类勤劳的努力，在增加此等产物时所收实效如何而定。

第一类

随社会进步而价格提高的第一类产物，是几乎完全不能由人类勤劳增加的。它们的产额既不能超过自然生产的一定分量，它们的性质又非常容易腐败，所以，想把各季节生产的这类产物，全部蓄积起来，势不可能。大部分稀少特异的鸟类鱼类，各种野禽野兽，各种候鸟，都属于此类。随着财富的增进以及随财富的增进而发生的奢侈的增进，对此等产物的需求多半会增加，但其供给却不能由人力使其大量增加。所以，这等商品的价格，就可随购买者竞争的不断扩大而无限制地上升。例如山鹬，即使成为时尚品，价格上升到二十几尼一只，人类也不能由勤劳而使市上的山鹬增加到大大超过现有的只数。古罗马人最隆盛时代，为何对珍贵鱼类鸟类支付极高价格，正可用这理由来说明。这种高价，确非当时银价低落的结果，而是不能随人意增加的这些稀有珍品本身价值上升的结果。在罗马共和国没落前后若干年内，银的真实价值比今日大部分的欧洲都高。罗马共和国对西西里所缴纳什一税的小麦，每一莫迪斯或一配克付价三塞斯特斯，约合英币六便士。但这价格大概要比平均的市价低，西西里农民有义务按这价格交售他们的小麦，他们认为是一种课税。所以，罗马人若需从西西里输入什一税以外的谷物，他们就须依照契约，对于超过量每一配克付给四塞斯特斯，约合英币八便士。这价格，想即当时认为适当而合理的价格，也就是当时视为平均或普通的契约价格，换算起来，每夸特约值二十一先令。英国小麦，就品质而言，较西西里小麦为劣，而就欧洲市场上售价而言，通常较西西里小麦为低。但在最近荒歉年度以前，其普通契约价格，却为每夸特二十八先令。因此，把往古时代的银价，与现在的银价相比，一定为三对四之反比例，即当时银三盎斯，与现在银四盎斯比较，能购得同量的劳动或商品。历史学家普林尼记载，塞伊阿斯[①]以六千塞斯特斯（合英币五十镑）购一只白夜莺，献给女王阿格利皮纳；阿西尼阿斯·塞纳以八千塞斯特斯（合今日英币六十六镑十三先令四便士）购红鱼一尾。当我们读到这种记载时，这些奇贵的价格，虽够使我们惊绝，但这些价格从我们看来，似还比实价少三分之一。这两件东西的真实价格，换言之，它们所能交换的劳动及食品量，比其名义价格在今日给我们表示的数量，约多三分之一。这就是说，塞伊阿斯为一只白夜莺而付出的劳动和食品的支配权，等于现今六十六镑十三先令四便士才能购得的劳动和食品的支配权；阿西尼阿斯·塞纳为一尾红鱼而付出的劳动及食品的支配权，等于现今八十八镑十七先令九又三分之一便士才得购得的劳动和食品的支配权。引起这种过分价格的原因，与其说是银量充斥，以致银价低廉，倒不如说是罗马人的剩余劳动剩余食品过于丰盈，以致珍奇品争购者多。当时罗马人所持有的银量，比同一劳动量及食品量的支配权在今日所能获得的银量要小得多。

第二类

价格随社会进步而腾贵的第二类原生产物，其数量能应人类

① 《塞伊阿斯》第10篇，第29章。

需要而增加。它们包括那些有用的动植物，当土地未开辟时，自然生产物很多，以致无价值可言，到了耕作进步，就不得不让位给那些更为有利的别种产物。在社会日益进步的长期过程中，此类产物的数量日益减少，而同时，其需要却继续增加。于是，其真实价值，换言之，它所能购入或支配的真实劳动量，逐渐增加，终而增加得这么多，以致与他种由人力在土壤最肥沃、耕作最完善的土地上产出的任何物品比较，也不相上下。但是，一旦达到这高度，就不能再增高了。如果竟超过这限度，那马上就会有更多土地和劳动，用到这方面来生产此等物品。

例如，牲畜价格的腾贵程度，如果使人们觉得，开垦土地以生产牲畜牧草，和开垦土地以生产人类食物，有同等利益，那就不能再进一步上涨了，如果更上涨，马上就会有更多的谷田转化为牧场。耕地扩大的结果，一方面，野生牧草的数量减少了，以致不依劳动培畜而自然生长的家畜的肉减少；另一方面，持有交换家畜肉的谷物或谷物代价的人数又增加了，以致家畜肉的需求增加。于是，家畜肉价格，继之。牲畜价格必逐渐腾贵，终使人觉得，以土壤最肥沃、耕作最完善的土地，生产牲畜的牧草，和生产人类的食物，有同等利益。但一定要到社会进步的后期，耕作事业才会如此扩大，使牲畜价格抬高到这种程度。要是国家还向前进步，牲畜价格不高到此等程度，一定会继续腾贵。在今日欧洲，恐怕还有一部分地方牲畜价格，未增到这个极限。即合并以前的苏格兰某地方，亦属如此。苏格兰的地方，宜于畜牧的多，宜于其他用途的少。所以，那里的牲畜，如只行销于内地市场，则牲畜价格，恐怕不会达到这样的高，以致把土地生产牧草成为有利。前面说过，英格兰的牲畜价格，在伦敦附近，虽似于前世纪初期达到了这极限，但较僻远地方，大概很久以后才达到这限度。也许至今还有少数地方，尚未达到这限度。但是，在第二类原生产物中，价格首先随社会进步而升至极限的，恐怕要算牲畜。

在牲畜价格尚未达到这高度以前，就是适于深耕细作的土地，也必有大部分不能完全耕作。在土地广大的国家，常有大部分农地，位于僻远地方，其肥料不易仰给于都市，因此，耕作优良的土地其数量一定和农地自能生产的肥料量成比例；而农地自产肥料量，又一定和农地所维持的牲畜数成比例。土地施加肥料，不外二途：其一，放畜于田，因而得粪；其二，饲畜于厩，出粪肥田。但牲畜价格如不够支付耕地的地租和利润，农民就不愿在土地上放牧牲畜，更不愿设厩饲养牲畜。因为，设厩饲养牲畜所需牧草，势须仰给于肥沃而已经垦治的土地，如从荒芜未曾垦治的土地刈取那里所生的零落的牧草，所需劳动和费用，一定非常的大。这样，如果牲畜放牧于已经垦治的土地，其价格已不够偿付该地产草的费用，那么设厩饲养，牧草的刈取搬运，要增加相当的劳动和费用，其价格必定更不够偿付产草的费用。在这种情形下，想设厩饲养耕作所必需的牲畜，尚无所谓，若要多养，绝无利润可言。但如果只饲养耕作所必需的牲畜，则所得肥料，绝不够供给可耕土地的全部，使其不断保持良好状态。肥料既不够供给全部农地，农民自然会拣最有利最便当，即最丰饶而位于农家庭院附近的土地，进行施肥，结果，全部农地中，常保持良好耕作状态的，就单是一部分土地，而其余大部分土地，则惟有任其荒芜，至多不过任其生产若干瘠弱小草，以苟延少许奄奄待毙的牲畜的残生。所养的牲畜，与土地完全加入耕作所需的数额比较，虽嫌太少，但与土地实际产出的牧草比较，却又往往嫌其过多。这荒芜地的一部分，在这样继续放牧六七年后，可能加以垦治，也许可产出一两季粗劣的燕麦或其他粗劣的谷类。过此以往，则地力消耗净尽，又须回复以前的休耕放牧状态。于是，又进而垦治其他部分，这些新垦地，也产出一两季粗劣谷物，以后也地力耗竭，回复休耕原状。苏格兰在未与英格兰合并以前，其低地一带的土地，大都在这方式下经营。当时能够不断靠肥料而维持良好状态的土地，常常仅占全农地三分之一甚至四分之一，有时，甚且不到五分之一、六分之一。其余土地，则全无肥料可施；不过其中还有若干部分，系依上述方式，挨次垦治，挨次休耕。所以，在苏格兰，本可耕作的良好土地，亦因依照此种方式经营，以致其生产额比其生产力所能生产的低得多。此种经营方式，当然是不利的。但苏格兰在合并以前，似因牲畜过于低廉，不得不采取此种不利的经营方式。至于牲畜大大腾贵之后，该国大部分地方，何以依然沿用旧法，那是因为在若干地方，人民愚昧拘泥古习，而在大多数地方，又由于事理之自然，不容即时或急速采用优良方法。其中障碍，可大别为二：第一，租地人贫困，还没有足够时间来取得足够的牲畜，使他们能更完全地耕作其土地。他们资力有限，牲畜腾贵，饲养更多牲畜虽对他们有利，但也使他们难于多购。第二，纵使租地人具有此等资力，而牧草地的辟治，亦非一蹴可几。总之，牲畜增加和土地改良这两者，势须同时进行，不能分先后。牲畜没有增加，土地便无法改进；土地要不是大大改进，牲畜又不会显著增加，因为不大大改进土地，就不能维持大大增加的牲畜。像这种革故图新过程中的自然障碍，非有长时期的勤勉节约，那是无法铲除的。现今，旧方式虽在逐渐衰落，但要国内各地全盘废除，恐怕还要经过半世纪或一世纪的时间。苏格兰从与英格兰合并所得到的一切商业利益，也许以牲畜价格腾贵为最大利益。牲畜的腾贵，不但提高了高地一带地产的价值，同时，又成为低地一带改进的主要原因。

一切新殖民地，都有大量荒芜的地。此等荒芜地，除饲养牲畜外，不能作其他用途。所以，牲畜不久就极度繁殖。凡繁多的物品，价格必然非常便宜。美洲殖民地的牲畜，最初都是欧洲人由故乡运来，但在极短期间内，这些牲畜就增殖了那么多，以致价值变得那么低，使得马投林野，所有者亦听其自然，不复追寻。在这情形下，辟地饲养牲畜，必无利可图。要辟地饲养牲畜而有利，要到这些殖民地建立之后，经过漫长的岁月才能办到。那里，肥料既形缺乏，投在耕作事业上的资财，与用于耕作的土地又不相称，所以，其农业经营的方式，与今日仍通行于苏格兰大部分地方的如出一辙。当瑞典旅行家卡尔姆叙述他于 1749 年在北美某些英国殖民地所闻见的农业状况时，他说，那里很难找出英格兰民族的特性，因为英格兰民族在农业的各个方面都是有名的熟练的。他又说，当地人民，很少给自己谷田施放肥料。当一片土地因连续收获而地力耗尽以后，他们就开垦其他新的土地。到这片土地的地力又耗尽后，他们再开辟第三片的土地。他们的牲畜，一任其彷徨林野或未辟之荒地间。春生牧草，因啮取过早之故，往往不到开花结实，即毁灭净尽①。所以，牲畜常陷于半饥饿状态中。春生牧草，

① 卡尔姆《游记》，第 1 卷，第 343—344 页。

是北美地方的天然牧草。欧洲人开始定居于该地时,此种牧草异常繁盛,高达三四英尺。卡尔姆明确指出,在他写游记时不能养活一头母牛的一块土地,往时肯定可以养活四头母牛,而且,以前每头母牛,能够产出现在每头四倍的牛乳。他以为,该地的牲畜,所以一代一代渐趋退化的原因不外乎牧草缺乏。此等牲畜,恐与三四十年前,在苏格兰各地所见的矮小牲畜无大差别。今日苏格兰低地矮小牲畜的大改良,与其说由于畜种的选择(虽然有些地方,也使用这种方法),无宁说由于饲料的丰饶。

因此,虽然牲畜的价格,要到垦殖改良的后期,才能增高到使辟地饲养牲畜成为有利,但在这第二类原生产物中,最先达到这有利价格的,恐怕仍当首推牲畜,因为牲畜价格如未达到这程度,则垦殖改良的程度,要接近今日欧洲许多地方已达到的状况,似乎亦不可能。

第二类原生产物中,最初达到这价格的为牛,最后达到这价格的当为鹿肉。不列颠的鹿肉价格,表面上虽似过高,但这高价还不够偿还鹿园费用这一事实,凡有饲鹿经验的都知道得很清楚。设非如此,就会像古代罗马人饲养杜鸥那种小鸟一样,不久成为普通农家饲养的动物了。瓦罗和科拉麦拿告诉我们,饲养杜鸥是最有利的事业。蒿鸟飞到法国时很瘦,据说在法国有些地方,把它养肥是非常有利的事业。总之,鹿肉如果继续为流行食品,而不列颠的财富与奢侈,又像过去某时期一样增进上去,那么鹿肉价格,或将比今日还要贵。

在改良进步的过程中,由必需品牛的价格涨到极点,到奢侈品鹿肉的价格涨到极点,其间介有很长的岁月。在这长久岁月中,许多其他种类的原生产物，各依其不同情形，或迟或速地逐渐达到其最高价格。

这样，在一切农场中，谷仓厩舍的废物，都能养活若干家禽。此等家禽的饲养，既是废物利用，无须农业家特别开支，所以，家禽通常都以极廉价格出售。农业家由此获得的，几乎全为纯利，而价格也不会再低，使他们不愿饲养。在耕作粗放、人口稀少的国家，像这样无需费用饲养的家禽，常常足够供应全部的需要，因此，这种家禽，就常与家畜肉及其他一切肉食同样廉价。不过由这方法饲养的家禽总数，势必比农场饲养的家畜肉总数少得多。凡效用相同而数量较少的产物，常比效用相同而数量较多的产物，更为富裕奢华时代的人民所爱好。因之，耕作改进，财富和奢侈性增加的结果，家禽价格，就逐渐超过家畜肉价格，最终升到那么高，使辟地饲养家禽，成为有利事业。家禽价格一旦达此高度，即不能继续上升，否则用于其他用途的土地，亦必改用来饲养家禽。法国若干地方，家禽饲养一向被视为农村经济中最重要的产业，其有利程度，足使农民愿为饲养家禽而广种玉米和荞麦。中等农家，有时竟在宅内养鸡四百余只。英格兰对于饲养家禽，似乎不像法国那样重视。可是，家禽在英格兰的售价，一定比法国高，因为英格兰每年有多量家禽仰给于法国。在垦殖改进的过程中，一切肉食达到最高价格的时候，必定是在辟地生产此等动物食料成为通常做法的前夕。在这种做法尚未普遍以前，此等动物的价格，必因其稀缺而腾贵，而在这种做法普遍化之后，通常必有新栽培方法发现，使农家能在同面积土地上生产比从前多得多的这种饲料。产量既多，农家不但必须降低售价，而且亦能够降低售价，因为要是不能，多产必不能长久继续。今日伦敦市上家畜肉的普通价格，也许因引种苜蓿、芜菁、胡萝卜、卷心菜等物而比前世纪初期低廉。

猪为贪食的动物，不但食粪，且食其他一切有用动物所嫌忌的脏物。因此，猪的饲养，与家禽同，其初不过为了废物利用。这样，只要利用废物饲养的猪的数量，能够充分满足需要，此种家畜肉的市价，必比他种家畜肉低廉得多。但是，需要如超过此数量所能满足的程度，换言之，饲养猪如果同饲养其他家畜一样，有特为其生产饲料的必要，那么猪的价格，必然因此腾贵。在一国的自然状态及农业状态下，养猪比饲养其他家畜，所需费用如较多，则猪肉价将比其他各种兽肉昂贵，如较少，则猪肉价将比其他各种兽肉低廉。据布丰说，法国的猪肉价几乎与牛肉价相同。在不列颠许多地方，现今猪肉却比牛肉稍贵。

关于不列颠猪及家禽价格的昂贵，往往有人说，那是因为佃农和小农的人数减少了。此等人数的减少，是欧洲各地技术改良及耕作进步以前所要发生的事件，同时，又是使此等物品价格，比在没有此事件发生时，更早更快腾贵的原因。一个最贫穷的家庭，往往不用何等费用即能养活一只猫或一只犬。一个最贫穷的农家，也同样能以极少的费用养活几只家禽或一头母猪数头小猪。他们把食桌上些许残物、乳浆、乳渣，作为此等动物食料的一部分，而其余的食料，则任其在附近田野间自行寻求，而不会明显地损害他人。像这样无所费而生产的动物的数量，势必因小农人数减少而大大减少，同时，其价格势必比小农人数尚未减少时更快地提高。但是，这种动物的价格，在改良的过程中，迟早总会达到可能有的最高限度，换言之，迟早总会达到这样高的价格，以致能对耕作提供此等动物食料的土地所使用的劳动和费用，支付像对耕作大部分其他耕地使用的劳动和费用所支付的一样的报酬。

制牛乳的业务，最初也是为了废物利用，与养猪及家禽同。农场上耕牛所产的牛乳，平常都超过小牛哺育及农家消费的必要量，而在某一季节所产尤多。可是，在一切土地的原生产物中，以牛乳为最易腐败。牛乳在产量最高的热季，很少能保存二十四小时。于是，农家把一部分制为牛酪，保存一周；一部分制为盐牛酪，保存一年；一大部分制为干牛酪，保存至数年之久。这种种牛酪，农家通常以一部分留作家用，其余则全数送往市场，以寻求最好的售价。市价即使低贱，也不致贱到使农家不愿以这剩余部分供应市场。要是市价过低，农家对于制酪作业，多半会搞得不精不洁，乃至不为这种作业另备房屋，而因陋就简地在烟熏、污秽、不洁的厨房中进行。实际上，苏格兰在三四十年前，一切农家制酪的作业，类皆如此，即在今日，还有许多农家，继续此种状态。导致家畜肉价格逐渐昂贵的原因，即对家畜肉需求的增加，以及随着农业改良利用废物饲养的家畜数量的减少，同样会使制酪业的产品的价格，腾贵起来。制酪业产品的价格，当然与家畜肉价格和饲养家畜的费用相关联。价格增高，就能够对更多劳动给酬，也能够促进农家对于制酪的注意和清洁。制酪就成了更值得农家注意的副业，其产品的质量就日益改良。最后，其价格升到那么高，虽以最好的耕地为制酪而饲养家畜亦可获利。可是，价格一达此高度，即不能进一步上升，否则马上便有更多土地移作此种用途。英格兰大部分地方的牛酪价格，似已达到此最高限度，所以，有许多良好土地，为着制酪而饲养家畜。苏格兰除大都市附近若干地方外，其余各地，都似乎未达到此最高限度，所以，普通农家很少为了制酪而以良好土地饲养家畜。在最近数年间，牛酪的价格，确在渐趋昂贵，但如为此目的而使用良好土地，却仍不上算。苏格兰的牛酪品质，一般都不及英格兰。的确，这品质上的低劣，恰抵其价格上的低贱。可是，品质低劣并不是价格低贱的原因，却是价格低贱的结果。苏格兰牛酪的品质，即使远较今日为优，但在苏格兰现状下，我想，上市的大部分牛酪，仍不能以远较今日为高的价格出售。品质优良的牛乳，生产上必然有较多土地和劳动方面的费用。像今日这种价格，恐不够补偿此种费用。英格兰许多地方的牛酪价格，无疑较为昂贵，但制酪业和生产谷物与饲养家畜这两种主要农作业比较，仍不能视为一种比较有利的土地利用途径。所以制酪业在苏格兰就更不那么有利了。

不论任何国家，必须依人力生产的一切土地生产物价格，要是不足以偿还土地的改良费用及耕作费用，该国的土地，绝不会完全用来耕作，完全得到改良。要使全国土地完全用于耕种和得到改良，各种生产物的价格，第一，要足够支付良好谷田的地租，因为其他大部分耕地的地租，都视谷田地租为转移；第二，要能对农家所付的劳动和费用，给予同良好谷田通常所提供的一样好的报酬。换言之，农家必须由这价格，取回其资本，并获得资本的普通利润。各种生产物价格的上涨，显然必须先于生产这各种生产物的土地的改良。得利是一切改良的目的，改良的必然结果如为损失，即不得谓为改良。但如由改良而生产的物品价格，不足补偿改良的费用，那么，改良的结果，就必然是损失。因此，全国土地的改良与耕作，如确为一切公共利益中的最大利益，则这一类原生产物价格的上涨，就不能视为公共灾祸，而应视为最大的公共利益的必须的先驱和伴随物。

上述一切原生产物的名义价格或货币价格的上涨，并非银价下落的结果，而是这些产物自身真实价格上涨的结果。这些生产物不但值更大的银量，而且值比以前多的劳动量和食品量。它们上市既需费去更多的劳动量和食品量，因此上市之后，它们代表更多的劳动量和食品量，或者说，在价值上等于更多的劳动量和食品量。

第 三 类

第三类即最后一类原生产物的价格，随着改良程度的增进而自然地上涨。人类勤劳对增加此等产物所收的实效，或为有限，或为不确定。因此，这类原生产物的真实价格，虽有随改良的进步而上升的自然趋势，但有时甚或会下落，有时在各不同时代，会继续同一状态，有时又会在同一时期里或多或少地上升，视所发生的不同的偶发事件使人类勤劳的努力在该产物的增产上所取得的成就的大小而不同。

某些原生产物的生产，视他种产物的生产为转移。因之，一国所能提供的前一类产物量，必然受它所能提供的后一类产物量的支配。例如，一国的羊毛或皮革的量，必受该国所维持的牛羊头数的支配；它所能维持的牛羊头数，又必然受该国改良状况及农业性质的支配。

也许有人说，在改进的过程中，使牛羊肉价格逐渐提高的原因，也同样会使毛革的价格，按几乎相同的比例而提高。如果在进行改良的初期，毛革市场和家畜肉市场，同样局限于狭窄范围，则上面所说，也许会成为事实。可是，这两者的市场范围，通常是极不相同的。

家畜肉的销路，几乎到处都局限于本国境内。英属美洲的某地和爱尔兰，虽经营着大规模的腌肉业，但据我所知，今日商业世界中，经营此业的，换言之，以本国大部分家畜肉输往他国的，只有这两个地方。

反之，毛革市场，即在开始进行改良之时，亦很少限于本国境内。羊毛不经何等调制，生皮略加调制，就可很容易地送往遥远国家。因为此等产物是多种制造品的原料，所以，即使其出产国的产业对它没有需求，其他国家的产业也可能对它有需求。

在耕作粗放因而人口稀少的国家，毛皮价格在一头牲畜的全部价格中所占的部分，总比在耕作较好人口较密而家畜肉有较大需求的国家大得多。据休谟观察，撒克逊时代的羊毛价格，约值一头羊的价格的五分之二。他以为此种比例，比现在羊毛价格在全羊价格中所占的比例大得多。据我所得的很确实的报道，西班牙某些地方，往往单因采取羊脂、羊毛而杀羊，其尸肉则听其在地上腐烂，或让肉食鸟兽吃掉。此种事实，如果连在西班牙有时也会发生，那在智利，在阿根廷首都，在西属美洲的其他许多地方，就几乎是习见的现象了。这些地方，往往单为利用兽皮兽脂而不断扑杀有角动物。当海地岛时常遭受海盗侵扰，而法国人的种植园（现几乎已延伸到该岛的全部西部海岸）的安定、改良和人口情况，尚未改善到足使该岛西班牙人的家畜具有若干价值的时候，那里也经常专为兽皮兽脂而扑杀牲畜。西班牙现今不但继续占有该岛的东部海岸，而且占有该岛的全部内地与山岭地区。

随着改良及人口的增殖，一头牲畜全部躯体的价格，必定会上涨。不过，此种上涨对兽肉价格的影响，比对兽毛兽皮价格的影响大得多。兽肉市场，在社会原始状态下，总局限于其产出国境内，所以必定随社会进步、人口增殖而比例地扩大。但兽毛兽皮这两者，纵使为野蛮国产物，亦往往行销于全商业世界，其市场很少能因一国社会进步人口增殖而比例地扩大。全世界商业的状态，既不会因一国的改良而受到显著的影响，所以这种商品的市场，在社会改进、人口增加之后，可能仍与以前完全相同或几乎相同。不过，按事物的自然趋势，社会如果改进，其市场一定会有多少扩展。设使一国以此等商品为原料的制造业，日益繁盛，则此等商品的市场，即使不随着大大扩大，也必会转移到比以前更接近于产地的地方，结果，此等原料的价格，至少会按所节省运费的程度而提高。在此场合，兽毛兽皮价格，纵不能与兽肉价格，依同一比例提高，亦自然会上升若干，绝不至于下落。

不过，英格兰的毛织物制造业，虽很繁盛，但羊毛价格，自爱德华三世以来，却大大跌落。据许多可靠的记录，在爱德华三世朝代（十四世纪中叶或1339年左右），英格兰羊毛一托德（即二十八磅）的普通合理价格，不下于当时货币十先令。[①] 当时货币十先令，含有陶衡银六盎斯，以每盎斯合二十便士计算，约合当今币三十先令。现在英国最优良羊毛的良好价格，却不过每托德二十一先令。这样，爱德华三世时代羊毛的货币价格，对于现在羊毛货币价格的

① 参阅斯密《关于羊毛的研究报告》，第1卷，第5、6、7章及第2卷第176章。

比例，为十对七。至其真实价格，则前者之优越尤大。按每夸特麦价六先令八便士计算，昔时十先令可购小麦十二蒲式耳。按每夸特麦价二十八先令计算，现在二十一先令只能购得小麦六蒲式耳。因此，往时羊毛真实价格，对于现在羊毛真实价格的比例，当为十二对六，即二对一。这就是说，当时羊毛一托德所购得的食品量，二倍于现在羊毛一托德所可购得的食品量。设使这两时代的劳动真实报酬相等，则昔时羊毛一托德所可购得的劳动量，亦二倍于今日。

羊毛真实价格及名义价格的跌落，绝不是自然的结果，而是暴力和人为的结果。第一，是绝对禁止英格兰羊毛输出的结果；第二，是准许西班牙羊毛免税输入的结果；第三，是只许爱尔兰羊毛输往英格兰，而不得行销他国的结果。由于有这些规定，英格兰羊毛市场，就限于国内，而不能随社会进步，有什么扩张了。在英格兰市场上，其他若干国的羊毛得与本国内地羊毛竞争，爱尔兰羊毛则被迫与英格兰羊毛竞争。加之，由于爱尔兰毛织物制造业，遭受不公平不正当的阻碍，爱尔兰人在自己境内只能利用一小部分自产羊毛，因此，不得不把其大部分输往英格兰，即容许他们出售羊毛的唯一市场。

关于古时的生皮价格，我不能找到何等可靠的记录。羊毛通常被制定为输纳国王的物品，当输纳时，所评价格至少必为当时普通价格。至于生皮则情况似不如此。不过，弗里伍德曾根据 1425 年牛津伯塞斯特修道院副院长与该院某牧师之间的账单告诉我们，公牛皮五张，价十二先令；母牛皮五张，价七先令三便士；二龄羊皮三十六张，价九先令；小牛皮十六张，价二先令。在 1425 年时，十二先令所含的银，约等于今日英币二十四先令。这样，按这账单，公牛皮每张价格，折合银量，就等于今币四又五分之四先令。它的名义价格，远较现今为低，但当时十二先令，按每夸特六先令八便士计算，可购小麦十八又五分之四蒲式耳。而同量小麦，在现今按每蒲式耳三先令六便士计算，却要值三十一先令四便士。因此，当时公牛皮一张，所能购得的小麦量，现在需要十先令三便士才能购得。即其真实价值，等于今币十先令三便士。当时家畜一入冬令，即不免陷于半饥饿状态，我们不能设想其躯体是肥大的，重量四英石即常衡十六磅一张的公牛皮，在今日视为中等牛皮，在往时恐要视为上等牛皮。据我所见，每英石半克朗，实为今日(1773 年 2 月)牛皮的普通价格，按这价格，这重四英石的牛皮一张，不过值今币十先令。因此，就公牛皮的名义价格而言，今日较当时为高，但就真实价格而言，即就所能购买或支配的食品真实量而言，今日实较古时为低。如上述账单所示，母牛皮价格对公牛皮价格，大抵常保有普通比例。羊皮价格大大超过这普通比例。羊皮也许和羊毛一起卖掉。反之，小牛皮价格大大低于这比例。在家畜价格非常低廉的国家中，不是为着延续畜种而饲养的小牛，一般都在幼时扑杀。二三十年前的苏格兰，就是这样。小牛价格通常不够偿还它所消费的牛乳价格。所以，扑杀小牛可节省牛乳。小牛的皮的价格因此很低。

生皮价格，现在比几年前远为低廉。此中原因大约不外海豹皮的关税撤废了，1769 年又许爱尔兰及其他殖民地的生皮得于一定年限内无税输入。不过，就现在全世纪平均来看，生皮的真实价格大概比古时略高。此种商品的性质，和羊毛比较，就更不宜于输送远方。其保存所易蒙受的损害,亦较羊毛为大。若以盐腌渍,则以品质不如新鲜生皮,其售价将更低。这种情形,必定会使生皮的价格在自己国内精制的国家高,不在自己国内精制而向外国输出的国家低。在野蛮国家低,在进步的工业国高。在现代高,在古代低。加之,英国制革业,并不能像毛织业那样,使人相信这种制造业的繁荣,为国家安全所系,因而像后者那样受到国人的爱护。固然,生皮的输出被禁止了,且被宣告是一种有害行为,但由海外输入的生皮,却已课税。由爱尔兰及各殖民地输入的生皮关税,虽经一度废除(仅五年),可是,爱尔兰剩余的生皮,即不在爱尔兰自己境内精制的生皮,也不一定要在不列颠境内销售。至于各殖民地普通家畜生皮,不过数年以前,才列入只许在母国贩卖、不得向他处贩卖的商品项目中。爱尔兰在这一方面,也不曾像羊毛那样,为了要维持不列颠制造业而受到压迫。

在进步和有文化的国家里,不论何种规定,如果立意在于减低兽毛价格或兽皮价格,就必有提高兽肉价格的倾向。农民在良好土地上饲养的牲畜,其价格必须足够付给地主以他有理由希望能得自良好土地的地租以及付给农民以他有理由希望能得自此种土地的普通利润,否则他们就将不再饲养。因此两者不取偿于牲畜的皮毛,即取偿于牲畜的肉。所取于皮毛的愈少,则所取于肉的必愈多,所取于肉的愈少,则所取于皮毛的必愈多。地主只要获取地租,农业家只要获取利润,至于毛、皮、肉的价格,各在一头牲畜的全部价格中所占比例如何,那是他们不暇计及的。由此看来,在改良及耕作发达国家,地主和农业家绝不会因此等规定而受到大的影响,不过由于肉价的上涨,他们在消费者立场上受些不利罢了。

但是，在社会未改进、田野未开辟的国家，情形则完全两样。此等国家，大部分土地都用来畜牧，畜牧而外，无其他用途。而牲畜价格的主要部分，又全由毛、皮构成，肉不过占极少的部分。在此种场合，他们以地主和农业家的资格说，就将大受上述规定的影响。但他们以消费者资格说，则所受影响极为有限。因为在此种场合，毛、皮价格的跌落，并不会招致肉价的提高。因为，该国大部分土地，除饲养牲畜外，即无其他用途，所以，即使毛、皮跌落，也只好继续饲养同数牲畜。家畜肉将仍以同一数量提供市场，家畜肉的需求不会较前加大，因此，家畜肉的价格也不会较前加大。肉价保持原状，毛价比较跌落，于是，牲畜的全部价格就下落，接着，以牲畜为主要产物的一切土地（即该国大部分土地）的地租和利润亦因而下落。因此，永久禁止羊毛输出的规定（这种规定，通常说是爱德华三世制定的，实则不然），在当时的情形下，实为最有害的规定。其实行不但使国家大部分土地的真实价值降低，且使最重要的小牲畜的价格跌落，因而在很大程度上推迟土地的此后的改进。

苏格兰自与英格兰合并后，其羊毛价格显著下落。因为苏格兰羊毛自合并时起即与欧洲大市场绝缘，而局限于不列颠小市场中。如果不是家畜肉价格的上升充分补偿了羊毛价格的下落，那么，苏格兰南部各郡主要用于养羊业的大部分土地的价格，必深受这次合并的影响。

人类对于增加羊毛产量生皮产量的努力的功效，就其要依靠本国牲畜的产量说，必定是有一定限制的，就其要依靠外国牲畜的产量说，又必定是无把握的。就后一层说，与其说要依靠外国出产的羊毛和生皮的数量，倒不如说要依靠外国不自行加工的羊毛和生皮的数量。同时，外国对于此等原生产物的输出，是否认为应加以限制，亦对上述努力的实效有影响。凡此均非本国操业者所得自主，所以，人类勤劳在这方面所得的实效，不但受有限制，并且是不确定的。

人类勤劳增加羊毛、生皮所收的效果如此，人类勤劳增加另一种极重要原生产物即鱼的上市量所收的效果也如此。这方面的努力，势必受当地地理位置的限制。距离海洋远近，内地江河湖沼多少，此等海洋江河湖沼产出量是否丰富，这些都很有关系。当人口增多，该国土地和劳动年产物增多的时候，鱼的购买者必增多。而且，这些购买者，拥有更大量各种其他货物，或换句话说，拥有更大量各种其他货物的代价来作购买。但是，为供应此扩大了的市场，所投下的劳动量，如不增多到超过市场扩大的比例，那就不能满足这扩大了的需要。例如，每年原来只需要一千吨鱼的市场，如扩大到需要一万吨鱼，那么，为供给此市场而增加的劳动量，非超过十倍，就不能满足这需要。因为在此场合，鱼类大都要取自较远地方，使用的渔船，一定要较大，用以捕鱼的工具，一定价格较高。因此，这种商品的真实价格，自然会随改良增进而上升，我相信，各国的鱼价，都或多或少地上升了。

捕鱼一日能得多少，虽难于确定，然若就一年或数年说，则在一定地方情况下，我们认为，人类捕鱼努力的一般功效，是相当确定的，而实际情况，也是如此。可是，由于这功效取决于一国财富及勤劳状态的少，取决于地理位置的多，所以，两个国家纵使改良进步的程度非常不同，在渔业上人类勤劳的功效，却可能相同；纵使改良进步的程度相同，这功效却可能大不相同。捕鱼的功效与改良状态的关系，很不确定。这种不确定，也是我在这里所要讨论的。

人类要增加由地中采出的各种矿物金属量，特别是比较昂贵的金石量，其勤劳功效，虽似乎没有限制，但完全不确定。

一国所有贵金属量的多寡，并不受该国地理情况如矿山肥瘠的限制。没有矿山的国家，往往拥有大量贵金属。无论什么国家，其所拥有的贵金属的多寡，取决于以下两种情况。第一，取决于该国的购买力，取决于其产业状态，取决于其土地和劳动的年产物。因为这些因素决定它所能用以开采本国矿山的金银或购买他国矿山的金银这一类非必要品的劳动与食品的量是多还是少。第二，取决于在一定期间内以金银供给世界商场的矿山的肥瘠程度。因为金银输送容易，运费低廉，而且体积小价值大，所以，即使离矿山很远的国家，其金银量，也要多少受这种矿山肥瘠的影响。中国、印度的金银量，曾多少受美洲各矿山丰饶的影响。

就一国金银量须取决于上述两情况的前一情况（购买力）来说，金银的真实价格，与其他一切奢侈品、非必要品的真实价格一样，多半随该国财富及改良的增进而上升，随该国的贫困与不振而下降。因为，持有多量剩余劳动与食品的国家，和只持有少量剩余劳动与食品的国家比较，在购买一定数量金银时，一定能支付较大数量的劳动与食品。

就一国金银量取决于上述两情况的后一情况（以金银供给世界商场的各矿山的肥瘠情况）来说，金银的真实价格，换言之，它们所能购买所能交换的劳动量和食品量，必按照那矿山丰饶贫瘠情况的比例而或多或少地升降。

但很明显，在一定时期内以金银供给世界的矿山，究竟是丰饶，或是贫瘠，与一特定国家的产业状态大抵没有何等关系，而且与一般世界的产业状态，似乎也没有何等必然的关系。固然，在技艺与贸易逐渐向世界更广的地面扩展，而矿山的探索也随着向更广的地面扩大的场合，新矿山发现的机会，必比其探索只限于比较狭窄地区的时候来得大。但在旧矿山渐次掘尽的时候，能否发现新矿山是极无把握的事，绝非人类技巧和勤劳所能保证。不是实际发现，不是采掘成功，不能确定新矿山的价值，甚至不能确定新矿山的存在。一切迹象都不可靠，这是世所公认的。在进行探索新矿山的时候，人类勤劳成功或不成功的可能性，似乎同是无限大的。今后一二世纪中，也许能发现较以前更为丰饶的新矿山，而那时候现在最多产的矿山，将比美洲各矿山发现以前的任何矿山还要显得贫瘠，这也是可能有的事。无论这两者中哪一个实现，对于世界的真实财富和繁荣，换言之，对于土地和劳动的年产物的真实价值，是无关重要的。这年产物的名义价值，换言之，表明或代表这年产物的金银量，无疑会有极大的差异，可是，其真实价值，换言之，其所能购买所能支配的真实劳动量，却完全一样。在前一场合，一先令可能只代表今日一便士所能代表的同量劳动。在后一场合，一便士可能代表今日一先令所代表的同量劳动。但在前一场合，持有一先令的人，并不见得比今日持有一便士的人富，在后一场合，持有一便士的人，也并不比今日持有一先令的人穷。人类从前一场合所享得的唯一利益，是金银器皿的低廉与繁多，人类从后一场合蒙受的唯一不利，只是这类不关重要的非必需品的昂贵与稀少。

关于银价变动的结论

搜集古代商品货币价格的作家,大都以谷物及一般物品货币价格的低廉,换言之,大都以金银价值的昂贵,不仅作为此等金属不足的证据,而且作为当时一般国家贫乏野蛮的证据。这种概念,是和那以一国富裕由于金银丰饶、一国贫乏由于金银不足的经济学体系分不开的。关于此种经济学体系,我将于第四篇加以充分的说明,在此仅论以下事实,即金银价值的昂贵,仅可证明以此类金属供给世界商场的各矿山的贫瘠,绝不能证明金银昂贵国家的贫穷与野蛮。贫国不能像富国购买那么多的金银,也不能对于金银支付那么高的价格。所以,此等金属的价值,在贫国绝不会比富国更高。中国比欧洲任何国家都富得多,但贵金属价值在中国,却比欧洲各国高得多。固然,欧洲的财富,自美洲矿山发现以来,已大有增加,同时金银价值亦逐渐低落。但这种价值的下落,并非起因于欧洲真实财富的增加,或其土地和劳动的年产物的增加,而是起因于旷古未有的丰饶矿山的偶然发现。欧洲金银量的增加与制造业及农业的发达,虽然是发生在几乎同一个时期,但其原因却非常不相同,两者相互间简直没有何等自然关系。金银量的增加,事出偶然,与任何深虑、任何政策无关,而且深虑与政策,亦无能为力。制造业及农业的发达,则是起因于封建制度的崩溃与新政府的成立。后者对于产业,给予了它所需求的唯一奖励,即相当保证了各人得享受各人劳动的果实。封建制度至今依旧残存的波兰,其贫乏状况差不多和美洲发现以前无异。然而在波兰,也像在欧洲其他各地一样，谷物的货币价格腾贵了，金银的真实价值下落了。可知在波兰，贵金属也像在他国一样，数量增加了，其增加的数量，就其对该国土地和劳动的年产物的比例来说，也和他国相似。可是，这种贵金属的增加，似乎并不曾增加该国的年产物，不曾增进其制造业及农业，也不曾改善其居民的境遇。西班牙和葡萄牙二国，在美洲拥有许多矿山，但在欧洲各国中，恐怕它们是仅次于波兰的两个最贫国家了。可是，贵金属的价值，在西班牙和葡萄牙，却一定比欧洲其他地方低，因为，贵金属是这两国运往欧洲各地的，不但要附加运费和保险费，而且由于这两国金银的输出，或被禁止或需缴纳重税，还要付走私费用。所以，就其对土地和劳动的年产物的比例说，贵金属量在这两国一定比欧洲其他各国多。然而，它们却比欧洲其他各国贫。它们虽已废除了封建制度，但代兴的并不是更好的制度。

正如金银价值的低落，并不能证明一国的富裕繁荣，金银价值的腾贵，换言之，谷物及一般物品货币价格的低落，也不能证明一国的贫困、野蛮。

不过，一国的贫困、野蛮，虽不能取证于谷物的低贱，却可十之八九取证于家畜、家禽、一切野生鸟兽这类东西的货币价格比谷物的货币价格来得低这个事实。这类东西货币价格的低贱，明显地证明了以下两个事实：第一，此等产物的繁多程度，大于谷物，可知畜牧荒地所占的面积，较谷物耕地大得多；第二，畜牧荒地的地价，较谷物耕地的地价低廉，可知该国大部分土地还未加以耕作和改良。此二者证明，这种国家的资财和人口，对其土地面积所持的比例，与普通文明国不同，从而证明其社会状态尚在幼稚阶段。总之，我们由一般货物尤其是谷物的货币价格的高低所能推断的，只是那时候以金银供给世界商场的各矿山的肥瘠，绝不能据以推断该国的贫富。但是，我们从某些种类货物的货币价格与其他货物的货币价格对比的高低，却可几乎完全准确地推断，该国是富裕，或是贫困；其大部分土地，是否改良；其社会状态，是接近野蛮，还是接近文明。

物品货币价格腾贵的原因，如全是由于银价跌落，则一切货物所受影响，一定相同。即银价若较前减少三分之一、四分之一或五分之一，所有一切货物价格，亦必相应地普遍抬高三分之一、四分之一或五分之一。但是，人们当作问题议论纷纭的各种食品价格的腾贵，其程度却参差不一。就现世纪平均来看，人们公认，即使那些以银价腾贵来说明谷价腾贵的人也承认，谷价上升率比其他食品价格上升率小得多。由此可知，后者价格的腾贵，绝不能完全归因于银价跌落，我们必须考虑其他原因。以上所提出的原因，也许已可充分说明，为什么这些食品价格涨得比谷物大，而无须求助于银价跌落的假设。

单就谷物说，在现世纪最初六十四年间，及最近异常不良季节以前，其价格较前世纪最后六十四年间略低。此种事实，不但英国温莎市场价格表证明其属实，即苏格兰各郡公定谷价调查表，以及法国麦桑斯和杜普雷·德·圣莫尔二氏所精勤搜集的许多市场账簿，亦证明其属实。此种实证，原极繁琐难稽，现在所得，可算是超出人们所期望的那么完备了。

至于最近十年或十二年的谷物高价，可由季节不良充分说明，不必想到银价跌落这个事实。

因此，银价在不断跌落的见解，实无何等确凿的根据。既不根据对谷价的观察，也不根据对其他食品价格的观察。

或许有人说：同量银在今日所能购得的某种食品量，即使照上面的叙述，亦远较前世纪所能购得的该种食品量为少。他们还说，确定这个变化究竟是由于该货物价值的上涨，还是由于银价的下落，即使确定了，也不过是确定一种徒然的、无益的区别，对一个只携带一定量白银去做买卖或只有一定量货币收入的人，并无帮助。我当然不敢说，知道这个区别就能以较廉的价格购到货物。但这种区别绝不能因此便说是全无所用。

一国的繁荣状态，可由此区别，得到一平易的佐证。所以这区别的确定，对于大众当不无助益。某种食品价格的腾贵，若是由于银价的下落，那是由于这样一种情况，从它所能推得的，只是美洲矿山的丰饶。尽管有了这种情况，真实财富即土地和劳动的年产物就会日渐衰微，像葡萄牙、波兰那样，或者日渐增加，像欧洲其他大部分地方那样。但这些食品价格的腾贵，若是由于生产该食品的土地的真实价值的增大，即该土地产出力的增长，或由于土地耕作的改善和改良的扩展，由于土地更适于谷物生产，那我们就可以坚决地断定，该国是在繁荣进步。土地乃是一切大国的国家财富中最大的、最重要的、最持久的部分。此种区别，对于此最大、最重要、最持久部分的价值有否增加，既能提供决定性的证据，那无疑不能说对公众毫无助益，至少能给予公众以若干满足。

不但如此，在规定某些下级雇员的报酬时，此区别对公众也有若干助益。若某种食品价格的腾贵，是由于银价的下落，则此等雇员的金银报酬（假定以前并未失之过高），便应按此下落的比例予以增加。否则其真实报酬，将依这同一比例减少。但食物价格的腾贵，如果是由于该食物价值随着生产它们的土地的产出力的改善而增加，那么，要按什么比例来抬高他们的金钱报酬，或者要否抬高，其判定就成为一个极微妙的问题。我相信，改良及耕作的扩张，既一定会使一切动物性食物与谷物对比的价格或多或少地提高，它也一定会使一切植物性食物和谷物对比的价格或多或少地下落。它必能使动物性食物价格上涨，因为生产此食物的大部分土地，既已改良而适于谷物的生产，就得对地主和农业家提供谷田的地租和利润。它必能使植物性食物的价格下跌，因为由于增加了土地的产出力，这种食物的产量必更为丰足。而且，农业的改良使许多植物性食物能以更廉的（因为所需土地与劳动比谷物少）价格上市。如马铃薯，如玉米即所谓印度玉蜀黍，都属于此类。此两者为欧洲农业，或者说欧洲本身，由于通商及航海大发展而得到的二大改良。此外，在农业幼稚状态下，许多植物性食物，其栽种仅局限于菜园中，所用器具仅为锄。到了农业改进，这些植物就开始在一般农场栽植，并以耕犁从事栽植。如芜菁、胡萝卜、卷心菜等，都属于此类。因此，在社会改良的进程中，如果某一种食品的真实价格必因而腾贵，那么，另一种食品的真实价格，就必因而跌落。在此场合，要判定前者的涨价，在什么程度上能由后者的跌价来抵偿，那是更微妙的问题。家畜肉价格一旦涨到极点（除猪肉外，一切家畜肉在英格兰大部分地方，似乎已于一世纪前，达到了极点），此后其他各种动物性食物价格，无论如何腾贵，对一般下层阶级人民的境遇，是不会有大影响的。英格兰大部分贫民境遇必不致因家禽、鱼类、野禽或鹿肉价格的腾贵而陷于大困苦，因为马铃薯的跌价定可给予一定的补救。

当现今食物缺乏时，谷价昂贵，无疑会使一般贫民受苦。但在普通丰年，谷物以普通价格或平均价格出售时，他种原生产物价格的自然上升，不会使贫民感到大痛苦。食盐、肥皂、皮革、麦芽、麦酒等制造品价格因课税而发生的人为的上涨，也许会引起他们更大的痛苦。

改良的进展对于制造品真实价格的影响

但是，改良会自然而然地产生逐渐降低一切制造品真实价格的结果。随着改良，一切制造业的费用，大概都会逐渐减低，没有例外。机械的改善，技巧的进步，作业上更妥当的分工，无一非改良所致，亦无一不使任何作业所需的劳动量大减。诚然，社会状态，日益繁荣，劳动的真实价格，必大大增高，但必要劳动量的大减少，一般足以补偿劳动价格的增高而有余。

固然，有些制造品，从改良上所得的一切利益，还不足以抵偿其原料真实价格的增高。在许多木器的制作，能从最好机器、最大技巧及最完善分工得到的一切利益，恐怕还抵不过木材真实价格由于土地改良而发生的上涨。

但是，在原料的真实价格没有增高或增高有限的场合，制造品的真实价格，一定会大大低落。

近两世纪，物价跌落最显著的要算那些以贱金属为原料的制造品了。前世纪中叶需二十余镑才能购得的手表，现在恐怕有二十先令就可购得。刀匠铁匠所制成的物品，各种铜铁玩具，以及以伯明翰出品设菲尔德出品著称的一切货物，其价格跌落的程度，虽然没有像表价那么大，但也足使欧洲其他各地工人惊倒。他们在许多场合承认，即使以两倍甚至三倍的价格，还不能制出同样优良的产品。也许以贱金属为材料的这种种制造业，比一切其他制造业都更适宜于进行分工，更可进行机械改良。其制造品价格的特别低廉，当无足怪。

在近两世纪中，毛织业制造品，没有何等显著的跌价。反之，最上等毛织物价格，在这二十五年乃至三十年间，和其品质比较，却上涨了一些。据说，这是因为西班牙羊毛贵了好多。又有人说，完全由英格兰羊毛制成的约克州毛织物的价格，就其品质说，在现世纪中，已跌落了好些。但是品质的好坏，大有争辩的余地。所以这种说法，我都认为未必确实。毛织业上的分工状况，今日和百年前大致相同。其使用的机械，亦无大变动。但这两方面可能都有小小改良，使毛织物价格跌落若干。

但是，我们如把此种制造品的现在价格和更远的十五世纪末叶价格比较，则其跌价就显得明确得多。那时分工程度，远不及今日精细，使用的机器，亦远较今日不完备。

1487 年即亨利七世第四年曾颁布以下法令："最上等赤呢或最上等花呢一码，零售不得超过十六先令，违者每码课罚金四十先令。"依此推断，含银量约与今币二十四先令相等的十六先令，当时看做是上等呢一码的合理价格。当时颁布此法令，意在取缔奢侈，可知普通售价必在十六先令以上。每码一几尼在今日可看做此等织物的最高价格。这样说来，即使假定品质相等，最上等呢的货币价格，自十五世纪末叶以来，亦显有跌落，何况今日最上等呢的质量，可能比当时好得多。至于它的真实价格，则跌落更大。六先令八便士，为当时及此后许久小麦每夸特的平均价格，所以十六先令就是小麦二夸特三蒲式耳多的价格。现在小麦一夸特如评价为二十八先令，则当时最上等呢一码的真实价格，至少必等于现在英币三镑六先令六便士。当时购买这种呢一码的人，必须支付今日三镑六先令六便士所能支配的劳动量与食品量。粗呢的真实价格，虽亦显有跌落，但其跌落程度，没有上等呢那么大。

1463 年即爱德华四世第三年颁布的法令，限定农业雇工、普通工人、市外或郊外居住的一切工匠所雇用的雇工，都不得穿用每码二先令以上的呢。当时二先令，约含有今币四先令同量的银。但是，现在每码值四先令的约克呢，恐怕比当时最苦雇工穿用的呢好得多。所以，这些人所穿衣物的货币价格，就其品质说，现在亦比当时低廉。至其真实价格，那是更比当时低廉了。小麦每蒲式耳十便士，当时看做适中合理的价格。所以，二先令，就是当时小麦约二蒲式耳二配克的合理价格。按每蒲式耳合三先令六便士计，现在二蒲式耳二配克小麦，要值八先令九便士。当时贫困雇工，每购这种呢一码，所须舍弃的购买力，相当于今日八先令九便士所能购得的食品量。但是，这法令也旨在取缔贫民的奢侈与浪费。可知当时贫民通常所穿的衣着，比现在昂贵得多。

这法令，又禁这阶级人民，不得穿用每双价格超过十四便士(约等于今币二十便士)的长袜。当时十四便士，约为小麦一蒲式耳二配克的价格，以每蒲式耳三先令六便士计，现在一蒲式耳二配克小麦要卖五先令三便士。在我们今日看来，长袜一双值五先令三便士，对最穷最贱的雇工是贵到极点的价格，然而，当时下级雇工，必须对长袜支付等于这数目的价格。

在爱德华四世时代，欧洲各地大概没有一地方知道织袜技术。当时所穿长袜，都是由普通布匹制成。而这也许是其昂贵原因之一。英格兰最先穿袜的，据说是女王伊丽莎白，她的袜，是由西班牙大使奉赠的。

往时精粗毛织业所用机械，都远不及今日完备。这些机械近数百年来，曾经过三次大改良，此外还有多次小改良，其次数和重要性，现难于确定。三次主要改良如下：第一，以纺条纺锤代替纺轮，其结果，同量劳动，能成就二倍以上的工作。第二，使用若干精妙机械，大大便利和节省绒线毛线的卷绕或经纬线在上机前的安排，这种工作在此等机械未发明前，极其累赘困难。第三，采用漂布机浆洗，代替以往布脱机后入水践踏使布密致的方法。在十六世纪初期，英格兰各地尚不知水车风车。即使阿尔卑斯山以北的欧洲各国，亦是如此。唯有意大利一国，比这早一些时候采用此等机械。

此等情况，也许可在一定程度上说明往时精粗毛织品，何以较现在昂贵。往时，此等货物上市，要费去更多劳动，所以上市后，必须交换更大量劳动的价格。

英格兰往时制造粗毛织品的方法，与今日工业幼稚国所用的相同，它大概是一种家庭制造业，其工作的各部分，差不多每一个家庭的每一个成员，都偶尔担当过。但他们通常只在没有其他工作可做时才做这工作，这工作并不是他们大部分生活资料所仰给的来源。劳动者当作副业制成的物品，其价格总比其生活费完全或大部分取资的制品的价格低得多，那是我们在前面已经说过的。

至于精毛织品，那时候英格兰尚无制造，而是仰给于商务繁盛的弗兰德。那时候，该地制造这种毛织品的人，大概也像现在一样，以这工作取给其全部或大部分生活费。此外，当时弗兰德制品，是一种外货。对国王须缴纳若干赋税，至少，亦得缴纳往时通行的吨税和磅税。这些税大概不很高，当时欧洲国家的政策，不在于设高关税以限制外国制品输入，却宁愿奖励商人，使能廉价输入豪绅显贵所希求的本国不能自制的便利品和奢侈品。

此等情况，也许可在某种程度上说明，粗制品的真实价格，与精制品真实价格相比，何以昔时远低于今日。

本章的结论

我在此将以下述议论，结束这冗长的一章。即一切社会状况的改良，都有一种倾向，直接或间接使土地的真实地租上升，使地主的真实财富增大，使地主对他人的劳动或劳动生产物有更大的购买力。

改良及耕作的扩大，可直接抬高土地的真实地租。地主所得那一份生产物，必然随全部生产物的增加而增加。

土地原生产物中，有一部分的真实价格的腾贵，最初是土地改良和耕作扩大的结果，接着，又是促进土地改良和耕作扩大的原因。例如，牲畜价格的腾贵，会直接而且以更大比例，提高土地地租。地主所得部分的真实价值，换言之，他支配他人劳动的能力，会随土地生产物真实价值的提高而增大，而他在全部生产物中所分的比例亦会随之增大。这种生产物，在其真实价值增高以后，并不需要使用比以前多的劳动量来取得它。因此，在土地全部生产物中，只须以一较小部分来补偿雇佣劳动的资本及支付普通的利润。由是就有较大部分归地主所有。

劳动生产力的增进，如果能直接使制造品真实价格低落，亦必能间接提高土地的真实地租。地主通常把他消费不了的原生产物或剩余原生产物的价格，去交换制造品。凡减低制造品真实价格的事物，无不提高原生产物的真实价格。因为，同量的原生产物，这时候可换得更多的制造品。于是，地主便能购买更多的他所需要的便利品、装饰品和奢侈品。

社会真实财富的增加，社会所雇用的有用劳动量的增加，都有间接提高土地真实地租的倾向。这种劳动量，自然有一定部分流向土地方面。土地上将有更多的人和牲畜从事耕作。土地生产物将随所投资本的增加而增加，而地租又随生产物的增加而增加。

至于和上述相反的情况，例如对耕作及改良的忽视，某种土地原生产物真实价格的低落，由于制造技术退步和产业凋敝而发生的制造品真实价格的腾贵，以及社会真实财富的衰落等等，都倾向于减低土地的真实地租，减少地主的真实财富，使地主对于他人的劳动或劳动生产物，只有较小的购买力。

上面已经说过，一国土地和劳动的全部年产物，或者说，年产物的全部价格，自然分解为土地地租、劳动工资和资本利润三部分。这三部分，构成三个阶级人民的收入，即以地租为生、以工资为生和以利润为生这三种人的收入。此三阶级，构成文明社会的三大主要和基本阶级。一切其他阶级的收入，归根结底，都来自这三大阶级的收入。

由此可见，这三大阶级中，第一阶级即地主阶级的利益，是和社会一般利益密切相关，不可分离的。凡是促进社会一般利益的，亦必促进地主利益，凡是妨害社会一般利益的，亦必妨害地主利益。地主在关于商业及政治问题的公众集议上，为本阶级的利益打算，绝不会贻误国家，至少，在他们对本阶级利益具有相当知识的场合是如此。但实际上，他们往往缺乏这种知识。他们在上述三阶级中，算是一个特殊阶级。他们不用劳力，不用劳心，更用不着任何计划与打算，就自然可以取得收入。这一阶级所处的安乐稳定地位，使他们自然流于懒惰。懒惰不但使他们无知，并使他们不能用脑筋来预测和了解一切国家规章的后果。

第二阶级即靠工资过活的阶级的利益，也同样与社会利益密切相关。如前所述，劳动工资最高的时候，就是对劳动的需求不断增加、所雇劳动量逐年显著增加的时候。当社会的真实财富处于不增不减的状态时，劳动者的工资马上就会低落，只够他们赡养家庭，维持种类。当社会衰退时，其工资甚至会降低到这一限度以下。劳动者在繁荣社会中不能享得地主阶级那样大的利益，在衰退的社会中却要蒙受任何阶级所经验不到的痛苦。但是，劳动者的利益，虽与社会一般利益密切相关，但他们没有了解一般社会利益的能力，更没有能力理解本身利益与社会利益的关系。他们的状况，不能让他们有接受各方必要消息的时间，即使有此时间，他们的教育和习惯，也不能使他们对任何消息作出适当的判断。因此，在公众集议时，只在特殊场合，即在雇主为着自己的特殊目的，而不是为着劳动者的利益，出来鼓动并支持劳动者发言的场合，劳动者才发表意见。此外，劳动者能发言的，很不多见，其议论受到尊敬的，更为少闻。

劳动者的雇主即靠利润为生的人，构成第三个阶级。推动社会大部分有用劳动活动的，正是为追求利润而使用的资本。资本使用者的规划和设计，支配指导着劳动者的一切最重要动作。但他们这一切规划和设计，都是以利润为目标。利润率不像地租和工资那样，随社会繁荣而上升，随社会衰退而下降。反之，它在富国自然低，在贫国自然高，而在迅速趋于没落的国家最高。因此，这一阶级的利益与一般社会利益的关系，就和其他两阶级不同。在这一阶级中，商人和制造业者通常是使用资本最大的两阶层。因为他们最富裕，所以最为社会所尊敬。他们终日从事规划与设计，自比大部分乡绅具有更敏锐的理解力。可是，因为他们通常为自己特殊事业的利益打算，而不为社会一般利益打算，所以，他们的判断，即使在最为公平（不总是如此）的场合，也是取决于关于前者的考虑，而很少取决于关于后者的考虑。他们比乡绅高明，与其说是由于他们更理解公众利益，倒不如说是由于他们更理解自身的特殊利益。由于这种比较优越的理解，他们往往利用乡绅的宽宏施行欺骗手段，使他老老实实地相信，他自身的利益不是公众利益，唯有他们的利益才是公众利益，并使他仅仅凭了这单纯而诚笃的信念，舍弃自己的利益和公众的利益，去迁就他们。其实，不论在哪一种商业或制造业上，商人的利益在若干方面往往和公众利益不同，有时甚或相反。扩张市场，缩小竞争，无疑是一般商人的利益。可是前者虽然往往对于公众有利，后者却总是和公众利益相反。缩小竞争，只会使商人的利润提高到自然的程度以上，而其余市民却为了他们的利益而承受不合理的负担。因此，这一阶级所建议的任何新商业法规，都应当十分小心地加以考察。非小心翼翼地、抱着怀疑态度作了长期的仔细检查以后，绝不应随便采用。因为他们这般人的利益，从来不是和公众利益完全一致。一般地说，他们的利益，在于欺骗公众，甚至在于压迫公众。事实上，公众亦常为他们所欺骗所压迫。

年　　度	各年度小麦每夸特的价格			同一年度各种价格的平均			换算为现币后各年度的平均价格		
	镑	先令	便士	镑	先令	便士	镑	先令	便士
1202	0	12	0		..	..	1	16	0
1205	0 0 0	12 13 15	0 4 0	0	13	5	2	0	3
1223	0	12	0		..	..	1	16	0
1237	0	3	4		..	..	0	10	0
1243	0	2	0		..	..	0	6	0
1244	0	2	0		..	..	0	6	0
1246	0	16	0		..	..	2	8	0
1247	0	13	4		..	..	2	0	0
1257	1	4	0		..	..	3	12	0
1258	1 0 0	0 15 16	0 0 0	0	17	0	2	11	0
1270	4 6	16 8	0 0	5	12	0	16	16	0
1286	0 0	2 16	8 0	0	9	4	1	8	0
合　　计							35	9	3
平均价格							2	19	1¼

年度	各年度小麦每夸特的价格			同一年度各种价格的平均			换算为现币后各年度的平均价格		
	镑	先令	便士	镑	先令	便士	镑	先令	便士
1287	0	3	4	··	··		0	10	0
	0	0	8						
	0	1	0						
	0	1	4						
1288	0	1	6	0	3	¼	0	9	¾
	0	1	8						
	0	2	0						
	0	3	4						
	0	9	4						
	0	12	0						
	0	6	0						
1289	0	2	0	0	10	1½	1	10	4½
	0	10	8						
	1	0	0						
1290	0	16	0	··	··		2	8	0
1294	0	16	0	··	··		2	8	0
1302	0	4	0	··	··		0	12	0
1309	0	7	2	··	··		1	1	6
1315	1	0	0	··	··		3	0	0
	1	0	0						
1316	1	10	0	1	10	6	4	11	6
	1	12	0						
	2	0	0						
	2	4	0						
	0	14	0						
1317	2	13	0	1	19	6	5	18	6
	4	0	0						
	0	6	8						
1336	0	2	0	··	··		0	6	0
1338	0	3	4	··	··		0	10	0
合计							23	4	11¼
平均价格							1	18	8

年　　度	各年度小麦每夸特的价格			同一年度各种价格的平均			换算为现币后各年度的平均价格		
	镑	先令	便士	镑	先令	便士	镑	先令	便士
1339	0	9	0	‥	‥		1	7	0
1349	0	2	0	‥	‥		0	5	2
1359	1	6	8	‥	‥		3	2	2
1361	0	2	0	‥	‥		0	4	8
1363	0	15	0	‥	‥		1	15	0
1369	1 1	0 4	0 0	1	2	0	2	9	4
1379	0	4	0	‥	‥		0	9	4
1387	0	2	0	‥	‥		0	4	8
1390	0 0 0	13 14 16	4 0 0	0	14	5	1	13	7
1401	0	16	0	‥	‥		1	17	4
1407	0 0	4 3	4¾ 4	0	3	10	0	8	11
1416	0	16	0	‥	‥		1	12	0
合　　计							15	9	4
平均价格							1	5	9⅓

年　　度	各年度小麦每夸特的价格			同一年度各种价格的平均			换算为现币后各年度的平均价格		
	镑	先令	便士	镑	先令	便士	镑	先令	便士
1423	0	8	0	‥	‥		0	16	0
1425	0	4	0	‥	‥		0	8	0
1434	1	6	8	‥	‥		2	13	4
1435	0	5	4	‥	‥		0	10	8
1439	1 1	0 6	0 8	1	3	4	2	6	8
1440	1	4	0	‥	‥		2	8	0
1444	0 0	4 4	4 0	0	4	2	0	8	4
1445	0	4	6	‥	‥		0	9	0
1447	0	8	0	‥	‥		0	16	0
1448	0	6	8	‥	‥		0	13	4
1449	0	5	0	‥	‥		0	10	0
1451	0	8	0	‥	‥		0	16	0
合　　计							12	15	4
平均价格							1	1	3½

年　　度	各年度小麦每夸特的价格			同一年度各种价格的平均			换算为现币后各年度的平均价格		
	镑	先令	便士	镑	先令	便士	镑	先令	便士
1453	0	5	4		··	··	0	10	8
1455	0	1	2		··	··	0	2	4
1457	0	7	8		··	··	0	15	4
1459	0	5	0		··	··	0	10	0
1460	0	8	0		··	··	0	16	0
1463	0 0	2 1	0 8	0	1	10	0	3	8
1464	0	6	8		··	··	0	10	0
1486	1	4	0		··	··	1	17	0
1491	0	14	8		··	··	1	2	0
1494	0	4	0		··	··	0	6	0
1495	0	3	4		··	··	0	5	0
1497	1	0	0		··	··	1	11	0
合　　计							8	9	0
平均价格							0	14	1

年　　度	各年度小麦每夸特的价格			同一年度各种价格的平均			换算为现币后各年度的平均价格		
	镑	先令	便士	镑	先令	便士	镑	先令	便士
1499	0	4	0		··	··	0	6	0
1504	0	5	8		··	··	0	8	6
1521	1	0	0		··	··	1	10	0
1551	0	8	0		··	··	0	2	0
1553	0	8	0		··	··	0	8	0
1554	0	8	0		··	··	0	8	0
1555	0	8	0		··	··	0	8	0
1556	0	8	0		··	··	0	8	0
1557	0 0 2 0	4 5 8 13	0 0 0 4	0	17	8½	0	17	8½
1558	0	8	0		··	··	0	8	0
1559	0	8	0		··	··	0	8	0
1560	0	8	0		··	··	0	8	0
合　　计							6	0	2½
平均价格							0	10	5/12

年　　度	各年度小麦每夸特的价格			同一年度各种价格的平均			换算为现币后各年度的平均价格		
	镑	先令	便士	镑	先令	便士	镑	先令	便士
1561	0	8	0		..	..	0	8	0
1562	0	8	0		..	..	0	8	0
1574	2 1	16 4	0 0	2	0	0	2	0	0
1587	3	4	0		..	..	3	4	0
1594	2	16	0		..	..	2	16	0
1595	2	13	0		..	..	2	13	0
1596	4	0	0		..	..	4	0	0
1597	5 4	4 0	0 0	4	12	0	4	12	0
1598	2	16	8		..	..	2	16	8
1599	1	19	2		..	..	1	19	2
1600	1	17	8		..	..	1	17	8
1601	1	14	10		..	..	1	14	10
合　　计							28	9	4
平均价格							2	7	5⅓

下列各表是温莎市场最上级或最贵小麦每夸特的价格。各年度的价格，是由 1595 年至 1764 年报喜节和米迦勒节这两日最高价格的中数。

年度	小麦一夸特的价格			年度	小麦一夸特的价格			年度	小麦一夸特的价格		
	镑	先令	便士		镑	先令	便士		镑	先令	便士
1595	2	0	0	1604	1	10	8	1613	2	8	8
1596	2	8	0	1605	1	15	10	1614	2	1	8½
1597	3	9	6	1606	1	13	0	1615	1	18	8
1598	2	16	8	1607	1	16	8	1616	2	0	4
1599	1	19	2	1608	2	16	8	1617	2	8	8
1600	1	17	8	1609	2	10	0	1618	2	6	8
1601	1	14	10	1610	1	15	10	1619	1	15	4
1602	1	9	4	1611	1	18	8	1620	1	10	4
1603	1	15	4	1612	2	2	4				
								二十六年合计	54	0	6½
								平均	2	1	6 9/13

年度	小麦一夸特的价格			年度	小麦一夸特的价格			年度	小麦一夸特的价格		
	镑	先令	便士		镑	先令	便士		镑	先令	便士
1621	1	10	4	1627	1	16	0	1633	2	18	0
1622	2	18	8	1628	1	8	0	1634	2	16	0
1623	2	12	0	1629	2	2	0	1635	2	16	0
1624	2	8	0	1630	3	15	8	1636	2	16	8
1625	2	12	0	1631	3	8	0				
1626	2	9	4	1632	2	13	4				
								十六年合计	40	0	0
								平均	2	10	0

年度	小麦一夸特的价格			年度	小麦一夸特的价格			年度	小麦一夸特的价格		
	镑	先令	便士		镑	先令	便士		镑	先令	便士
1637	2	13	0	1659	3	6	0	1681	2	6	8
1638	2	17	4	1660	2	16	6	1682	2	4	0
1639	2	4	10	1661	3	10	0	1683	2	0	0
1640	2	4	8	1662	3	14	0	1684	2	4	0
1641	2	8	0	1663	2	17	0	1685	2	6	8
1642①	0	0	0	1664	2	0	6	1686	1	14	0
1643①	0	0	0	1665	2	9	4	1687	1	5	2
1644①	0	0	0	1666	1	16	0	1688	2	6	0
1645①	0	0	0	1667	1	16	0	1689	1	10	0
1646	2	8	0	1668	2	0	0	1690	1	14	8
1647	3	13	8	1669	2	4	4	1691	1	14	0
1648	4	5	0	1670	2	1	8	1692	2	6	8
1649	4	0	0	1671	2	2	0	1693	3	7	8
1650	3	16	8	1672	2	1	0	1694	3	4	0
1651	3	13	4	1673	2	6	8	1695	2	13	0
1652	2	9	6	1674	3	8	8	1696	3	11	0
1653	1	15	6	1675	3	4	8	1697	3	0	0
1654	1	6	0	1676	1	18	0	1698	3	8	4
1655	1	13	4	1677	2	2	0	1699	3	4	0
1656	2	3	0	1678	2	19	0	1700	2	0	0
1657	2	6	8	1679	3	0	0				
1658	2	5	0	1680	2	5	0				
								六十四年合计	153	1	8
								平均	2	11	⅓

① 计算簿上缺。1646年的价格由弗利伍德补上。

年度	小麦一夸特的价格			年度	小麦一夸特的价格			年度	小麦一夸特的价格		
	镑	先令	便士		镑	先令	便士		镑	先令	便士
1701	1	17	8	1723	1	14	8	1745	1	7	6
1702	1	9	6	1724	1	17	0	1746	1	19	0
1703	1	16	0	1725	2	8	6	1747	1	14	10
1704	2	6	6	1726	2	6	0	1748	1	17	0
1705	1	10	0	1727	2	2	0	1749	1	17	0
1706	1	6	0	1728	2	14	6	1750	1	12	6
1707	1	8	6	1729	2	6	10	1751	1	18	6
1708	2	1	6	1730	2	16	6	1752	2	1	10
1709	3	18	6	1731	1	12	10	1753	2	4	8
1710	3	18	0	1732	1	6	8	1754	1	14	8
1711	2	14	0	1733	1	8	4	1755	1	13	10
1712	2	6	4	1734	1	18	10	1756	2	5	3
1713	2	11	0	1735	2	3	0	1757	3	0	0
1714	2	10	4	1736	2	0	4	1758	2	10	0
1715	2	3	0	1737	1	18	0	1759	1	19	10
1716	2	8	0	1738	1	15	6	1760	1	16	6
1717	2	5	8	1739	1	18	6	1761	1	10	3
1718	1	18	10	1740	2	10	8	1762	1	19	0
1719	1	15	0	1741	2	6	8	1763	2	0	9
1720	1	17	0	1742	1	14	0	1764	2	6	9
1721	1	17	6	1743	1	4	10				
1722	1	16	0	1744	1	4	10				
								六十四年合计	129	13	6
								平均	2	0	$6^{19}/_{32}$

年度	小麦一夸特的价格		
	镑	先令	便士
1731	1	12	10
1732	1	6	8
1733	1	8	4
1734	1	18	10
1735	2	3	0
1736	2	0	4
1737	1	18	0
1738	1	15	6
1739	1	18	6
1740	2	10	8
十年合计	18	12	8
平　均	1	17	3⅕

年度	小麦一夸特的价格		
	镑	先令	便士
1741	2	6	8
1742	2	14	0
1743	1	4	11
1744	1	4	10
1745	1	7	6
1746	1	19	0
1747	1	14	10
1748	1	17	0
1749	1	17	0
1750	1	12	6
十年合计	16	18	2
平　均	1	13	9⅘

第二篇

论资财的性质及其蓄积和用途

序　　论

在无分工,少交换,自己所需要的一切物品都由自己供给的原始社会状态下,要经营社会事业,无须预储资财。人人都力图依靠自己的劳动来满足自身随时发生的需要。饿了便到森林去打猎;衣服坏了,便剥兽类的皮革来穿;房屋破了,便就近伐取树枝草皮,尽其所能,加以修葺。

在彻底实行分工之后,一人自己劳动的产物,便仅能满足自身随时发生的需要的极小部分。其他大部分需要,必得仰赖他人劳动的产物来供给。这种产物必由购买而得。购买的手段即是他自己的产物,或者说,他自己产物的价格。但在购买以前,不仅自己劳动的产物要已经作成,还要已经卖掉,所以至少在这两件事情能够办到以前,必须先在某个地方储有各色各样的货物,足以维持他的生活,并提供材料和工具供他使用。例如织匠在织物尚未作成、尚未卖掉以前,要不是在自己手中或他人手中有所蓄积,足以维持他的生活,并给他提供材料和工具,他就织不出任何东西。很明显,这种储蓄非在他开始从事这项职业很久以前完成不可。

按照事物的本性,资财的蓄积,必须在分工以前。预蓄的资财愈丰裕,分工就能按比例地愈细密,而分工越细密,同一数量工人所能加工的材料,就能按更大的比例增加。每个工人所担任的操作，既渐趋简单，便有各种新机械发明使操作更为简便迅速。所以，当分工进步了的时候，雇用工人数目不变，所必须预先储有的食物供应，要和在分工没有这样进步时相同；而必须预先储蓄的材料和工具，却要比在分工没有这样进步时所需要的来得多。况且，一种行业分工越是细密，它的工人人数往往越是增加；更确切地说，使他们分工能够越来越细密的，就是他们人数的增加。

要这样大大改进劳动生产力，预蓄资财是绝对必要的。而这种蓄积，亦自然会导致这种改进。投资雇佣劳动的人，自然希望投资方法能够尽量产出最大量的产品。所以，对工人职务的分配，必努力期其适当；在能够发明或购买的限度内，他所备置的机械，必努力期其精良。但在这两方面，他的能力怎样，往往要看他能有多少资财，看他能雇多少工人。所以，在每一国家里，不仅产业的数量随着举办产业的资财的增加而增加，而且，由于资财增加的结果，同量产业所能生产的产品亦会大增。

我在本篇所要说明的是：资财的性质怎样？资财蓄积对各种资本的影响怎样？资本用途不同，其影响又是怎样？本篇共分五章。我们知道，一个人或一个大社会的资财，自然会分成几个部门，所以在第一章，我要说明什么是这些部门。我们把货币看做社会总资财的一个特殊部门，所以在第二章，我要讨论货币的性质和作用。积为资本的资财，或由所有者自己使用，或贷与他人使用，所以在第三章和第四章，我要就这两种情形加以讨论。第五章所要讨论的，是资本的不同用途，对国民产业量及土地和劳动的年产物量，会直接发生什么不同的影响。

第一章　论资财的划分

一人所有的资财，若仅足维持他数日或数周的生活，他很少会想从这笔资财取得收入。他将慎之又慎地消费它，并且希望在用完它之前，能依靠自身的劳动，取得一些东西来作补充。在这场合，他的收入完全来自他的劳动。各国贫穷劳动者大部分就是过这种生活。

他所有的资财，如足够维持他数月或数年的生活，他自然希望这笔资财中有一大部分可以提供收入；他将仅保留一适当部分，作为未曾取得收入以前的消费，以维持他的生活。他的全部资财于是分成两部分。他希望从以取得收入的部分，称为资本。另一部分，则供目前消费，其中包含三项东西：(一)原为这一目的而保留的那部分资财；(二)逐渐得来的收入，不论来源如何；(三)用以上两项于以前买进来但至今尚未用完的物品，如被服、家具等等。为目前的消费而保留的资财，或包含三项之一，或三项之二，或三项全有。

对投资者提供收入或利润的资本，有两种使用方法。

一，资本可用来生产、制造或购买物品，然后卖出去以取得利润。这样使用的资本，在留在所有者手中或保持原状时，对于投资者不能提供任何收入或利润。商人的货物，在未卖出换得货币以前，不能提供收入或利润；货币在未重新付出换得货物以前，也是一样。商人的资本不断以一个形态用出，以另一个形态收进；而且也只有依靠这种流通，依靠这种继续的交换，才有利润可图。因此，这样的资本可称为流动资本。

二，资本又可用来改良土地，购买有用的机器和工具，或用来置备无须易主或无须进一步流通即可提供利润的东西。这样的资本可称为固定资本。

不同职业所必需的固定资本与流动资本之间的比例，极不相同。

譬如，商人的资本便全然是流动资本。他简直无需使用机器或工具，除非把商店或堆栈看做机器或工具。

手工业者和制造者的资本，一部分就须固定在工具上。不过，这部分的大小，各业不同，有的行业很小，有的行业很大。裁缝业者除了一包针外，不需别种工具。制鞋业者的工具比较值钱些，但多得有限。织布业者与制鞋业者比较，工具就贵得多了。但是，这一类手工业者的资本，大部分是流动的，起初或作为工人工资而流出，或作为原材料价格而流出，然后再以产品价格流入，其中含有利润。

在别种事业，就需要大得多的固定资本了。譬如，一个大铁工厂，要设置熔铁炉、锻冶场、截铁场，非有极大经费不可。至若开采煤矿所需的吸水机以及其他各种机械，所费还要多。

就农业家说，用于购买农具的资本是固定的；用于维持工人与支付工资的资本是流动的。前者他保管在手中从而获取利润，后者他支付出去从而获取利润。耕畜的价格或价值，和农具一样，可称为固定资本；饲养牲畜的费用，和维持工人的费用一样，可称为流动资本。农业家获取利润的方法，一为保有耕畜，一为支付饲养牲畜的费用。但以售卖为目的，非以代耕为目的的牲畜，其购买费和饲养费，却都应归入流动资本之内。在这里，农业家靠出卖牲畜以取得利润。在生产牲畜的国家，非以代耕或贩卖为目的，而是以剪毛、挤乳、繁种以求利润为目的而买入的羊或牛，应当称为固定资本；在这里生利的方法在于保有它们。它们的维持费是流动资本；在这里，生利的方法在于付出维持费。赚回维持费的时候，维持费的利润及牲畜全部价格的利润，都会在羊毛价格、产乳价格、繁种价格上，提供出来。种子的全部价值，亦可称为固定资本。种子虽往返于土地与谷仓之间，但未更换主人，所以没有真正地流动过。农业家获取利润，不是靠出售种子，而是靠种子孳生产品。

一个国家或一个社会的总资财，既是其全体居民的资财，所以，亦自然分作这三个部分，各有各的特殊作用。

第一部分是留供目前消费的，其特性是不提供收入或利润。已由消费者购买，但尚未完全消费掉的食品、衣服、家具等物，属于这一类。仅供居住的国内房屋，也是这个部分中的一个部分。投在房屋上的资财，如该屋是由其所有者自住，那么，从那时刻起，即失去资本的作用，就是说，它对屋主不提供任何收入。这样的住屋，虽然像衣服、家具一样对他很有用，但也像衣服、家具一样，不能给他提供收入。它只是费用的一部分，不是收入的一部分。租屋与人，可以取租，但房屋本身不能生产任何东西，租户仍须从劳动、资本或土地上所得的收入来付租金。所以，对于屋主私人，它虽提供收入，因而有资本作用，但对社会公众，则不提供收入，不能有资本作用。它丝毫不能增加全体人民的收入。同样，衣服和家具，有时亦可提供收入，从而对特殊个人有资本作用。化装舞会盛行的地方，就有人以出租化装衣服为业，租期一夜。家具商人常常论月或论年出租家具；葬仪店往往论日论星期出租葬仪品。还有许多人出租备有家具的房屋，不仅收取房租，还收取家具租。总之，这种租借事件随地都有。但由出租此种物品而得来的收入，归根结底总是出自别种收入来源。此外，尚有一事须加以注意，即无论就个人说或就社会说，在留供目前消费的各种资财中，消费最慢的是投在房屋上的那一部分。衣服可穿用数年，家具可使用五十年或一百年，但建筑坚固、保护周全的房屋，却可使用好几百年。不过房屋虽要好久时间才会消耗掉，但它仍是供目前消费的资财，和衣服、家具一样。

第二部分就是固定资本。其特性是不必经过流通，不必更换主人，即可提供收入或利润。其中主要包含四项：

第一，一切便利劳动和节省劳动的有用机器与工具。第二，一切有利润可取的建筑物，如商店、堆栈、工场、农屋、厩舍、谷仓等。这类建筑物，不仅对出租房屋的屋主提供收入，而且对纳租的人也是获取收入的手段。这种建筑物和住屋大不相同。这是营业上的用具，也应该视为营业上用具。第三，用开垦、排水、围墙、施肥等有利可图的方法投下的使土地变得更适于耕作的土地改良费。改良的农场好像有用的机器，可以便利劳动，节省劳动；它使投资者投下的等量流动资本能提供大得多的收入。这两者是一样有利的，但机器较易磨损，而改良的土地却比较耐久。农业家除了按照最有利的方法，投下耕作所必须投下的资本以外，对于土地简直用不着什么修缮。第四，社会上一切人民学到的有用才能。学习一种才能，须受教育，须进学校，须做学徒，所费不少。这样费去的资本，好像已经实现并且固定在学习者的身上。这些才能，对于他个人自然是财产的一部分，对于他所属的社会，也是财产的一部分。工人增进的熟练程度，可和便利劳动、节省劳动的机器和工具同样看作是社会上的固定资本。学习的时候，固然要花一笔费用，但这种费用，可以得到偿还，兼取利润。

第三部分是流动资本。其特性是要靠流通、要靠更换主人而提供收入。它也包含四项：

第一，货币。赖有货币，其他三项才能周转而分配给真正的消费者。第二，屠户、牧畜家、农业家、谷商、酿酒商等人所有的食品，他们出售这种食品，可以获得利润。第三，还在耕作者、制造者、布商、木材商、木匠、瓦匠等人手中的衣服、家具、房屋三者的材料。这些材料是否是纯粹的原料或半加工的材料，可以不问；只要未曾制成衣服、家具或房屋，即属于这项。第四，已经制成，但仍在制造者或商人手中，未曾卖给或分配给真正消费者的物品，例如锻冶店、木器店、金店、宝石店、瓷器店以及其他各种店铺柜台上陈列着的制成品。这样，流动资本包含各种商家手里的食品、材料、制成品及货币。食料、材料、制成品的流转和分配，都须有货币。不然就不能到达最后使用或消费它们的人手中。

这四项中，有三项——食品、材料、制成品——通常在一年内，或在较一年为长或短的期间内，会由流动资本变成固定资本，或变成留供目前消费的资财。

固定资本都是由流动资本变成的，而且要不断地由流动资本来补充。营业上一切有用的机器工具,都出自流动资本。流动资本提供建造机器的材料,提供维持建造机器的工人的费用。机器制成以后,又常须有流动资本来修理。没有流动资本,固定资本不能提供任何收入。工作所用的材料,工人生存所赖的食料,都出自流动资本。没有流动资本,即使最有用的机器工具,亦不能生产一点东西。土地无论怎样改良,没有流动资本,亦不能提供收入。维持耕作和收获的工人,也非有流动资本不可。

固定资本和流动资本,具有同一目的,也只有一个目的,那就是,使留供目前消费的资财不致匮乏,而且能增加。人民的衣食住,都仰给于这种资财。人民的贫富,亦取决于这两种资本所能提供的这项资财是丰饶还是贫乏。

为了补充社会上固定资本和供目前消费的资财,需要不断从流动资本中抽出大部分,所以流动资本亦须有不断的补充。没有这种补充,流动资本不久就会干竭。这种增补有三个主要来源,即土地产物、矿山产物、渔业产物。这三个资源不断供给食料和材料。其中有一部分通过加工制为完成品。正是由于这种供给,从流动资本抽出的食料、材料、完成品,才有了新的补充。此外,还必须从矿山采取所需要的维持和补充用来作为货币的金属。在普通情况下,货币虽无须从流动资本抽出来作为固定资本或留供目前消费的资财,但像其他东西一样,货币难免磨损,难免输往外国,所以仍须不断加以补充,不过数量小得多罢了。

土地、矿山和渔业都需要有固定资本和流动资本来经营;其产物,不仅要偿还这样投下的资本,益以利润,还要偿还社会上一切其他资本,益以利润。制造者每年消费的食品和材料,由农民年年为之补充；农民每年消费的工业品，由制造者年年为之补充。这两个阶级间，虽很少以制造品和农产品互相直接交换，但他们之间年年进行交换的实际情况，却就是如此。我们知道，农民所有的是谷物、牲畜、亚麻、羊毛；他所要的是衣服、家具、工具。买谷物、牲畜、亚麻、羊毛的人，不见得就是卖衣服、家具、工具的人。所以农民先用原生产物换取货币；有了货币，他就可随地购买他所需要的制造品。经营渔业和矿业的资本，亦至少有一部分由土地来补充。从水里捕鱼，从地里掘矿，都少不了地面上的产物。

在它们自然生产力大小相等的场合，土地、矿山和渔场的产额，都和投资数量的大小与资金用法的好坏成比例。在资本数量相等，投资方法又同样适当的场合，它们的产量就和它们的自然生产力的大小成比例。

在一切生活比较安定的国家里，有常识的人，无不愿用可供他使用的资财来求目前享乐，或求未来利润。如是用来求目前享乐，那它就是留供目前消费的资财。如是用来求未来利润，那么求利润的方法，不是把资财保留在手里，就是把资财花用出去。在前一场合，它是固定资本；在后一场合，它是流动资本。在生命财产相当安全的场合，一个人如果不把他所能支配的一切资财（不管是自有的或借入的）用于这些用途之一，说他不是疯狂，我是不能相信的。

如果不幸，国家专制，君主暴虐，人民财产随时有受侵害的危险，那么，人民往往把资财的大部分藏匿起来。这样，当他们所时时刻刻提防的灾难一旦临头的时候，他们就可随时把它带往安全地方。据说，在土耳其，在印度，并且我相信在亚洲其他各国，都常有这种事情。在封建暴虐时代，我国似乎也有过这种情形。发掘的宝物，当时被视为欧洲各大国君主的一项大收入。凡埋藏地下、无从证明属于谁的物品，概视为国王所有，非得国王特令恩准，那就既不属于发现者，亦不属于地主。此种宝藏，在当时极受重视。当时的金银矿产亦复如此。倘非明令特许，金银矿产并不包含在普通土地所有权之内。随意开采是不行的。但铅、铜、锡、煤各种矿山，因比较不重要，所以听任人民开采。

第二章　论作为社会总资财的一部门或作为维持国民资本的费用的货币

在第一篇，我曾指出：因为商品的生产和上市，曾经使用劳动、资本与土地，所以大部分商品的价格都分解为三个部分，其一为劳动工资，其二为资本利润，其三为土地地租。诚然，事实上有些商品的价格，仅由两部分构成，即劳动工资和资本利润；甚至还有极少数商品的价格，单单由一部分构成，即劳动工资。但无论如何，商品价格终归成为上述那三个部分中的一个或全部。不归于地租也不归于工资的部分，必归于利润。

就各特殊商品分别论述，情形已如上述，就构成全国土地和劳动的年产物的全部商品而总括论述，情形亦必如此。我在第一篇说过：一国年产物的总价格或总交换价值，亦必分解为这三个部分而分配于国内各居民。不是作为劳动工资，不是作为资本利润，就是作为土地地租。

一国土地和劳动的年产物的全部价值，虽如此分归各居民，而成为各居民的收入，但是，好像个人私有土地的地租可以分为总地租和纯地租一样，国内全部居民的收入，亦可分为总收入和纯收入。

个人私有土地的总地租，包含农业家付出的一切；在总地租中，减去管理上、修缮上各种必要费用，其余留给地主支配的部分，称为纯地租。换言之，所谓纯地租，就是在不伤害其财产的条件下可留供地主目前消费的资财，或者说，可用来购置衣食，修饰住宅，供他私人享乐的资财。地主的实际财富，不视其总地租的多寡，而视其纯地租的多寡以为定。

一个大国全体居民的总收入，包含他们土地和劳动的全部年产物。在总收入中减去维持固定资本和流动资本的费用，其余留供居民自由使用的便是纯收入。换言之，所谓纯收入，乃是以不侵蚀资本为条件，留供居民享用的资财。这种资财，或留供目前的消费，或用来购置生活必需品、便利品、娱乐品等等。国民真实财富的大小，不取决于其总收入的大小，而取决于其纯收入的大小。

很明显，补充固定资本的费用，绝不能算在社会纯收入之内。有用的机器，必待修补而后能用；营业上的工具，必待修补而后能工作；有利可图的房屋，必待修缮而后有利可图。这种修葺所必要的材料，以及把这种种材料制为成品所需要的劳动产品，也都不能算作社会上的纯收入。固然，这种劳动的价格，也许会成为社会纯收入的一部分，因为从事此种劳动的工人，可能要把工资的全部价值作为留供目前消费的资财。但就别种劳动说，那就不仅劳动的价格归入这种资财，而且劳动的产品，也归入这种资财；劳动的价格归入工人留供目前消费的资财，劳动的产品则成为别人留供目前消费的资财。别人的生活必需品、便利品和娱乐品，都由工人的劳动而增加。

固定资本的目标，在于增加劳动生产力，换言之，在于使同一数目的工人能够完成多得多的工作。设备完全，有必要的建筑物、围墙、水沟、道路等等的农场，和没有这些设备的农场比较，即使广狭相等，肥瘠相等，劳动人数相等，役畜数目相等，所获产物也必多得多。有最精良机器设备的厂坊，和工具不这么完备的厂坊比较，虽所雇工人的人数相等，出产量亦一定会大得多。适当地花在固定资本上面的任何费用，一定都能很快地带回很大的利润，而且年产物价值由此而来的增加，会比这类改良物所必要的维持费大得多。不过这种维持费，要动用这种年产物的一部分。原来可直接用以增加食品、衣料、住所以及各种必需品和便利品的材料和人工，就有一部分改作他用。这新的用途当然是很有利的，但与原来的用途不同。因此我们说，机械学的改良，使同一数目的工人，得以较低廉较简单的机器，进行同量的工作，这委实是社会的福利。以前比较昂贵复杂的机器，其修补常须费去一定数量的材料和人工。现在机器改良了，这一定数量的材料和人工，可以节省下来，再凭借某种机器的力量，用来增加产品的数量。譬如，大制造厂主原来每年须以一千镑作为机器修理费，现在，倘使能够把修理费减为五百镑，其余五百镑自可用以增购材料，增加工人。这样，机器产品的数量，自然会增加起来。产品增加了，由此种产品而产生的社会福利，亦跟着增加。

在一个大国，固定资本的维持费，可与私有土地的修理费相比。保持土地产物，从而保持地主的总地租和纯地租的数额，都常须有修理费。但当措施得宜，修理费减少，而产物并不减少时，则总地租至少依旧不减，而纯地租则一定会增加起来。

但是，固定资本的维持费，虽然不能列在社会纯收入之内，但流动资本的维持费，却不能与此并论。流动资本包含四部分，即货币、食料、材料、制成品。我们说过，后三部分，经常由流动资本中抽出，变作社会上的固定资本或留供目前消费的资财。凡不变为固定资本的消费品，就变作留供目前消费的资财，而成为社会纯收入的一部分。所以，维持这三部分流动资本，并没从社会纯收入抽出任何部分的年产物，只维持固定资本，才需要从社会纯收入中抽出一部分年产物。

就这点看，社会流动资本便与个人流动资本不同。个人的流动资本，绝不能算作个人的纯收入；个人的纯收入全由他的利润构成。但社会流动资本，虽由社会内各个人的流动资本合成，但不能因此便说社会流动资本绝对不是社会纯收入的一部分。商店内存的货物，虽然不是商人自己留供目前消费的资财，但可以是别人留供目前消费的资财。由别种财源取得收入的他人，可经常以该收入补还商人的货物的价值，以及偿付商人的利润。商人的资本不会减损，享用者的资本亦不会减损。

因此，社会流动资本中只有一部分，其维持会减少社会纯收入。这一部分就是货币。

货币虽为流动资本的一部分，但就它对社会收入的影响说，它和固定资本是很相像的。

第一，营业上使用的机器和工具的建造与维持，是需要一项费用的。这项费用，虽然是社会总收入的一部分，但是从社会纯收入中扣除下来的。货币亦然。货币的收集与弥补，亦需要一项费用，这种费用虽然是社会总收入的一部分，但也是从社会纯收入中扣除下来的。货币是商业上的大工具，有了它，社会上的生活必需品、便利品、娱乐品，才得以适当的比例，经常地分配给社会上各个人。但它是非常昂贵的工具。这昂贵工具的维持，必须费去社会上一定数量极有价值的材料即金银和一定数量极其精巧的劳动，使其不能用来增加留供目前消费的资财，即不能用来增加人民的生活必需品、便利品和娱乐品。

第二，无论就个人说或就社会说，构成固定资本的营业上使用的机器和工具，都不是总收入或纯收入的一部分。货币亦然。社会的全部收入，虽赖货币能经常分配给社会各成员，但货币不是社会收入的一部分。货币只是货物借以流通的轮毂，而和它所流通的货物大不相同。构成社会收入的只是货物，而不是流通货物的轮毂。计算社会总收入或纯收入时，必须从每年流通的全部货币与全部货物中，减去货币的全部价值，一个铜板也不能算在里面。

这个议论会使人觉得有些诡辩或有疑问，只因所用文字暧昧不明；如果解释适当，理解无误，那几乎是自明的。

我们说一定数额货币时，有时指的仅是货币内含的金块，有时又暗暗地指这数额货币所能换得的货物，即指因占有这数额货币而取得的购买力。譬如，我们说英国的通货计一千八百万镑时，我们的意思不过说，据某作家计算或设想，英国现今流通着这么多金块。但若说某甲年收入五十镑或一百镑时，我们通常所指的，不仅是他每年可收入的金块量，而且是他每年可以购买或可以消费的货物的价值。我们通常用这句话来表示他是怎样生活，或者说，他应该怎样生活，换言之，他所能享受的生活必需品和便利品，就数量说，就质量说，该是怎样。

我们说一定数额货币，意思不仅指这数额货币内含的金块，内中还暗指这一数额货币所能换得的货物，所以，在这场合，这数额货币所表示的财富或收入，绝不能同时等于这两种价值，却只能等于二者之一。但与其说等于前者，无宁说等于后者；与其说等于货币，无宁说等于货币所值。设某甲每星期领养老金一几尼，一星期内，他可用这一几尼购买一定数量的生活品、便利品、娱乐品。他每星期的真实收入，换言之，他的真实财富，即和这数量的大小成比例。他每星期的收入，绝不能同时与一几尼相等，又与这一几尼所能购买的货物相等。它只等于二者之一。事实上，与其说等于前者，无宁说等于后者；与其说等于这一几尼，无宁说等于这一几尼所值。

如果这人的养老金，不以金付给，却每星期付以一几尼的票据一纸，很明显，他的收入，与其说是这一片纸，无宁说是这一片纸所能换得的物品。一个几尼，亦可以看作一张票据。有了这张票据，可以向邻近各个商人，支取一定数量必需品和便利品。构成取得这些物品的人的收入的，与其说是金块，无宁说是他因占有这个几尼而能够换得的货物。如果这一个几尼竟然不能换得什么物品，那它的价值，就像对破产者所开的票据，同样没有价值。

一国全体居民每星期或每年的收入，虽然都可以是，而且实际也是，由货币支付，但无论如何，他们真实财富的大小，他们全体每星期或每年的真实收入的大小，总是和他们全体用货币所能购买的消费品量的大小成比例。这样，他们全体收入的全部，显然不能又等于这货币，又等于这消费品，而只等于这两价值之一，与其说等于前一价值，无宁说等于后一价值。

我们常用一个人每年领受的金额，来表示这个人的收入。但所以如此，只因为这个金额，可以支配他的购买力，换言之，可以支配他每年所能取得的消费品的价值。我们仍然认为，构成他的收入的，是这种购买力或消费力，而不是含有这种力量的金块。

如果就个人说，情形已经十分明白，那么，就社会说，情形还更明白。一个人每年领受的金额，往往恰好等于他的收入；亦即因此故，他所领受的金额，最能简切明白表示他收入的价值。但流通在社会间的金额，绝不能等于社会全体人员的收入。同一几尼，今日付甲，作为甲的养老金，明日可付乙，作为乙的养老金，后日又可付丙，作为丙的养老金。所以在任何国家，年年流通着的金额，和年年付出的养老金比较，价值都要小得多。但购买力，换言之，由陆续付出的全部养老金陆续买进的全部货物，和这全部养老金比较，却总具有同样的价值；同样，全体领取养老金的人的收入，也必定与这全部养老金具有同样的价值。构成社会收入的，绝不是金块；社会上所有的金块，其数量比它的价值要小得多。构成社会收入的，实是购买力，是那些辗转在各个人手中流通的金块陆续购得的货物。

货币是流通的大轮毂，是商业上的大工具。像一切其他职业上的工具一样，那是资本的一部分，并且是极有价值的一部分，但不是社会收入的一部分。把收入分配给应得收入的人，固然是靠了铸币内含金块的流通，但那金块，绝不是社会收入的一部分。

最后，构成固定资本的机器和工具，还有一点类似货币那一部分流动资本。建造和维持机器的费用的节省，若不减损劳动生产力，就是社会纯收入的增进。同样，收集和维持货币这一部分流动资本的费用的节省，亦是社会纯收入的增进。

固定资本维持费的节省，为什么就是社会纯收入的增进？这问题，是够明白的，而且我们曾作出局部的解释。企业家的全部资本，必然会分作固定资本和流动资本。在资本总额不变的场合，二者互相消长，乃势所必然。这部分越小，那部分就越大。提供材料，支给工资，推动产业的，是流动资本。所以，固定资本维持费的节省，若不减损劳动生产力，就一定会增加推动产业的基金，从而增加土地和劳动的年产物，增加社会的真实收入。

以纸代金银币，可以说是以低廉得多的一种商业工具，代替另一种极其昂贵的商业工具，但其便利，却有时几乎相等。有了纸币，流通界无异使用了一个新轮，它的建立费和维持费，比较旧轮，都轻微得多。但它怎样作流通的轮毂，怎样可增加社会的总收入或纯收入呢，个中理由，人们还不甚明了，所以，需要进一步的说明。

纸币有好几种，各不相同；银行的流通券，是最普通的；最合用的。一国人民若相信某银行家资产雄厚，行为诚实，处事谨慎，换言之，相信他有随时兑换现金的能力和意思，那银行家发行的钞票，便可在社会上通用，无异于金币银币。

假设某银行家，以十万镑期票，借给他的顾客，这种期票，既然和货币有同等作用，所以，债务人自当偿付利息，像借入货币一样。这利息，便是银行家得利的来源。发出去的期票，固然有一部分会不断回来兑现，但总有一部分不断在社会上流通。所以，他发出去的期票，虽然是十万镑，但有二万镑金银币，常常足够应付不时的需要。这样，这种期票的发行，使二万镑金银币可收十万镑金银币的功用。同一数量消费品的交换，同一数量消费品的周转和分配，可通过这十万镑期票而实现，和通用十万镑金银相同。因之，国内流通用途，可省八万镑的金银。假设国内银行林立，都依这办法经营，那么，这时流通国内货物所需的金银，就不过等于没有这期票时代所需的五分之一了。

让我们假设，某个国家某个时代的通货总共为一百万镑，这个数目已够流通国内全部年产物。再让我们假定，后来因为银行林立，发行兑现的期票一百万镑，而在金柜内保留二十万镑，以应不时的需要。这样，在流通界就有了八十万镑金银币，和一百万镑期票，总共一百八十万镑了。但国内土地和劳动的年产物的流通、周转和分配，原来只需要一百万镑；现在，银行的作用又不能马上增加国内年产物数额。所以，在有银行作用以后，流通国内年产物，一百万镑仍是足够的。待售待买的货物量照旧，用以买卖的货币量，亦自然可以照旧。流通的渠道——如果这名称适当——自必完全照旧。一百万镑，就足以充满渠道了。逾这限度，灌注下去，势必溢而旁流。现在，我们灌注下了一百八十万镑了。八十万镑定然会溢流出来，这数额是国内流通界所容纳不下的。但是，国内不能容纳的数目，置之不用，又未免损失太大。因此，一定会把它送到外国去寻求在本国寻求不到的有利用途。不过，纸币是不能送到外国去的，因为外国离发行银行远，离可使用法律强迫其兑现的国家远，所以，纸币在外国是不能通用的。送到外国去的，一定是八十万镑金银。国内流通的渠道，从前由一百万镑金银充满，现在，却将由纸币一百万镑充满了。

这巨量金银送往外国，绝不是无所为的，绝不是送给外国作礼物的。它的外流，定然会换进一些外国货来，供本国人消费，或转卖给别国人民消费。假使运金银的人是甲国人民,他们现今用这巨量金银,购乙国货物,供丙国人民消费。他们所经营的,就是所谓贩运贸易。由此获得的利润,当然是甲国纯收入的增进。所以,这巨量的金银,就像新创的基金一样,可用以开办新的事业。国内事业,现由纸币经营,金银就移转过来,作为这种新事业的基金。

如果他们用这巨量金银,购外国货物,来供本国消费,那买进来的货物,不是(一)游惰阶级消费的货品,如外国葡萄酒、外国绸缎等等,就一定是(二)更多的材料、工具和食料等,从而维持和雇用更多的勤劳人民,这些人民再生产出他们每年消费的价值,外加利润。

如果用于前一途径,就无异鼓励奢侈,增加消费,而不增加生产,不增加维持这项消费的固定基金,对社会无论就哪一点说,都是有害的。

如果是用于后一途径,却可鼓励勤劳,虽然会增加社会上的消费,但也会提供维持这项消费的固定资金。消费者会把每年消费的价值,全都再生产出来,同时提供利润。社会上的总收入,换言之,社会上土地和劳动的年产物,势将增加起来,其增加的数量,等于工人对加工材料所增加的全部价值。社会的纯收入,也必然增加,其增加的数量,等于上述价值减去这些工人使用工具机械所需要的维持费后剩下的价值。

由于银行作用而被排往外国的金银,假如是用来购买本国消费的外国货物,就有大部分是,而且一定是,用来购买第二类货物。这不仅是可能的,而且几乎是必然的。固然,也有这样的人,他们的收入虽没有增加,却忽然大挥霍起来,但我相信,世界上,绝没有一个阶级，全是这么办。谨慎从事，固然不能望于人人，但至少，一个阶级，总有大多数人不侈靡，不乱花钱，这大多数人的行为，总能奉行谨慎的原则。至于那般游惰者，作为一个阶级，他们的收入，既不能由于银行的作用而增加毫米，所以，除了少数实际的例外，他们这一阶级的费用，亦不能由于银行的作用而增加。游惰阶级对外国货物的需求，是照旧的，或者大概照旧。由于银行作用而排往外国购买外国货物以供本国消费的货币，亦只有一极小部分，是用来购买这般人需用的物品。其中大部分当然是用来振兴实业，不是用来奖励游惰。

我们计算社会流动资本所能推动的劳动量时，常须记着一件事情，那就是，在社会流动资本中，仅可计算食料、材料、制成品三项。而由货币构成，仅用以实现这三项流通的部分，必须减去。推动产业，需要三件东西，即材料、工具和工资。材料是工作的对象；工具是工作的手段；工资是工人做工的目的。货币既不是工作的材料，亦不是工作的工具；工资虽普通用货币支付，但工人的真实收入，并非由货币或金块构成。构成工人真实收入的，是货币的价值，或者说，是金块所能换得的货物。

一定数量资本所能雇用的劳动量，显然等于该资本能供给以材料、工具以及适应于工作性质的维持费的工人的数量。购买材料工具和维持工人，固然少不了货币，但该资本全部所能雇用的劳动量，无疑不能同时等于用以购买的货币和被购买的材料、工具、食料。而只等于这两价值之一，与其说等于前者，无宁说等于后者。

以纸币代金银币，则全部流动资本所能提供的材料、食料和工具，必按所代金银的全价值而增加。流动和分配轮毂的全部价值，现在被加在本来靠它而流通的货物的价值上面。这件事，有些像某个大工厂厂主的处境。由于机器的改良，他舍弃旧机器不用，把新旧机器价格之差额，加入流动资本，即加入作为购置材料、支付工资的基金。

一国流通的货币，对于靠它而流通的货物的价值，究竟保持着什么比例，也许没有确定的可能。有人说是一比五，又有人说是一比十，一比二十，一比三十。但是，货币对年产物全部价值所持的比例，无论怎样微小，在年产物中，只有一部分，常常是一小部分，指定用作维持产业的基金，但货币对这一部分年产物所持的比例，总该不小。如果以纸币代替，流通所需要的金银量减少到等于原先的五分之一，那么，其余那五分之四，若有大部分是加在维持产业的基金内，那当然会大大增加产业的数量，因而会大大增加土地和劳动的年产物的价值。

晚近二三十年来，苏格兰几乎所有大都市，都设立许多银行，甚至穷乡僻壤，有时也如此。这种银行作用的结果，正如上述。国内事业，几乎完全用纸币周转；一切种类的购买和支付，亦都凭借纸币。除了兑换二十先令的钞票外，银币很少见到，金币尤其少见。银行林立，虽未免良莠不齐，以致议院有立法制裁的必要，但国家曾因银行设立而得莫大利益，却无可违言。我听说：格拉斯哥自银行创立以来，十五年间，商业竟已加倍。苏格兰的商业，自两公立银行（一名苏格兰银行，1693 年国会议决创立；一名皇家银行，以国王敕令设立于 1727 年）在爱丁堡创立以来，就不只加了四倍。在这个短期内，苏格兰一般的商业，格拉斯哥的商业，是否这样增进，我不敢自作聪明，妄加断议。若果如此，则如此巨大的进展，似乎不能尽归功于银行的设立，或许还有别种原因。不过，说苏格兰这个时期的工商业大有增进，并且说银行设立，就是它们增进的一个大原因，总不见得错误。

在1707年英格兰和苏格兰合并前在苏格兰境内流通而在合并后不久拿到苏格兰银行再铸的银币价值，为四十一万一千一百一十七镑十先令九便士。关于金币，则无可稽考。但据苏格兰造币厂旧账簿所录，似乎每年鼓铸的金的价值，略多于银[①]。当时有许多人惟恐银一入苏格兰银行即不能复为己有，所以有许多银币，始终没有拿到苏格兰银行去；此外，还有若干流通的英格兰铸币，亦未曾缴进去。所以，未合并前，苏格兰通用的金银币价值，合计不下于一百万镑。这数额似乎构成当时苏格兰全部的通货，因为当时苏格兰银行虽没有竞争者，它的钞票发行不少，但在全部通货中，仅占极小部分。现在苏格兰的全部通货，估计当不下二百万镑，其中金银币大概不过五十万镑。但是，苏格兰的金银币虽是大减了，它的真实财富，它的繁荣，却丝毫未受损害。反之，农工商各业的发达，是很明显的，土地和劳动的年产物的增加，亦很明显。

银行发行钞券的主要方法，是贴现汇票，换言之，是垫付货币，收买未满期的汇票。汇票不等期满，即可持票往银行预贷现金。银行方面，就计算到期应收的利息，在全部贷额中扣除。到期后，汇票的兑付，既可偿还银行预贷出去的价值，还会带来利息形式的纯利润。银行贴现汇票，是以本银行发行的钞券支付，并不是以金

① 参阅鲁迪曼给安德逊《苏格兰古文书》所写的序言。

银支付。银行家可以根据经验，在可能范围内，尽量把钞券垫付出去，所以，他所能贴现的汇票金额，可以加多，他在利息方面所能获得的纯利益，亦自然加多了。

苏格兰的商业，今仍不甚繁荣，在上述两银行创立时，尤不足道。如果该两银行单单经营汇票的贴现，营业必甚寥寥。所以，它们发明另一方法来发行信用券，即所谓现金结算法。随便哪一个人，只要他找得到两个有确实信用并有确实地产的保证人担保，并允诺在银行要求偿还时即如数还清所借金额及其法定利息，就可向银行商借一定数额的款项如二千镑或三千镑。我相信，这种贷放方法，世界各处银行都有。但据我所知，苏格兰各银行所接受的还款条件特别简易。这也许是他们银行营业旺盛、国家得益深厚的主要原因。

在苏格兰，凡具有上述信用条件向银行按照这个方法借到比方说一千镑的人，可以随时分期还款，有二三十镑就可付还一次。银行方面就从每次收款的日期起，至全数偿清的日期止，计算每次所收回的数额，并在全部金额的利息中，减少相应数目的利息。各种商人，各种实业家，都觉得这种方法很便利，因而乐于助长银行的营业，不但在一切支付上都欣然接受银行钞票，并劝人接受。在顾客商借货币时，银行大都以本银行的钞票付给。商人以钞票购买制造者的货物，制造者以钞票购买农业家的食料、材料，农业家以钞票付给地主作为地租，地主以钞票付给商人购买各种便利品、奢侈品，商人最后又把钞票还给银行，来抵消借款。因之，全国银钱来往，几乎无往不用钞票。银行营业，自然就旺盛了。

赖有现金结算法，商人们得推广营业，而不致有危险。假设有两商人，一在伦敦，一在爱丁堡，所经营的营业相同，所投下的资本相等。爱丁堡商人因有现金结算法，所以营业规模能够搞得较大，人员能够用得较多，而不致有危险。伦敦商人则因无现金结算法，常须在自己金柜内或在银行金柜内(那自然没有利息)保有巨额货币，以应付不断地索讨赊购货款的要求。假定常须保有五百镑，那么，和不需常常保有现金五百镑滞财的场合比较，堆栈内货物的价值，就会少五百镑。假设商人保有的存货普通每年脱售一次，这时候，与无需保有滞财的场合比较，他就因为常须保有五百镑滞财，所得而脱售的货物，总少五百镑的价值。在这场合，他每年的利润，他所能雇用以办理销售事务的工人，都必定比他能多卖五百镑货物的场合少。反之，爱丁堡商人，无须保有滞财来应付这种不时的需要。万一遇有急需，他可由现金结算法，向银行借钱来应付，以后，接续有售卖，即以所得货币或纸币，逐渐偿还银行借款。与伦敦商人比较，他可用同量资本，囤积较多量货物，而无危险。因之，他给自己赚取更大的利润，给那些为市场提供货物的劳动人民以更多的就业机会。国家因之得利不小。

固然，英格兰银行通过贴现汇票所给予英格兰商人的便利，可等于现金结算法给予苏格兰商人的便利，但要记住，苏格兰商人也可向银行贴现汇票，和英格兰商人一样容易。而除了贴现期票，苏格兰银行还有现金结算法，故于商人尤为便利。

任何国家，各种纸币能毫无阻碍地到处流通的全部金额，绝不能超过其所代替的金银的价值，或(在商业状况不变的条件下)在没有这些纸币的场合所必须有的金银币的价值。例如，苏格兰通用的纸币，假设最低的是二十先令纸票，那么，能在全苏格兰流通的这项通货其总额绝不可超过国内每年交易二十先令及二十先令以上的价值的交易通常所需的金银的数额。如果超过了这个总额,那过剩的部分,既不能行于国内,又不能输往国外,结果,会马上回到银行去,兑换金银。得钞票的人民,立即觉得他们所有的钞票,超过国内交易所需。他们既然不能把纸币送往外国,当然,马上会持向银行,要求兑现。因为,过剩的钞票,一经换作金银,输往国外,很容易就有用处;在钞票还是钞票的时候,却一点用处也没有。总之,过剩的额数,将全数回到银行兑现,如果银行对兑现表现困难或迟缓,回到银行去的钞票,还会更多。由此而起的惊疑,必然会使兑现要求,更紧张起来。

各种企业的经营,都少不了经费。房租、用人、办事员、会计员等的工资,在各种企业中都是不可少的。除了这各项,银行特有的费用,可分为两类:第一,金柜内,常须储存无利息可得的巨额货币,以应付持票兑现的不时要求。第二,因应付不时要求而将干竭的金柜,须时时补充。如果,银行发行纸币过多,超过国内流通的需要,不能流通的过剩的额数,不断转来兑现,在这情况下,银行的金柜,不但要按纸币过剩的比例增加储存的金银,而且要按更大的比例增加储存的金银,因为纸币的归来,其速度比发行过剩额的扩大快得多。所以,银行第一项特别用费的增加,不仅要按非得已的兑现增加的比例而增加,而且要按更大的比例增加。此外,此种发行过度的银行,虽应有较充实的金柜,但其金柜的干竭,却一定比在发行谨慎的情况下快得多。因此,对于金柜的补充,常须作不断的加紧的努力。但这样大量不断地由金柜流出来的铸币,不能在国内流通。这种铸币,是为兑换超过流通需要的纸币而流出的,所以也是流通所不需要的。按照常理，铸币是不会被废置无用的，它在国内没有用处，就会以这种或那种形态输往外国，以寻求有利用途。但金银这样的不断输出，又适足助长银行觅取金银补充金柜的困难，从而增加银行的费用。所以，像这样的银行，必因兑现的非得已的增加，增加它第二项特别费用，增加得比第一项还多。

假设某银行发行的纸币，为四万镑，而这恰是国内流通所能容易地吸收和使用的数目，为应付不时需要起见，银行金柜须常常储有一万镑金银。假使这银行企图发行四万四千镑，那增加的四千镑，既是超过社会容易吸收使用的数目，将一边发出，一边流回。这样，为应付不时需要起见，银行金柜应该储存的款项，就不止一万一千镑，而为一万四千镑。于是，四千镑过剩的纸币，将毫无利益可得，而且，不仅无利，还有损失。因为这银行要负担不断收集四千镑金银的费用，这金银一经收进来，马上又要散发出去。不断收进，不断散出，所费该要多少。

如果所有银行都理解而且注意本身的利益，流通界上就不至于纸币过剩。不幸的是，所有银行未必都理解本身的利益。流通界纸币过剩的现象，就常常发生了。

由于发行纸币量过大，剩余额不断归来兑换金银，许多年来，英格兰银行每年都须鼓铸金币，自八十万镑至一百万镑不等，平均计算，每年大约要铸八十五万镑。数年前，因金币磨损得不堪，低劣得不堪，银行大铸金币，常须以每盎斯四镑的高价格购买金块，铸成时，每盎斯却仅值三镑十七先令十便士半，损失达百分之二点五至百分之三。铸造的数额很大，所以损失不小。虽然银行免付铸币税，造币一切费用全由政府负担，但政府的慷慨不能使银行免于损失。

苏格兰银行，亦以发行过多，不得不常常委托伦敦代理人，代他们收集货币，其费用很少低于百分之一点五或百分之二的。这样收集的货币，通常由马车送来，保险费每百镑抽十五先令，即百分之零点七五。但代理人所收集的货币，还往往不能及时补充本银行的金柜。金柜的干竭太快了。在这场合，苏格兰银行就得向有来往的伦敦各银行开发汇票，以筹所需数目。到期满伦敦银行向它们开发汇票索取借款以及利息和佣钱时，若干苏格兰银行，由于发行过剩，困难重重，常常苦于无法应付，不得不向原债权人或伦敦别家往来银行，开第二批汇票。有时，同一金额，不，不如说同一金额的汇票，会在伦敦爱丁堡间，往返二三次以上。这样累积的全部金额的利息和佣钱，都须由债务银行付给。苏格兰各银行，甚至一向未曾过于冒险逐利的，有时也不得不使用这种自取灭亡的方法。

因兑换过剩纸币而由英格兰银行或苏格兰银行付出的金币，亦必成为过剩，而为流通界所不容。结果，这种金币，或以铸币形式输往外国，或熔成金块输往外国，又或熔成金块，以每盎斯四镑的高价售于英格兰银行。输往外国的或熔成金块的，在金币中，总是最新的、最重的、最好的。因为留在国内保持铸币形态的铸币，并不分别轻重。轻的重的价值都是一样。但在外国，或在国内熔为金块时，重的价值就较大。所以，英格兰银行尽管每年鼓铸大批新币，年终仍不免讶然失惊，叹息今年铸币的缺乏和去年没有不同。而且，英格兰银行尽管每年发出许多新而且好的铸币，铸币的形状，不见得一天一天好起来，而却一天一天坏下去。今年铸了这么多新币，明年又觉有再铸这么多新币的必要。又因铸币常常磨损剪铰，金块价格就不断提高起来，因而，每年造币的费用，也是一年大过一年。据观察所得，英格兰银行因需以铸币直接供给本银行的金柜，竟需以铸币间接供给全国。英格兰银行金柜内的铸币，会以各种方式，不断流向全国各地去。所有需要用以支持过剩的英格兰、苏格兰纸币的铸币，所有由纸币造成的国内必需的铸币的缺乏，英格兰银行都得出来供给。无疑，苏格兰各银行，因为自己不小心和太没有成算，吃的亏是不小的。不过英格兰银行所吃的亏还要大。因为，不但它自己不小心，使它吃亏；苏格兰各银行更大的不小心，更使它吃亏。

英国大胆的计划家，往往不度量自己的资力，经营过分的营业。英国纸币会如此过剩，当初亦即起因于此。

商人或企业家营业的资本，既不宜全部向银行借贷，亦不宜大部向银行借贷。商人或企业家固然可以向银行借钱来应付不时的需要，省得储下现钱留着不用，但他的资本，亦只有这个部分，宜向银行借贷。企业家向银行借钱，应该限于这个部分。如果银行借出纸币，不超过这个限度的价值，那发行出去的纸币额，亦绝不会超过国内无纸币时流通所需的金银额，绝不致数量过剩，绝不致有一部分为国内流通界所不能容纳。

假设银行给商人贴现的乃是由真实债权人向真实债务人开发，而到期时后者会立即兑付的汇票，那么，银行垫付的，就只是这部分的价值，即商人否则得以现钱形式保留着以备不时之需的这部分价值。这种汇票，一经到期就会兑付，所以，银行垫付出去的价值及其利息也一定可以取回。要是银行只和这类顾客来往，银行的金柜，就像一个水池，虽有水不断流出，也有水不断流入，出入数量相等，因此，积水常常一样充满，或几乎一样充满，无需时刻留神。这种银行的金柜的补充，并不需要多少费用，甚至完全不需要费用。

一个营业不曾过度的商人，即使在没有期票要求银行贴现的场合，也常有现金的要求。如果银行方面除给他的汇票贴现外，还允许按简单的条件，用现金结算法，在他需要金钱的时候，贷以货币，而在他存货续有售出的时候，陆续零星偿还，那对商人就极其便利，他就无需常常储备专款以应不时之急。而确有需要时，他就可凭现金结算法来应付。不过，银行对待这种顾客应该十分注意，看它在一个短时期中（比方说四个月、五个月、六个月，或者八个月），从他们那里通常收回来的总额，是否等于通常贷给他们的总额。如果在这短时期内，收入大都能够等于贷出，就可放心大胆继续和这种顾客来往。像这样的来往，金柜的流出固然很大，流入也很大；所以，无需任何进一步的注意，金柜可始终一样充满，或几乎一样充满，补充这样的金柜，用不着多大的费用。反之，如果顾客偿还的数额，常常不及贷出的数额，那就不能继续放胆和他来往，至少不能继续按照这种方式和他来往。在这场合，金柜的出流，必远大于入流。除非不断作重大努力，付巨额费用补充金柜，否则金柜就很容易趋于枯竭。

因此，苏格兰各银行，在一个长时期内非常谨慎地要求一切顾客经常定期地归还贷款。如果他不能照办，那无论他有怎样大的财产和信用，也不要想向银行贷得一文。由于这样的谨慎，银行方面，除了几乎完全不必特别破费来补充金柜而外还得到其他两种很大的利益。

第一，由于这样的谨慎，银行方面，除自己账簿外，不必另去搜集别种证据，即能相当准确地判断债务人的盛衰情况。债务人偿债情况是否正常，大都取决于其业务的盛衰。私人放债，债户少的数家，多的也不过数十家，所以，要察知债务人的行为和经济情况，委托一个经理人就行了，甚至经理人亦不必要。但银行放债动辄数百家，而且还有许多别种事情要不断留心注意，所以，除自己账簿所提供的资料外，它还需要有关于大部分债务人情况和行为的其他经常性报道。苏格兰各银行，所以要求债务人必须常川偿款，也许因为看到了这一点。

第二，由于这样的谨慎，银行方面就不至于发行过剩的、为社会所不能容纳的纸币。在相当期间内，顾客偿入的数额，若大都等于贷出的数额，那就可证明银行贷给他的纸币额，并没有超过他在无银行贷借的场合为应付不时之需所必须保留的金银量，从而可以证明银行发出去的纸币额，也未曾超过国内在无纸币的场合所应流通的金银量。偿入的频繁，偿入时期的有定，偿入款项的数额，在足以表明银行方面贷出去的数额，并没有超过顾客在无借贷时所必须以现金形式保留以应不时之需的那一部分资本，也就是说，并没有超过顾客在无借贷时所必须以现金形式保留，使得他的其余资本可继续不断使用的那一部分资本。在这场合，只有这一部分顾客的资本，在相当期间内，继续不断以铸币或纸币这两种货币形态时而收进、时而付出。银行借贷，如果超过这一部分，那在相当期间内，顾客偿入的数额，一定不能等于贷出的数额。就银行的金柜说，这种来往的入流，定然抵不过这种来往的出流。纸币的发行，因为超过了在无纸币发行时顾客所须保有以应急需的金银量，就也马上超过了在无纸币发行时国内流通界所会有的金银量，因而马上就会超过了在无纸币发行时国内流通界所容易容纳的数量。这种过剩的纸币，马上会回银行来兑换现金。这第二种利益，与第一种利益比较，是同样实在的。但对于这种利益，苏格兰各银行，似乎没有了解得那么清楚。

银行既以贴现汇票法，又以现金结算法，使国内有信用的商人，无需储有滞财，以应不时的急需，那就算尽了全力了，国内商人就不可再有所望于银行了。为银行本身的利益与安全计，它也只能做到这个地步，不能再做什么了。为银行本身利益计，商人的流动资本，不能全部贷自银行，大部分也不行。因为商人的流动资本，虽继续以货币的形式，时出时入，但全部收入的时候，距离全部付出的时候太远了，要在短期间内适合于银行的利益，使偿入的数额，等于贷出的数额，那是办不到的。至于固定资本，就更不应该大部分贷自银行了。比方说，制铁家建立铁厂、铁炉、工场、仓库、工人住宅等等的资本，又比方说开矿家开坑掘井、排除积水、建筑道路车轨的资本，土地改良家开垦荒地、排积水、筑围墙、建农舍、厩舍、谷仓等必要建筑物的资本，那都不宜大部分贷自银行。固定资本的收回，比流动资本的收回缓慢得多。固定资本一经投下，即使投下的方法非常适当，亦要经过许多年数才能收回。这样长的期间，当然不利于银行。固然，企业家可很适当地使用借入的资本进行他的大部分计划，但要使债权人不吃亏，债务人应持有充分资本，足够保证（如果我可以这样说）债权人资本的安全，足够使债务人的营业计划纵使失败，亦不致使债权人蒙受损失，这样对债权人才算公道。然而,即使如此,非数年不能偿清的借款,仍以不向银行贷借为上策。那最好提出抵押品,向那些专赖利息为生的私人贷借;因为他们不想投资营业,但愿把钱供给有信用的人,数年不还,亦未尝不可的。不取抵押品,无需印花费、律师费,就以货币贷人,而偿还条件又像苏格兰银行所肯接受的那么简单的银行,对于这样的商人企业家来说,当然可说是最方便的债权人。不过,像这样的商人,对于这样的银行来说,却就是最不方便的债务人。

二十五年来,苏格兰各银行所发行的纸币,至少也十足地等于国内流通界所易容纳的数额了。对于苏格兰各种事业,银行的帮助已经是尽了全力了,为银行本身利益计,它们只能办到这样。而且事实上,它们的营业,已有些微过度的地方。因为这种过度,银行方面已经吃亏了,至少,利润是减少了。在这一种营业上,经营规模只要略为过度,便不免有此结果。不幸,逐利常情,得陇望蜀,商人们、企业家们还以为未足,他们以为银行信用事业,可任意推广,推广银行信用事业,除了添少数纸张费以外,用不着增添什么费用。他们埋怨银行理事先生们眼光狭小、态度畏葸。他们说,银行信用事业还没扩充到和国内各种事业的扩充相称的程度。他们所谓事业推广,很明白,是指把事业推广到超过他们自己的资本或能够凭借抵押品向私人借得的资本所能经营的范围。他们以为,他们短少的资本,银行有设法供给的义务。他们觉得,他们所希望得到的全部资本,银行是义当供给的。但银行方面的意见不同。于是,在银行拒绝推广信用的时候,有些企业家想出了一个法门。这个法门,在一段时期中,显得对他们很适用,虽所费大得多,但其有效性，却和极度推广银行信用事业无异。这法门就是大家知道的循环划汇。不幸的商人，在濒于破产地位的时候，往往利用这个办法。由这办法取得资金，在英格兰是行之已久了。据说，上次战争期间，因营业利润极大，商人们往往不度量自己的资本，把事业过分推广起来，于是，这种循环划汇的办法，大为流行。后来，这办法又由英格兰传入苏格兰。在苏格兰，商业是有限多了，资本亦有限多了，所以这种办法，传入苏格兰后，比较起来，愈见流行。

这种循环划汇办法，在一般实业家心里，当然都很明白，似乎没有说明的必要。但本书读者，未必都是实业家，而且，这种办法对于银行的影响，即使一般实业家，也似乎不大了解，所以，我将设法来作尽可能明了的说明。

当欧洲野蛮法律还没有强迫商人履行契约的时候，商人间形成一种习惯，即赋给汇票以非常的权利，使得以汇票（尤其是定期很短不过两三月的汇票）进行借款，比以任何他种证据都容易成功。汇票到期，承兑人若不能立即照付，他马上就算破产。于是持票人可作成拒付证书，持向出票人索款。如果出票人也不能立即照付，亦就算破产。又如果汇票在未到期以前，辗转流通，或以购货，或以借款，迭经数人之手，这些人各在票背签署名号，作为签保，这些人就也对这汇票负完全责任，如果汇票到了自己面前，自己不能立时照付，也马上被宣告破产。这种惯例，晚近二百年来，已为欧洲各国法律所采纳。出票人，承兑人，背书人，即使信用有疑问，但因汇票期限如此短促，多少对持票人是一种保障；虽然他们都有破产的危险，但不见得在这短促期间内，他们都会破产。房子已经倾斜了，不能持久了，今晚就会倒塌吗？不见得吧，我姑且冒险住一晚——这是倦行者的心事，正好比喻汇票持有人的心理。

假设爱丁堡商人甲，向伦敦商人乙，开出汇票，限期两月，要乙付银若干。事实上，伦敦商人乙，并无所负于爱丁堡商人甲。他所以愿承兑甲的汇票，因为两方协商的条件，是在付款期限未到以前，乙亦可向甲出一张汇票，数额相等，外加利息佣钱，兑期亦为两月。所以，在两个月的限期未满以前，乙向甲出一张汇票，甲又在这汇票满期以前，再向乙出第二次汇票。在这第二次汇票未满期以前，乙再照样向甲出汇票，都以两个月为期。这样循环下去，可连续至于数月，甚而至于数年，不过，乙向甲开出的一切汇票，累积下来的利息佣钱，都要算在里面。利息例为每年百分之五，佣钱每次至少百分之零点五。如果每年来往六次，佣钱就要加六倍，所以靠这种办法筹款的甲，每年费用就至少也在百分之八以上。如果佣钱高涨，或如要对以前汇票的利息和佣钱付复利，那么，利上算利，费用就要更大。这就是所谓循环借款的办法。

据说，国内大部分商业上的投资，普通利润是在百分之六至百分之十之间。用这样方法借得货币的营业，如果除了偿付借钱的巨大费用，还能提供很好的剩余利润，那非是一种非常幸运的投机不行。但是，近来有许多规模巨大的计划，在若干年中除靠这个方法以巨额费用借来的资金外别无其他资本。无疑的，这些计划家在他们的黄金梦中，看到了大利润的非常鲜明的幻象。但是，当他们醒了，或在他们营业结束时，或在他们无力再继续经营下去时，我相信，运气好得能够实现所做的梦的，没有几个。①

爱丁堡的甲向伦敦的乙开出的汇票，经常由甲于到期前两个月持向爱丁堡银行贴现。伦敦的乙随后向甲开出的汇票，也照样地经常由乙持向英格兰银行或伦敦的其他银行贴现。银行贴现这些循环汇票所付出的大都是钞票。在爱丁堡，是付苏格兰银行的钞票；在伦敦，是付英格兰银行的钞票。固然贴现的汇票，期到了都照兑，不过，为贴现第一张汇票而实际付出去了的价值，却永远没有实际归还贴现它的银行。因为，在第一张汇票将到期的时候，第二张汇票又开出了，数额还更大。没有这第二张汇票，第一张汇票根本就没有兑付的可能。所以，第一张汇票的兑付，全然是个名义。这种循环汇票的流转，使银行金柜在发生了出流之后，一直没

---

① 在那些冒险家的循环汇票筹款方法中，上文所述的方法，并不是最普通最耗费钱的方法。像下面那样的事是数见不鲜的。爱丁堡的甲，在第一张汇票满期前几天，向伦敦的乙，出第二张汇票，以三个月为期，使乙能够兑付第一张汇票。第二张汇票是由甲请求即兑付的汇票，由甲按照额面价格，在爱丁堡售卖出去，而用售卖所得，买些见票就要付钱给乙的在伦敦付款的汇票，由邮寄往伦敦。我们晓得，前次战争将要结束的时候，对伦敦的汇兑，爱丁堡常要贴水百分之三。购买那种见票即付的汇票，当然要付同样的贴水，而由甲担负。这种来往，每年至少四次，每次佣钱，又至少百分之零点五，所以，甲每年所费，至少也等于百分之十四。有的时候，办法又稍为不同。甲在第一张汇票满期前几天，向伦敦的丙（不是乙），出第二张汇票，以两月为期，使乙能够兑付第一张汇票。这汇票以乙为收款人，由丙承兑，在丙承兑之后，乙便拿到伦敦银行里去贴现。为了使丙能够兑付这第二张汇票，甲又在第二张期票满期前几天，向乙或向丁向戊出第三张汇票，亦以两月为期，由丙请求即付。丙收到了第三张汇票，一经付款人承兑后，就把它拿到伦敦银行里去贴现。这种手续，每年至少可重复六次，每次佣钱百分之零点五，利息百分之五，所以，这种筹款方法，亦像上文所说那样，至少要使甲破费百分之八以上。这个方法，因为可以节省爱丁堡伦敦间的汇费，比较注解内讲的第一种方法，也许费用少些；但要这样办，甲的信用，一定要非常好。要是伦敦市内只一家行庄相信他，肯和他来往，就不行了。但是，像这样逐利的冒险家，很少能得到这么多行庄的信任的。

有入流来补还这项出流。

银行因贴现这些循环汇票而发的纸币，往往达到进行大规模农业、工业或商业计划所要使用的全部资金的数目，而不仅限于在没有纸币的情况下，企业家必须以现金形式保持在手中，以备不时之需的那部分资金的数目。所以，银行发出的这种纸币，大部分是社会所不能容纳的，是超过国内在无纸币的情况下流通界应有的金银价值的。过剩的部分，马上会回到银行，要求兑换金银。银行必须尽其所能，设法寻求这项金银。这是这些计划家施巧用计向银行弄去的资本，不但没有经过银行知道或得过银行慎重考虑后的同意，甚至，银行在若干时间中，可能毫不觉得曾贷给了他们这资本。

设甲乙二人，狼狈相倚，互出循环期票，向同一银行贴现。银行方面，当然不久就能发觉他们的行径，就能明白看出，他们营业但自己并没有资本，他们的资本全然是它借给他们的。但是，假如他们不常在一家贴现，时而这家，时而那家，而且两人并不一直互向彼此开出汇票，而兜个大圈子，经过许多其他计划家，这些计划家以利益所在，互相帮忙，最后由其中之一，向他们开出汇票，那么，哪一张是真实汇票，哪一张是虚伪汇票，就不易辨认了。是有真实债务人和真实债权人的汇票呢，或是除了贴现汇票的银行别无真实债权人、除了猎取货币的计划家别无真实债务人的循环汇票呢，那就难于知道了。即使银行终而察觉了这点，但可能已经太晚，这样的汇票，已经贴现不少了。这时，拒绝他们，不再贴现，必然会使他们一齐破产，而他们破产，可能使银行随着破产。为顾念自身利益与安全计，在这危险境况中，银行方面也许只好再冒险继续贴现一些时候，企图慢慢把贷款收回，或者加重贴现条件，迫使他们逐渐转向别方面或者别个银行设法，从而使自己尽快从这个圈套中摆脱出来。然而就在英格兰银行，伦敦各家主要银行，以及比较慎重的苏格兰各银行，陷入过深，开始对贴现提出较苛的条件时，这班计划家不仅惊慌起来，而且愤怒起来。他们自己的苦恼无疑是直接起因于银行方面这种慎重的必要的准备措施，但他们竟把自己的苦恼说成是全国的苦恼。他们说，这种全国的苦恼，完全是由于银行方面识见卑陋，举措失当；他们想努力使国家臻于繁荣富裕的境地，而银行却吝于帮助。他们似乎认为银行按照他们所希望的借款期限和借款利息借给他们资金，乃是银行的义务。然而就事实说，要挽救银行自身的信用，要挽救国家的信用，银行拒绝对借款已经过多的人继续按照这种方法贷给信用，是这时候唯一可实行的办法。

在这喧扰和窘困之中，苏格兰如果开设了一家新银行，声言以救国难为职志。它立意很慷慨，但措施失当了，而且似乎不甚明了它所企图救济的困难，其性质是怎样，其原因是什么。这银行的贷借，无论就现金结算法说，或就贴现汇票说，都比其他银行宽大。就后者说，它几乎不问汇票是真实汇票还是循环汇票，一律予以贴现。这银行曾明白宣布宗旨说，只要有相当的保证，甚至需要非常长的时期才能偿还（像改良土地用的）的资本，也全部可以向银行借取。甚至说，促进这样的土地改良，是银行所以设立的一个爱国目标。由于对现金结算、期票贴现采取这样宽大的政策，银行必然发行大量钞票，其过剩的部分，既然不易为社会所容纳，当然随发随回来兑换金银。银行金柜，本来就不大充实。它从两次招股募到的资本虽号称十六万镑，但实收不过百分之八十，而且是分期缴纳。大部分股东，于第一次缴入股款后，即向银行用现金结算法贷借。银行理事先生们，以为股东借款，当受同样宽大的待遇，所以，有大部分股东缴了第一期股款以后，其余各期缴入的，几乎全是在现金结算法下借出的款项。这样，他们后来的交股，就不过是把先从银行某一金柜提去的款项，放入银行的另一金柜。所以，银行金柜，即使原本充满，其过度的发行，亦必使银行金柜很快耗竭，只好走上失败的途径，向伦敦银行开出汇票，期满时再开，加上利息佣钱的数目，从而兑付前一汇票，除这办法外，没有其他能及时补充金柜的耗竭。这银行的金柜，原来就不很充实，据说，营业不过数月，就不得不乞助于这个办法。幸而，各股东的田产，不在数百万镑以下，他们认购股份时，实际上即等于把这田产保证银行的一切借条，有如此充实的保证作为银行信用的后盾，所以，贷借政策虽如此宽大，银行营业仍能赓续二年有余。到非停业不可时，发出的纸币额，已近二十万镑了。这种纸币，随发随回，因要支持这些纸币的流通，它屡向伦敦各银行开出汇票。累积下去，到了银行不得不倒闭的时候止，汇票价值，已在六十万镑以上。这样，在二年多的时间里，这银行借出去的，也达八十万镑以上，取息百分之五。对那二十万镑用纸币借出去的放款所收的百分之五的利息，也许可视为纯利，因为除了管理费外，没有其他扣除。但那六十多万镑向伦敦出汇票借来的，其利息佣钱等，却在百分之八以上。所以，两者对比，银行借出的金额，其中要吃亏百分之三以上的利息的，不止四分之三。

这银行经营的结果，似正和它的创办人的本意相反。他们的目的，似乎在于对国内那些他们认为有勇敢进取精神的企业，给予支持，同时把苏格兰各银行，尤其是在贴现方面被指摘为过于畏缩的设于爱丁堡的各家银行排挤掉，从而把整个银行营业集于一身。无疑的，这银行曾给各计划家以暂时的救济，使他们在无可如何的境地下，多拖延了两年左右。但事到尽头，仍不过使他们陷入债务愈深，因此到了失败的时候，他们的损失更重，他们债权人的损失也更重。所以，这些计划家所加于自己及国家的困难，这银行不但没有加以救济，事实上，反而使它加深了。为他们本身计，为他们债权人计，为国家计，他们大部分的营业，不如早两年停止的好。不过这银行所给予各计划家的暂时性的救济，结果成为对苏格兰其他银行永久性的救济。在苏格兰其他银行不肯贴现循环汇票的时候，这新银行对出循环汇票的人，却伸出双手欢迎。赖有它，其他各银行，很容易就脱离了厄境，不然它们就绝无法摆脱这厄境，一定要受巨大损失，甚或在一定程度上名誉还要遭受损失。所以这银行经营的结果，加剧了它所要减除的国家灾难，但却使它所要取而代之的各竞争银行免受大灾难。

这银行初成立的时候，有些人认为，银行金柜虽易枯竭，但来贷借纸币的都提出了担保品，拿这种担保品作担保，取得钱来补充金柜，绝不是难事。但我相信，不久，经验就告诉了他们，这个筹款方法，未免远水救不得近火。这样不充实而又易干竭的金柜，除了走上没落的途径，向伦敦各银行开出一次汇票，满期时再开出一次汇票，层叠下去，累积的利息佣钱愈来愈多外，简直没有第二个办法可用以补充。即使这种办法，足使它在需要款项的时候，能立刻借到，但结果不仅无利可图，且一定次次受损失，以致作为一个营利的公司，终必一败涂地，虽然灭亡的过程，没有像采取一再出票这种费用更大的筹款方法那么快。它仍不能从所发纸币的利息取得利润，因为纸币既是超过国内流通领域所能吸收和使用的，必然随发随回来换取金银，而为了兑换，银行方面须不断地借债，借债的全部用费以及探听谁有钱出借、和有钱的人磋商、写债券、立契约等等所需费用，全须银行负担。出入对此，显然对银行有损而无益。用这方法补充金柜，好比叫人持水桶到远井汲水来补充只有出流而无入流的水池。那是一定要失败的。

这种办法，虽对这作为营利机构的银行，不但可适用，而且有利，但对于国家不仅无利且有大害。这办法，丝毫不能增加国内出贷的货币量，只能使全国的贷借事项都集中在这家银行身上，而使它成为全国总贷借机关罢了。要借钱的，将不向有钱出借的私人贷借，而都来请求这个银行。私家贷借，一般不过数人或数十人，债务人的行为谨慎与否，诚实与否，都为债权人所熟习，尽有选择甄别的余地。和银行来往的，动辄数百家，其中大多数的情况，往往为理事先生所不深悉，选择甄别，当然无所措手，因之，比较起来，银行在贷出上，当然不如私家审慎。事实上，和这样一个银行来往的，本来大部分就是幻想的计划家，就是一再开出循环汇票的出票人。他们把资金投在奢侈浪费的事业上，这些事业，即使得到一切可能的帮助，亦必难底于成，即使能够成功，亦绝不能偿还所费。它们也绝不能拿出足够的基金，维持等于其所雇用的那么多的劳动。反之，私家贷借，就没有这种现象。诚实俭朴的私家的债务人，大概总是用借入的资本，经营与他们自己的资本额相称的事业。这些事业，也许没有那么宏大，那么惊人，但更稳当、更有利，定能偿还投下的资本并给予大的利润，定能提供一笔基金，足以雇用比它们原先雇用的多得多的劳动。所以，即使新银行的计划成功，结果也丝毫不能增加国内的资本，徒使大部分资本，不投在谨慎有利的事业上去，而改投到不谨慎的无利益的事业上去。

有名的劳氏，以为苏格兰产业不振的原因，就是缺少货币来经营。他提议设立一个特别银行，使该银行所发纸币，等于全国土地的总价值。他觉得，这是救济货币缺少的好办法。在他最初提出这个计划的时候，苏格兰议会亦觉得不可采纳。后来奥林斯公爵摄法兰西政治，却就他的原议略加改正而采行了。可任意增加纸币数额的观念，即是所谓密西西比计划的实在根据。这个计划，就银行业说，就买卖股票生意说，其狂妄在世界上都是空前的。杜浮纳在其《对杜托〈关于商业与财政的政治观察〉一书的评论》中，曾详细说明这个计划的内容，这里不赘述。这计划所根据的原理，在劳氏所著关于货币与贸易的一篇论文（那在他最初提出这个计划时，就在苏格兰发表了）中，亦有说明。在这篇论文以及其他根据同一原理的著作中所提出的那些宏伟而空幻的理论，至今犹在许多人脑中留有很深刻的印象。最近受人攻击认为营业毫无节制的苏格兰及其他各处银行，恐怕亦多少受了这个理论的影响。

英格兰银行，在欧洲是最大的银行，它是 1694 年 7 月 27 日由国会议决以敕令设立的。当时它借给政府的数目，共计一百二十万镑，每年可向政府支取十万镑，其中，九万六千镑作为利息（年利百分之八），四千镑作为管理费。革命建立起来的新政府的信用一定还很差，否则不会有这样高的利息。

1697 年，银行资本增加了一百万零一千一百七十一镑十先令。因此，这时其总资本达二百二十万零一千一百七十一镑十先令。这次增资，据说旨在维持国家信用。1696 年，国库券要打四成、五成或六成折扣，银行纸币要打二成折扣。这时，正在大量改铸银币，银行认为宜暂时停止纸币兑现，而这必然会影响银行信用。

按照安妮女王第七年第七号法令，银行以四十万镑贷给国库。加上原来借给政府的一百二十万镑，贷给政府的钱总计达到了一百六十万镑。因此，1708 年，政府信用已等于私人，因为政府能以百分之六的利息率借到款项，而这正是当时市场上普通的利息率。按照同一法令，银行又购买了利息六厘的财政部证券一百七十七万五千零二十七镑十七先令十便士半。银行资本准再增加一倍。所以，在 1708 年，银行资本就等于四百四十万零二千三百四十三镑，贷给政府的总额就等于三百三十七万五千零二十七镑十七先令十便士半。

1709 年，英格兰银行按照百分之十五的比例催收股款，收得了六十五万六千二百零四镑一先令九便士。1710 年，又按照百分之十的比例催收股款，收得了五十万零一千四百四十八镑十二先令十一便士。两次催收的结果，银行资本达到五百五十五万九千九百九十五镑十四先令八便士。

按乔治一世第三年第八号法令，英格兰银行又吃进财政部证券二百万镑，因此，就这时计算，银行贷给政府的金额，已有五百三十七万五千零二十七镑十七先令十便士。按乔治一世第八年第二十一号法令，银行购买南海公司股票四百万镑。因要购买这项股票，银行不得不再增募资本三百四十万镑。这时总算下来，银行贷给政府的金额为九百三十七万五千零二十七镑十七先令十便士半。但其资本总额却不过八百九十五万九千九百九十五镑十四先令八便士。两方对比，银行贷给政府的有息贷款，已多于其母本，或者说，已多于其要对股东分派红利的资金了。换言之，银行已开始有不分红利的资本，而这种资本已多于分红的资本了。这情况一直继续至现今。1746 年，银行陆续贷给政府一千一百六十八万六千八百镑，银行陆续募集的分红利资本亦达一千零七十八万镑。自此到今日，这两数目都没有改变。遵照乔治三世第四年第二十五号法令，为了延续银行营业执照，银行同意缴给政府十一万镑，不取息，亦不要偿还，所以，这不曾增加银行贷出额，亦不曾增加银行资本额。

银行红利，时有高低，视各时期银行对政府贷款的利息的高低以及其他情况为转移。这贷款利息率已由百分之八逐渐减至百分之三。过去几年间，银行红利常为百分之五点五。

英政府稳定，英格兰银行亦随之稳定。贷给政府的金额不损失，银行债权人亦不致有所损失。英格兰不能有第二个银行由国会议决设立，或有六人以上的股东。所以英格兰银行已非普通银行可比，它是一个国家大机关了。每年公债利息的大部分，是由它收付，财政部证券，是由它流通。土地税、麦芽税的征收额，往往是由它垫付。这些税的税款，纳税人往往逾期好几年不到国库缴纳。在这情况下，即使主事者明察，但由于对国家的职责，亦不免发行逾量的纸币。它也贴现商人汇票。有时，不仅英格兰，就连汉堡、荷兰的巨商，亦求它贷借。据说，1763 年，有一次，英格兰银行在一星期内贷出了将近一百六十万镑，大部分还是金块。额数是否如此巨大，期间是否如此短促，我不敢妄断。但英格兰银行，却真有时迫不得已，竟以六便士的银币来应付各种支出。

慎重的银行活动，可增进一国产业。但增进产业的方法，不在于增加一国资本，而在于使本无所用的资本大部分有用，本不生利的资本大部分生利。商人不得不储存以应急需的滞财，全然是死的资财，无所利于商人自己，亦无所利于他的国家。慎重的银行活动，可使这种死资财变成活资财，换言之，变成工作所需的材料、工具和食品，既有利于己，又有利于国。在国内流通即国内土地和劳动的生产物所赖以年年流通年年分配给真正消费者的金银币，像在商人手上的现钱一样，也是死的资财。这种死资财，在一国资本中，虽是极有价值的一部分，但不能为国家生产任何物品。慎重的银行活动，以纸币代替大部分的这项金银，使国家能把大部分这项死资财，变做活动的资财，变做有利于国的资财。流通国内的金币银币，可与通衢大道相比。通衢大道，能使稻麦流转运到国内各市场，但它本身却不产稻麦。慎重的银行活动，以纸币代金银，比喻得过火一点，简直有些像驾空为轨，使昔日的大多数通衢大道，化为良好的牧场和稻田，从而，大大增加土地和劳动的年产物。但是，我们又必须承认，有了这种设施，国内工商业，固然略有增进，但用比喻来说，和足踏金银铺成的实地相比，这样由纸币的飞翼飘然吊在半空，是危险得多的。管理纸币，若不甚熟练，不用说了，即使熟练慎重，恐仍会发生无法制止的灾祸。

比方说，战争失败，敌军占领首都，维持纸币信用的库藏，亦陷敌手。在这种情况下，国内流通全靠纸币进行的国家，比起大部分靠金银来流通的国家，当然要困难得多。平常的通商手段既全无价值，除了物物交换，除了赊欠，就不能有所交换。一切赋税，既常以纸币缴纳，君主也就无法支付军饷，充实武库。在这种情况下，全用纸币的国家比之大部分用金银的国家更难恢复原状。因此，一国君主，要把他的领土随时都保持在易于防守的状态，就不仅要防止那种能使发行纸币银行破产的纸币发行过剩现象，还要设法使银行所发纸币不在国内流通界占较大的部分。

国内货物的流通，可分作二途：（一）商人彼此间的流通；（二）商人与消费者间的流通。同一货币，无论其为一张纸币或一枚现金，可能有时用于前一种流通，有时用于后一种流通，但由于这两种流通，是同时不断进行的，所以，各需一定数量的货币来经营。商人彼此间流通的货物的价值，绝不能超过商人和消费者间流通的货物的价值。商人所买的一切，终须卖归消费者。商人彼此间的交易，往往是批发，所以每次总须有大量货币。商人和消费者间的交易，往往是零售，所以每次有小量货币（如一先令或甚至半便士）就够了。但小量货币流通得比大量货币快得多。一先令比一几尼流转得快，半便士又比一先令流转得快。因此，以年计算，全部消费者所购买的价值，虽至少应等于全部商人所购买的价值，但消费者每年购买所需的货币量，却比较小得多。由于流通速度较快，同一枚货币，作为消费者购买手段的次数，比作为商人购买手段的次数多得多。

纸币可加统制，或使其单在商人之间流通，或推广其流通范围，使商人与消费者间的交易，亦有大部分使用纸币。如果钞票面额，没有在十镑以下的，像在伦敦情况那样，那么，纸币的流通，势必只限于商人彼此之间。消费者得到一张十镑的钞票，在第一次买东西的时候就须兑换这张钞票，哪怕所购仅值五先令。所以在消费者把这张钞票用去四十分之一以前，钞票早已回到商人手上去了。苏格兰各银行所发的钞票，却有小至二十先令的，在这情况下，纸币的流通范围就自然推广，使商人与消费者间的交易，亦有大部分使用纸币。在国会议决禁止通用十先令和五先令的钞票以前，消费者购物，便常使用小额纸币。北美洲那里发出的纸币，竟有小至一先令的，结果，消费者购物，几乎都用钞票。至于约克郡，有些纸币，仅值六便士，结果如何，更不用说了。

发行这样的小额纸币，如果得到准许而且普遍实施，即无异奖励许多普通人去开银行，并使他们有力量成为银行家。普通人所发出的五镑甚至一镑的期票，大家会拒绝不用；但他发出的六便士期票，大家却不会拒绝。这些乞丐般的银行家，当然很容易破产，结果，对于接受他们钞票的穷人，可能引起极大的困难，甚至极大的灾难。

把全国各地银行钞票的最低面额，限为五镑，也许是较好的办法。这样，各地银行所发的钞票，大抵就会只在商人彼此间流通，像在伦敦一样。在伦敦，发行的钞票的面值不得少于十镑。五镑所能购得的货物，虽仅等于十镑之半，但在英国其他各地，人们对五镑，正像豪华伦敦人对十镑那样重视，而且一次花掉五镑，也像伦敦人一次花掉十镑那样稀罕。

如果纸币像在伦敦那样，主要在商人间流通，市面上的金银便不致匮乏。如果像在苏格兰尤其是像在北美洲那样，纸币的流通，推广到商人与消费者间交易的大部分，市面上的金银就会全被驱逐，国内商业会全用纸币进行。苏格兰禁发十先令、五先令的钞票，曾稍稍减轻市面上金银缺乏的困难；若再禁发二十先令的钞票，当有更大的功效。听说，美洲自从禁发若干种纸币以来，金银已更丰饶了。在纸币未曾发行以前，听说美洲的金银还更丰饶。

虽然纸币应当主要限于商人之间的流通，但银行在这场合，仍能帮助国内工商业，几乎像在纸币差不多占全部通货的场合一样。因为商人为应付不时急需而须储存的滞财，本来就只在商人之间流通的。在商人与消费者的交易上，商人没有储存滞财的必要。在这种交易上，商人只有钱进，没有钱出。所以，虽然银行钞票的发行，只限于如此数额，使得只在商人之间流通，但银行通过贴现真实汇票及现金结算办法，依然能够使大部分商人不必储有那么多的现金，专门用来对付不时的需要。银行依然能够对各种商人提供它们所能提供的最大贡献。

也许有人说，银行钞票无论数额大小，只要私人愿受，就应在许可之列。政府禁止其领受，取缔其发行，实在是侵犯天然的自由，不是法律应有的。因为法律不应妨害天然的自由，而应予以扶持。从某观点说，这限制诚然是侵犯天然的自由。但会危害全社会安全的少数人的天然自由，却要受而且应受一切政府的法律制裁，无论政府是最民主的政府或是最专制的政府，法律强迫人民建筑隔墙，以预防火灾蔓延，其侵犯天然的自由，无异于我们这里主张以法律限制银行活动。

由银行钞票构成的纸币，若由信用确实的人发行，无条件的，只要拿来，随时都能兑现，那就无论从哪方面说，它的价值，都等于金币银币，因为它随时可以换得金银。任何货物，用这种纸币买卖，其价格一定像用金银买卖一样便宜，不会稍贵。

有人说，纸币增加，由于增加通货总量，从而减低全部通货价值，所以，必会提高商品的货币价格。这话，不见得可靠，因为有多少纸币加进来，就有多少金银会改作他用，所以，通货的总量，不一定会增加。一世纪来，苏格兰粮食价格，以 1759 年为最廉。但那时因有十先令、五先令银行钞票的发行，纸币之多，实非今日可比。再者，现在苏格兰银行业的增加，总算可以了，但现在苏格兰粮食价格和英格兰粮食价格的比例，却和先前没有两样。英格兰的纸币，可算多了，法兰西的纸币，可算少了，但两国谷物价格的贵贱，却多是相等。

在休谟发表《政治论文集》的 1751 年和 1752 年间，以及在苏格兰增发纸币之后，粮食价格极明显地涨了起来，但其原因，与其说是纸币增加，无宁说是天时不正。

如果构成纸币的钞券，是否能够立即兑现，还须取决于发行人的有无诚意，或取决于持券人未必都有能力履行的一种条件，或者要在若干年后才能兑现，而且目前不计利息，那情形就不同了。这样的纸币，当然要按照立即兑现的困难或不可靠性的大小，或者按照兑现期间的远近，而多少跌在金银价值之下。

数年前，苏格兰各银行，常在所发钞票上加印选择权条款。依此条款，凡持票求兑者，或见票即兑，或见票六月后兑现，但添付六个月的法定利息，可由银行理事抉择。有些银行的理事先生，有时利用这个条款，有时威胁持大批钞票求兑者，要他们满足于一部分的兑现，否则就要利用这条款。那时候，苏格兰的通货，几乎大部分是这些银行的钞券。能否兑现，既大是疑问，其价值当然会低落在金银之下。在这弊病未经消除的期间（尤其是 1762 年、1763 年和1764年)，卡莱尔对伦敦实行平价汇兑，达弗里斯距卡莱尔不及三十英里，但对伦敦的汇兑，却往往贴水百分之四。很明显，这是因为卡莱尔以金银兑付汇票，达弗里斯则以苏格兰银行钞票兑付汇票。这钞票要兑换现金，既然不一定有把握，所以和铸币比较，价值就跌了百分之四。后来，国会禁止发行五先令、十先令钞票的命令，又规定钞票不得附加选择权条款，英格兰对苏格兰的汇兑才恢复自然汇率，即顺应于贸易情况和汇兑情况的汇率。

约克郡纸币，竟有小至六便士的，但持票人按规定要存票至一几尼才可要求兑现。这个条件，在持票人方面，往往难于办到。故其价值亦低在金银价值之下。后来，国会议决，废止这种规定，认为它不合法，并且像苏格兰一样，禁止发行二十先令以下的钞券。

北美洲纸币，非由银行发行，亦不能随时兑现。它是由政府发行的，非经数年，不能兑现。殖民地政府虽不付持票人以任何利息，但曾宣告纸币为法币，须按额面价值接受支付债务。但是，即使殖民地政府非常稳固，在一般利息是六厘的地方，十五年后才能支付的一百镑钞票，其价值和四十镑现金差不了多少。所以，强迫债权人接受一百镑纸币作为清偿以现金借给的一百镑债务，未免太不公平，任何以自由相标榜的政府大概都未曾试行过。这显然像诚实坦率的道格拉斯博士所说，是不诚实的债务人欺骗债权人的一种勾当。1772年，本雪文尼亚政府，第一次发行纸币，佯言纸币价值与金银等，严禁人们以纸币卖货时索取比以金银卖货较高的售价。这个法令，言专横，则与其本意所要支持的法令无异；言无效，则有过于其本意所要支持的法令。法律可以使一先令在法律上等于一几尼，因为它可以指导法庭解除这样拿出一先令的债务人的义务。但是，售货与否，卖者各有自由。强迫卖者视一先令为一几尼，却是法律所办不到的。所以，有的时候英国对这一些殖民地的汇兑，一百镑可以等于一百三十镑，而对另一些殖民地，一百镑却简直可以等于一千一百镑，虽有这样的法令，亦无可奈何。试研究其中原因，就知道价值悬殊，乃是因为各殖民地发出去的纸币额，极不相等。而且，纸币兑现期限，长短不一，兑现可能性，亦大小不同。

这样看来，国会议决殖民地以后发行的纸币，都不得定为法币，是最适当不过的。为什么各殖民地都不赞成这个议决案呢？

与我国其他殖民地比较，本雪文尼亚对发行纸币往往比较持重。那里的纸币，据说，从来没有低落到未发纸币以前的金银价值以下。但在纸币第一次发行以前，本雪文尼亚已提高殖民地铸币的单位名称，且由议会议决，英国五先令的铸币，在殖民地境内流通，可以当作六先令三便士，后来又提高至六先令八便士。所以，殖民地货币一镑，即使在通货是金银币的时候，和英币一镑比较，价值已低百分之三十以上，在通货是纸币时，其价值低于英币一镑的价值，很少大大超过百分之三十。主其事者，以为这样提高铸币单位名称，使等量金银，在殖民地比在母国当作更大的数目使用，即可防止金银输出，却不知道殖民地铸币的单位名称提高后，由母国运来的货物的价格，亦必按比例提高，金银输出，还是一样迅速。

殖民地纸币，既许人民按其面额用以完纳本州各种赋税，不折不扣，所以，即使纸币真的或被认为要在很久以后才兑现，其价值亦定可多少增加一些。不过这种增加价值，要看本州发行的纸币额怎样超过本州缴纳赋税所能使用的纸币额，而有多少不等。据我们考察所得，各州纸币额，都大大超过本州缴纳赋税所能使用的纸币额。

一国君主，如果规定赋税中有一定部分必须用纸币缴纳，那么，即使纸币什么时候兑现，全视国王的意志，亦定能多少提高纸币的价格。发行纸币的银行，若测度纳税所需，使所发纸币额，常常不够应付纳税人的需求，那纸币价值，即将高于它的面值，或者说，纸币在市场上所能买得的金银币，会多过它票面所标志的数量。但有些人就根据这点，来说明所谓阿姆斯特丹银行纸币的升水，即说明它的价值何以高于通用货币，虽然据他们说，这种纸币不能凭所有者的意志随便拿出行外去。他们说，大部分外国汇票，须以银行纸币兑付，换言之，须在银行账簿上转账；该银行理事先生，故意使银行纸币额，常常不够应付这用途的需要。他们说，这就是阿姆斯特丹银行纸币常比金银币价值高百分之四甚至百分之五的理由。但我们将在后面看到，这种说明是很不确实的。

纸币价值，虽可落在金银铸币价值之下，但金银价值，不会因纸币价值下落而下落。金银所能换得的他种货物的量，不会因此减少。金银价值对其他货物价值的比例，无论在什么场合，都不取决于国内通用纸币的性质与数量，而取决于当时以金银供给商业世界大市场的金银矿藏的丰瘠，换言之，取决于一定数量金银上市所需要的劳动量对一定数量他种货物上市所需要的劳动量的比例。

银行发行钞票，若有限制而且可随时兑现，即可不致妨碍社会安全，而银行的其他营业，亦就可任其自由。英格兰和苏格兰两地，近年来，银行林立，许多人引为隐忧。但其设立，不仅无害于社会；社会安全，反从而增进了。银行林立，竞争者多，为提防同业进行恶意的挤兑，各行的营业自必格外慎重，所发纸币，亦必对现金额数保持适当的比例。这种竞争，可使各银行的纸币限在较狭范围内流通；可使各银行在流通中的纸币因而减少。全部纸币既分别在更多的区域流通，所以，一个银行的失败（这是必有的事），对于公众，影响必定较小。同时，这种自由竞争，又使银行对于顾客的营业条件，必须更为宽大，否则将为同业所排挤。总之，一种事业若对社会有益，就应当任其自由、广其竞争。竞争愈自由、愈普遍，那事业亦就愈有利于社会。

第三章　论资本积累并论生产性和非生产性劳动

有一种劳动,加在物上,能增加物的价值;另一种劳动,却不能够。前者因可生产价值,可称为生产性劳动,后者可称为非生产性劳动。[①] 制造业工人的劳动,通常会把维持自身生活所需的价值与提供雇主利润的价值,加在所加工的原材料的价值上。反之,家仆的劳动,却不能增加什么价值。制造业工人的工资,虽由雇主垫付,但事实上雇主毫无所费。制造业工人把劳动投在物上,物的价值便增加。这样增加的价值,通常可以补还工资的价值,并提供利润。家仆的维持费,却是不能收回的。雇用许多工人,是致富的方法,维持许多家仆,是致贫的途径。但家仆的劳动,亦有它本身的价值,像工人的劳动一样,应得到报酬。不过,制造业工人的劳动,可以固定并且实现在特殊商品或可卖商品上,可以经历一些时候,不会随生随灭。那似乎是把一部分劳动贮存起来,在必要时再提出来使用。那种物品,或者说那种物品的价格,日后在必要时还可用以雇用和原为生产这物品而投下的劳动量相等的劳动量。反

① 一些博学多能的法国作家,在另一意义上使用这些字眼。在第四篇最后一章,我将指出他们所用的意义是不适当的。

之，家仆的劳动，却不固定亦不实现在特殊物品或可卖商品上。家仆的劳动，随生随灭，要把它的价值保存起来，供日后雇用等量劳动之用，是很困难的。

有些社会上等阶级人士的劳动，和家仆的劳动一样，不生产价值，既不固定或实现在耐久物品或可卖商品上，亦不能保藏起来供日后雇用等量劳动之用。例如，君主以及他的官吏和海陆军，都是不生产的劳动者。他们是公仆，其生计由他人劳动年产物的一部分来维持。他们的职务，无论是怎样高贵，怎样有用，怎样必要，但终究是随生随灭，不能保留起来供日后取得同量职务之用。他们治理国事，捍卫国家，功劳当然不小，但今年的治绩，买不到明年的治绩；今年的安全，买不到明年的安全。在这一类中，当然包含着各种职业，有些是很尊贵很重要的，有些却可说是最不重要的。前者如牧师、律师、医师、文人；后者如演员、歌手、舞蹈家。在这一类劳动中，即使是最低级的，亦有若干价值，支配这种劳动价值的原则，就是支配所有其他劳动价值的原则。但这一类劳动中，就连最尊贵的，亦不能生产什么东西供日后购买等量劳动之用。像演员的对白，雄辩家的演说，音乐家的歌唱，他们这一般人的工作，都是随生随灭的。

生产性劳动者、非生产性劳动者以及不劳动者，同样仰食于土地和劳动的年产物。这生产物的数量无论怎么大，绝不是无穷的，而是有限的。因此，用以维持非生产性人手的部分愈大，用以维持生产性人手的部分必愈小，从而次年生产物亦必愈少。反之，用以维持非生产性人手的部分愈小，用以维持生产性人手的部分必愈大，从而次年生产物亦必愈多。除了土地上天然生产的物品，一切年产物都是生产性劳动的结果。

固然，无论在哪一国，土地和劳动的年产物，都是用来供给国内居民消费，给国内居民提供收入，但无论出自土地或出自生产性劳动者之手，它们都是一出来就自然分成两个部分。一部分（往往是最大的一部分）是用来补偿资本，补充从资本取出来的食料、材料和制成品；另一部分，则或以利润形式作为资本所有者的收入，或以地租形式作为地主的收入。就土地生产物说，一部分是用来补偿农场主的资本，另一部分用来支付利润作为资本所有者的收入，或支付地租作为地主的收入。就大工厂的生产物说，一部分（往往是最大的一部分）是用以补偿厂商的资本，另一部分则支付利润，作为资本所有者的收入。

用来补偿资本的那一部分年产物，从来没有立即用以维持非生产性劳动者，而是用以维持生产性劳动者。至于一开始即指定作为利润或地租收入的部分，则可能用来维持生产性劳动者，也可能用来维持非生产性劳动者。

把资财一部分当作资本而投下的人，莫不希望收回资本并兼取利润。因此，他只用以雇用生产性劳动者。这项资财，首先对其所有者提供资本的作用，以后又构成生产性劳动者的收入。至于他用来维持非生产性劳动者的那一部分资财，从这样使用的时候起，即由他的资本中撤出来，放在他留供直接消费的资财中。

非生产性劳动者和不劳动者，都须仰给于收入。这里所谓收入，可分为两项：一，在年产物中有一部分，一开始即指定作为某些人的地租收入或利润收入；二，在年产物中又有一部分，原是用来补偿资本和雇用生产性劳动者的，但在归到获得它的人们手中后，除维持他们衣食外,他们往往不分差别地用来维持生产性劳动者和非生产性劳动者。例如,不仅是大地主和富商,就连普通工人,在工资丰厚的场合,也常雇用个把家仆,看回木偶戏。这样,他就拿一部分收入来维持非生产性劳动者了。并且,他也许要纳一些税。这时,他所维持的那些人,虽然尊贵得多,但同样是不生产的。不过按照常情,原想用来补偿资本的那部分年产物,在还未用以雇用本要雇用的足够的生产性劳动者,推动他们工作以前,绝不至移用来维持非生产性劳动者。劳动者在未作工获得工资以前,要想用一部分工资来维持非生产性劳动者,是绝不可能的。而且,那部分工资往往不多。这只是他节省下来的收入;就生产性劳动者的情况说,无论怎样,也节省不了许多,不过,他们总有一些。就赋税说,因为他们这一阶级的人数是很多很多的,所以,他们各个所纳虽很有限,但他们这一阶级所纳的,却很可观。地租和利润,无论在什么地方,都是非生产性劳动者生活所依赖的主要资源。这两种收入,最容易节省。它们的所有者可以用来雇用生产者,亦同样可以用来雇用不生产者。但是,大体上,他们似乎特别喜欢用在后一方面。大领主的费用,通常用于供养游惰人们的多,用于供养勤劳人民的少。富商的资本虽只用来雇用勤劳人民,但像大领主一样,他的收入也大都用来豢养不生产的人们。

我们说过,由土地、由生产性劳动者生产出来的年产物,一生产出来,就有一部分被指定作为补偿资本的基金,还有一部分作为地租或利润的收入。我们现在又知道,随便在哪一国,生产者对不生产者的比例,在很大程度上取决于这两个部分的比例。而且,这比例,在贫国和富国又极不相同。

今日欧洲各富国，往往以土地生产物的极大部分用来补偿独立富农的资本，其余则用以支付他的利润与地主的地租。但在昔日封建政府林立的时候，年产物的极小部分已经足够补偿耕作的资本。因为那时候耕作所需的资本，不过是几头老牛老马，而它们的食物就是荒地上的天然产物，因此，也可把它们看作天然产物的一部分。这些牲畜，一般也是属于地主的，而由地主借给土地耕作者。土地的其余产物，也归地主所有，或作为土地的地租，或作为无甚价值的资本的利润。耕者大都是地主的奴仆，他们的身家财产，都同样是地主的财产。那些不是奴仆的耕者，是可以随意退租的佃户。他们所缴纳的地租，常常名义上和免役租一样，但事实上依然等于全部土地生产物。而且，在和平的时候，地主可随时征用他们的劳役，在战争的时候，他们又须出去服兵役。他们虽然住得离地主的家远一些，但他们隶属于地主，无异于住在地主家里的家奴。他们的劳役既然都须听地主支配，土地生产物当然是全部属于地主。现在欧洲情况却大不同了。在全部土地生产物中，地租所占的比例很少超过三分之一，有时还不到四分之一。但以数量计，改良的土地的地租，却大都已三倍或四倍于往日；现今在年生产物中取出三分之一或四分之一，和往日年产物的全部比较，似乎就有三倍或四倍之多了。在农业日益进步的时代，就数量说，地租虽是日增，但对土地生产物的比例，却是日减。

就欧洲各富国说，大资本现今都投在商业和制造业上。古代贸易很少，制造业简陋，所需资本极少。可是它们所提供利润一定很大。古时利息率很少在百分之十以下。这可证明他们的利润必定足够提供这么大的利息。现在，欧洲各进步国家的利息率，很少在百分之六以上；最进步国家的利息率，且有时低至百分之四、百分之三甚或百分之二。因为富国的资本比贫国多得多，所以富国居民由资本利润而得的收入也比贫国大得多。但就利润与资本的比例说，那就通常小得多。

与贫国比较，富国用来补偿资本的那部分土地和劳动的年产物，当然要大得多。但不仅如此，与直接归作地租和利润的部分比较，它在年产物中所占比例也大得多。此外，与贫国比较，富国雇用生产性劳动的基金，当然要大得多。但也不仅如此。我们说过，一国的年产物，除了一部分定为雇用生产性劳动的基金外，其余是用来雇用生产性劳动，还是用来雇用非生产性劳动，并不一定，但通常是用在后一用途。与贫国比较，富国雇用生产性劳动的基金，在年产物中所占比例，也大得多。

这两种基金的比例，在任何国家，都必然会决定一国人民的性格是勤劳还是游惰。和我们祖先比较，我们是更勤劳的，这是因为，和二三百年前比较，我们用来维持勤劳人民的基金，在比例上，比用来维持游惰人民的基金大得多。我们祖先，因为没受到勤劳的充分奖励，所以游惰了。俗话说：劳而无功，不如戏而无益。在下等居民大都仰给于资本的运用的工商业城市，这些居民大都是勤劳的、认真的、兴旺的。英国和荷兰的大城市，便是很好的例证。在主要依靠君主经常或临时驻节来维持的都市，人民的生计主要仰给于收入的花费，这些人民大都是游惰的、堕落的、贫穷的。罗马、凡尔赛、贡比涅、枫丹白露，是很好的例证。讲到法国，除了卢昂、波尔多两市，其他各议会城市的工商业毫不足道。一般下等人民，由于大都依靠法院人员以及前来打官司的人的费用来维持，所以，大都是游惰的、贫穷的。卢昂、波尔多两市，则因地势关系，商业颇为发达。卢昂必然是巴黎所需物品的集散地点，无论物品是由外国输入或由沿海各地运来。波尔多则为加龙流域所产葡萄酒的集散地点，这些地方产酒丰富，世界闻名，外国人都喜欢饮用，所以输出很多。这样好的地势，当然会吸引资本投到这方面来。因为这样，这两个城市的工业才骎骎日上。其他各议会城市的情形便不同了。人们投下资本，都只为维持本市的消费，换言之，投下的资本为数有限，绝不能超过本市所能使用的限度。巴黎、马德里、维也纳的情形，也都是如此。在这三城市中，巴黎要算最勤劳的了，但巴黎就是巴黎本市制造品的主要销售市场；巴黎本城的消费，就是一切营业的主要对象。既为王公驻节之所、又为工商辐辏之地，既为本市消费而营业、又为外地及外国消费而营业的城市，在欧洲只有伦敦、里斯本和哥本哈根。这三个城市所处的地位都很有利，适合于作为大部分远方消费物品的集散地点。但在花费大收入的城市，除把资本用于供应本地的消费外，想有利地使用资本，就不像在下等人民生计专靠资本的运用来维持的工商大城市那么容易。靠花费收入来维持生活的大部分人们都游惰惯了，使得一些应该勤勉做事的人，亦不免与之同化。所以，在这地方使用资本自然比在其他地方不利。英格兰和苏格兰未合并前，爱丁堡的工商业很不发达。后来，苏格兰议会迁移了，王公贵族不一定要住在那里了，那里的工商业才慢慢振兴起来。但苏格兰的大理院、税务机关等，未曾迁移，所以仍有不少收入是在那里花费。因此，就工商业说，爱丁堡远不及格拉斯哥。格拉斯哥居民的生计，大都靠资本的运用。再者，我们有时看到，在制造业方面很有进展的大乡村的居民，往往由于公侯贵族卜居其间，而变得懒惰和贫困。

所以，无论在什么地方，资本与收入的比例，似乎都支配勤劳与游惰的比例。资本占优势的地方，多勤劳；收入占优势的地方，多游惰。资本的增减，自然会增减真实劳动量，增减生产性劳动者的人数，因而，增减一国土地和劳动的年产物的交换价值，增减一国人民的真实财富与收入。

资本增加，由于节俭；资本减少，由于奢侈与妄为。一个人节省了多少收入，就增加了多少资本。这个增多的资本，他可以亲自投下来雇用更多的生产性劳动者，亦可以有利息地借给别人，使其能雇用更多的生产性劳动者。个人的资本，既然只能由节省每年收入或每年利得而增加，由个人构成的社会的资本，亦只能由这个方法增加。

资本增加的直接原因，是节俭，不是勤劳。诚然，未有节俭以前，须先有勤劳，节俭所积蓄的物，都是由勤劳得来。但是若只有勤劳，无节俭，有所得而无所贮，资本绝不能加大。节俭可增加维持生产性劳动者的基金，从而增加生产性劳动者的人数。他们的劳动，既然可以增加工作对象的价值，所以，节俭又有增加一国土地和劳动的年产物的交换价值的趋势。节俭可推动更大的劳动量；更大的劳动量可增加年产物的价值。

每年节省的像每年花费的一样，经常被消费掉，而且，几乎是同时被消费掉。但消费的人不同。富人每年花费的收入部分，大都由游惰的客人和家用的婢仆消费掉，这些人消费完了就算了，不留下什么作为报酬。至于因要图利而直接转为资本的每年节省下来的部分，也同样并几乎同时被人消费掉，但消费的人是劳动者、制造者、技工。他们会再生产他们每年消费掉的价值,并提供利润。现在假定他的收入都是货币,如果他把它全部花掉,他用全部收入购得的食品、衣服和住所,就是分配给前一种人。如果节省的一部分,为图利而直接转作资本,亲自投用,或借给别人投用,那么,他由这节省部分购得的食品、衣料和住所,就将分配给后一种人。消费是一样的,但消费者不同。

节俭的人,每年所省的收入,不但可在今年明年供养若干更多的生产性劳动者,而且,他好像工厂的创办人一样,设置了一种永久性基金,将来随便什么时候,都可维持同样多的生产性劳动者。这种基金,将如何分派,将用到什么地方,固然没有法律予以保障,没有信托契约或永远管业证书加以规定,但有一个强有力的原理保护其安全,那就是所有者个人的利害关系。如果把这基金的任何部分,用于维持非生产性劳动者,这样不按照原指定用途滥用该基金的人,非吃亏不可。

奢侈者就是这样滥用资本:不量入为出,结果就蚕食了资本。正像把一种敬神之用的基金的收入移作渎神之用的人一样,他把父兄节省下来打算做点事业的钱,豢养着许多游手好闲的人。由于雇用生产性劳动的基金减少了,所雇用的能增加物品价值的劳动量亦减少了,因而,全国的土地和劳动的年生产物价值减少了,全国居民的真实财富和收入亦减少了。奢侈者夺勤劳者的面包来豢养游惰者。如果另一部分人的节俭,不足抵偿这一部分人的奢侈,奢侈者所为,不但会陷他自身于贫穷,而且将陷全国于匮乏。

纵使奢侈者所费全系国产商品,不用一点外国货,结果亦将同样影响社会的生产基金。每年总有一定数量的食品和衣服,本来应该用来维持生产性劳动者的，被用来维持非生产性劳动者。因此，每年一国生产物的价值，总不免低于本来应有的价值。

有人会说，这种花费，不是用来购买外国货，不曾引起金银往外输出，国内货币是不会减少的。但是，假若这一定量的食品和衣服，不被不生产者消费，而是分配给生产者，他们就不仅可再生产他们消费的全部价值，而且可提供利润了。这同量的货币将依然留在国内，却又再生产了一个等价值的消费物品，所以结果将有两个价值，不仅有一个价值。

而且，年生产物价值日趋减落的国家，绝不能保留这同量的货币。货币的唯一功用，是周转消费品。赖有货币，食品、材料与制成品才可实行卖买，而分配给正当的消费者。一国每年所能通用的货币量，取决于每年在国内流通的消费品的价值。每年在国内流通的消费品，不是本国土地和劳动的直接生产物，就是用本国生产物购买进来的物品。国内生产物的价值减少了，每年在国内流通的消费品的价值亦必减少，因而，国内每年所能通用的货币量，亦必减少。因生产物年年减少而被逐出国内流通领域以外的货币，绝不能弃无所用。货币所有者由于利害关系，绝不愿自己的货币放着不用。国内没有用途，他就会不顾法律，不顾禁止，送往外国，用来购买国内有用的各种消费物品。货币每年的输出，将在一定期间内继续着，使国内人民每年的消费额，超过他们本国年产物的价值。繁荣时代从积下来年产物所购买的金银，在这逆境中可支持他们一些时候。但在这场合，金银输出，不是民生凋敝的原因，而是民生凋敝的结果。实际说来，这种输出，甚至还可暂时减少民生凋敝的痛苦。

反过来说，一国年产物的价值增加了，货币量亦必自然增加。每年在国内流通的消费品价值增加了，当然需要更多的货币量来流通。因此，有一部分增加的生产物，必定会四散出去，在有金银的地方，购买必要增加的金银。但在这场合，金银增加，只是社会繁荣的结果，而不是社会繁荣的原因。购买金银的条件，是到处一样的。从矿山掘出，再运到市上来，总需要一定数量的劳动或资本。为这事业而劳动而投资的人，总需要衣食住的供给与收入。这一定数量的供给和收入，就是购买金银的价格。在英格兰购买金银是这样，在秘鲁购买金银也是这样。需要金银的国家，只要出得起这个价格，用不着担心所需的金银会长久缺乏。而不需要的金银，亦不会长久留在国内。

所以，无论我们根据明白合理的说法，说构成一国真实财富与收入的，是一国劳动和土地的年产物的价值，或是依随通俗的偏见，说构成一国真实财富与收入的，是国内流通的贵金属量——总之，无论就哪一个观点说，奢侈都是公众的敌人，节俭都是社会的恩人。

再讲妄为。妄为的结果，和奢侈相同。农业上、矿业上、渔业上、商业上、工业上一切不谨慎的、无成功希望的计划，对于雇用生产性劳动的基金，都有使之减损的趋势。固然，投在这种计划上的资本，亦只由生产性劳动者消费，但由于使用不适当，所以，他们消费的价值，不能充分再生产出来，与使用适当的场合比较，总不免减少社会上的生产基金。

幸而就大国的情形说，个人的奢侈妄为，不能有多大影响。另一部分人的俭朴慎重，总够补偿这一部分人的奢侈妄为而有余。

讲到奢侈，一个人所以会浪费，当然因为他有现在享乐的欲望。这种欲望的热烈，有时简直难于抑制，但一般说来，那总是暂时的偶然的。再讲节俭，一个人所以会节俭，当然因为他有改良自身状况的愿望。这愿望，虽然是冷静的、沉着的，但我们从胎里出来一直到死，从没一刻放弃过这愿望。我们一生到死，对于自身地位，几乎没有一个人会有一刻觉得完全满意，不求进步，不想改良。但是怎样改良呢，一般人都觉得，增加财产是必要的手段，这手段最通俗、最明显。增加财产的最适当的方法，就是在常年的收入或特殊的收入中，节省一部分，储蓄起来。所以，虽然每个人都不免有时有浪费的欲望，并且，有一种人，是无时不有这欲望，但一般平均说来，在我们人类生命的过程中，节俭的心理，不仅常占优势，而且大占优势。

再讲妄为，无论哪里，慎重和成功的事业总占极多数。不慎重、不成功的事业，总占极少数。我们虽然常常看见破产的失意者，但在无数的经营商业的人中，失败的总是全数中的极小部分。一千个中，只有一个吧。破产这种灾祸，对于一个清白的人，实在是极大的极难堪的灾祸。不留意避免它的人，实在不多。当然，不知道避免它的人，像不知道避绞台的人一样，也并非没有。

地大物博的国家，固然不会因私人奢侈妄为而贫穷，但政府的奢侈妄为，却有时可把它弄得穷困。在许多国家中，公众的收入，全部或几乎全部都是用来维持不生产者。朝廷上的王公大臣、教会中的牧师神父，就是这一类人。又如海陆军，他们在平时既一无生产，在战时又不能有所获取，来补偿他们的维持费。甚至在战争继续进行的期间，也如此。这些人，因为他们一无生产，不得不仰给于别人劳动的产物。如果他们人数增加到不应有的数额，他们可能在某一年消费掉这么多的上述产物，以致反无足够余量来维持能在次年有所再生产的生产性劳动者。于是下一年的再生产，一定不及上一年。如果这种混乱情形继续下去，第三年的再生产，又一定不及第二年。那些只应拿人民的一部分剩余收入来维持的不生产者，他们可能消费了人民全收入的这样大的部分，使得这么多人民不得不侵蚀他们的资本，侵蚀维持生产性劳动的基金，以致不论个人多么节俭多么慎重，都不能补偿这样大的浪费。

然而，就经验所得，在大多数场合，个人的节俭慎重，又似乎不仅可以补偿个人的奢侈妄为，而且可以补偿政府的浪费。每个人改善自身境况的一致的、经常的、不断的努力是社会财富、国民财富以及私人财富所赖以产生的重大因素。这不断的努力，常常强大得足以战胜政府的浪费，足以挽救行政的大错误，使事情日趋改良。譬如，人间虽有疾病，有庸医，但人身上总似有一种莫明其妙的力量，可以突破一切难关，恢复原来的健康。

增加一国土地和劳动的年产物的价值，只有两个方法，一为增加生产性劳动者的数目，一为增进受雇劳动者的生产力。很明显，要增加生产性劳动者的数目，必先增加资本，增加维持生产性劳动者的基金。要增加同数受雇劳动者的生产力，唯有增加那便利劳动、缩减劳动的机械和工具，或者把它们改良。不然，就是使工作的分配更为适当。但无论怎样，都有增加资本的必要。要改良机器，少不了增加资本；要改良工作的分配，亦少不了增加资本。把工作分成许多部分，使每个工人一直专做一种工作，比由一个人兼任各种工作，定须增加不少资本。因此，我们如果比较同一国民的前代和后代，发觉那里的土地和劳动的年产物，后代比前代多了，其土地耕作状况进步了，工业扩大了、繁盛了，商业推广了，我们就可断言，在这两个时代间，这国的资本，必定增加了不少。那里一部分人民的节俭慎重所增加于资本的数额，一定是多于另一部分人民的妄为和政府的浪费所侵蚀了的资本的数额。说到这里，我应该声明一句，只要国泰民安，即使政府不是节省慎重的，国家情况，也可有这种进步。不过，我们要正确判定这种进步，不应比较两个相离太近的时代。进步是如此逐渐的，时代太近了，不但看不出它的改良，有时，即使国家是一般地改良了，但我们往往因看到某种产业的凋零或某一地方的衰落，便怀疑它全国的财富与产业都在退步。

和一百年前查理二世复辟时比较，现在英格兰土地和劳动的年产物，当然是多得多了。现在怀疑英国年产物增加的人，固然不多，但在这一百年时间内，几乎每隔五年，即有几本写得很好能使人动听的书或小册子，说英格兰的国富正在锐减，人口正在减少，并且说那里是农业退步，工业凋零，商业衰落。而且，这类书籍，不见得全是党派的宣传品，全是欺诈和见利忘义的产物。我晓得，它们里面有许多是极诚实、极聪明的作家所写的。这些人所叙述的，没有不是他们自己相信的。

再者，和两百年前伊丽莎白即位时比较，查理二世复辟时代英格兰土地和劳动的年产物，必定多得多了。和三百年前约克与兰克斯特争胜时代末期比较，伊丽莎白时代英格兰的年产物，必又多得多了。再推上去，约克与兰克斯特时代，当然胜于诺尔曼征服的时代；诺尔曼征服的时代，当然又胜于撒克逊七国统治的时代。在撒克逊七国统治的时代，英国当然不能说是一个进步的国家，但与朱利阿·恺撒侵略时代（这时，英格兰居民的状况，和北美野蛮人相差不远）比较，又算大进步了。

然而，在这各个时期中，私人有很多浪费，政府也有很多浪费，而且发生了许多次费用浩大的不必要的战争，原用来维持生产者的年产物，有许多移用来维持不生产者。有时，在内讧激烈的时候，浪费的浩大，资本的破坏，在任何人看来，都会感觉这不但会妨碍财富的自然蓄积（实际上确是如此），而且会使国家在这时期之末陷于更为贫困的地位。查理二世复辟以后，英国境况是最幸福最富裕的了，但那时又有多少紊乱与不幸事件发生呢？如果我们是生在那时，我们一定会担心英格兰的前途，说它不仅要陷于贫困，怕还会全然破灭吧。你想想看，伦敦大火以后，继以大疫，又加英荷两次战后的革命骚扰，对爱尔兰战争，1688年、1702年、1742年和1756年四次对法耗费巨大的大战，再有1715年和1745年二次叛乱。不说别的，单就这四次英法大战的结果来说，英国欠下来的债务，就在一亿四千五百万镑以上，加上战争所引起的各种特殊支出，恐怕总共不下二亿镑吧。自革命以来，我国年产物，就常有这样大的部分，用来维持非常多的不生产者。假使当时没有战争，那么当时当作那样用费的资本，其中定有一大部分会改变用途来雇用生产性劳动者。生产性劳动者既能再生产他们消费的全价值，并提供利润，那么，我国土地和劳动的年产物的价值每年的增加，就可想见了，而且每一年的增加，又必能更增多下一年的增加。如果当时没有战争，建造起来的房屋一定更多；改良了的土地一定更广大；已改良土地的耕作一定更加完善；制造业一定增多了，已有的制造业又一定推广了；至于国民真实财富与收入将要怎样增加起来，我们也许难于想象。

政府的浪费，虽无疑曾阻碍英格兰在财富与改良方面的自然发展，但不能使它停止发展。与复辟时代比较，现在英格兰土地和劳动的年生产物是多得多了；与革命时代比较，也是多得多了。英格兰每年用以耕作土地维持农业劳动的资本，也一定比过去多得多了。一方面虽有政府的诛求，但另方面，却有无数个人在那里普遍地不断地努力改进自己的境况，节省、慎重，他们不动声色地、一步一步地把资本累积起来。正是这种努力，受着法律保障，能在最有利情况下自由发展，使英格兰几乎在过去一切时代，都能日趋富裕，日趋改良。而且，将来永远照样进行下去，亦不是没有希望的事体。可是，英格兰从来没有过很节俭的政府，所以，居民亦没有节俭的特性。由此可见，英格兰王公大臣不自反省，而颁布节俭法令，甚至禁止外国奢侈品输入，倡言要监督私人经济，节制铺张浪费，实是最放肆、最专横的行为。他们不知道，他们自己始终无例外的是社会上最浪费的阶级。他们好好注意自己的费用就行了，人民的费用，可以任凭人民自己去管。如果他们的浪费，不会使国家灭亡，人民的浪费，哪里谈得上呢。

节俭可以增加社会资本，奢侈可以减少社会资本。所以，花费等于收入的人，不蓄积资本，亦不蚕食资本，不增加资本，亦不减少资本。不过，我们应该知道，在各种花费方法中，有些比其他更可促进国富的增长。

个人的收入，有的用来购买立时享用的物品，即享即用，无补于来日。有的用来购买比较耐久的可以蓄积起来的物品，今日购买了，就可以减少明日的费用，或增进明日费用的效果。例如，有些富翁简直是室满奴婢，厩满犬马，大吃大用地花。有些宁愿食事俭约，奴婢减少，却修饰庄园，整饬别墅，频兴建筑，广置有用的或专作为装饰的家具、书籍图画等等。有些，却明珰璎珞，灼烁满前。还有些，则有如前数年逝世的某大王的宠臣，衣服满箱，锦绣满床。设有甲乙二富郎，财产相等，甲用其大部分收入，来购买比较耐久的商品，乙则用其大部分收入，来购买即享即用的物品。到后来，甲的境况，必能日渐改进，今日的费用，多少可以增进明日费用的效果。乙的境况，绝不会比原先更好。到底，甲必较富于乙。甲尚有若干货物，虽其价值不如当时所费，但总有多少价值。乙的费用，就连痕迹也没留下来，十年或二十年浪费的结果，真是一无余物。

对个人财富较有益的消费方法，对国民财富亦较有益。富人的房屋、家具、衣服，转瞬可一变而对下等人民中等人民有用。在上等阶级玩厌了的时候，中下阶级的人民，可以把它们买来，所以，在富人一般都是这样使用钱财的时候，全体人民的一般生活状况就逐渐改进了。在一个富裕已久的国家，下等人民虽不能自己出资建造大厦，但往往占有大厦；虽不能自己定制上等家具，但往往使用着上等家具。往日西穆尔的邸宅，现今已经成为巴斯道上的客寓；詹姆士一世的婚床（那是皇后从丹麦带来的嫁奁，作为邻国通婚的礼物），几年前，已经陈列在敦弗林的酒店。在有些无进步也无退步或已稍稍没落的古城，我们有时可发现几乎没有一所房屋是眼前占有人所盖得起的。如果你进里面去，还可见到许多还可适用的非常讲究但已是老式的家具。这些家具绝不可能是眼前使用者花钱定制的。王宫别墅，书籍图像，以及各种珍奇物品，常常又是光荣又是装饰，不但对其所在的本地方如此，对其所属国家亦如此。凡尔赛宫是法兰西的装饰和光荣，斯托威和威尔登是英格兰的装饰和光荣。意大利创造名胜古迹的财富，虽然是减落了，创造名胜古迹的大天才（也许因为没有用处）虽然似乎是湮没了，但那里的名胜古迹，却仍然博得世人的赞赏。

把收入花费在比较耐久的物品上，那不仅较有利于蓄积，而且又较易于养成俭朴的风尚。设使一个人在这方面花费得过多，他可幡然改计，而不致为社会人士所讥评。如果原来是婢仆成群，骤然撤减，如果原来是华筵广设，骤然减省，如果原来是陈设丰丽，骤然节用，就不免为邻人共见，而且好像是意味着自己承认往昔行为的错误。所以，像这样大花大用的人，不是迫于破产，很少有改变习惯的勇气。反之，如果他原爱用钱添置房屋、家具、书籍或图画，以后如果自觉财力不济，他就可以幡然改习，人亦不疑。因为此类物品，前已购置，无需源源购置不绝。在别人看来，他改变习性的原因，似乎不是财力不济，而是意兴已阑。

何况，费财于耐久物品，所养常多；费财于款待宾客，所养较少。一夕之宴，所费为二三百斤粮食，其中也许有一半倾于粪堆，所耗不可谓不大。设以宴会所费，用以雇用泥木工、技匠等等，则所费粮食的价值虽相等，所养的人数必加多。工人们将一便士一便士地、一镑一镑地购买这些粮食，一镑也不会消耗毁弃。一则用以维持生产者，能增加一国土地和劳动的年产物的交换价值，一则用以维持不生产者，不能增加一国土地和劳动的年产物的交换价值。

读者不要以为，费财于耐久物品，即为善行，费财于款待宾客，全为恶行。一个富人把他收入主要用于款待宾客时，即以收入的大部分，分济友伴。如他用以购买耐久物品，利则仅及于一身，非有代价，即不许他人分享。因此，后一种的花费，特别是花于购珠宝、衣饰等等这些琐细东西，常常不仅表示一种轻浮性向，而且表示卑下的自私自利性向。我上面的意思，不过是说，费财于耐久物品，由于助长有价商品的蓄积，所以可奖励私人的节俭习惯，是较有利于社会资本的增进；由于所维持的是生产者而不是不生产者，所以较有利于国富的增长。

第四章　论贷出取息的资财

贷出取息的资财，出借人总是看作资本。出借人总希望借贷期满，资财复归于己，而在借期中借用人因曾使用这资财，要付他年租若干。这种资财，在借用人手里，可用作资本，亦可用作留供目前消费的资财。如果用作资本，就是用来维持生产性劳动者，可再生产价值，并提供利润。在这场合，他无须割让或侵蚀任何其他收入的资源便能偿还该资本及其利息。如果用作目前消费的资财，他就成为浪费者，他夺去了维持勤劳阶级的基金，来维持游惰阶级。在这场合，除非他侵蚀某种收入的资源如地产或地租，他就无法偿还资本，支付利息。

贷出取息的资财，无疑有时兼用在这两种用途上，但用在前一用途的较多，用在后一用途的较少。借钱挥霍的人，势难久立，借钱给他的人，常要后悔愚不可及。除了重利盘剥者，像这样的贷借，对双方都毫无利益。社会上固然难免有这样贷借的事件发生，但因人各自利，所以，可以相信，它不会像我们所想象的那样常有。任何比较谨慎的富人，如果问他愿以大部分资财贷给谋利的人呢，或是浪费的人呢？他听了，怕只会发笑，笑你会提出这样不成问题的问题。借用人虽然不是世上很有名的节俭家，但即在他们之中，节俭的终必比奢侈的多得多，勤劳的终必比游惰的多得多。

借款徒供挥霍的，只有乡绅。乡绅借款，通常有财产为抵押，其所借款，常非用于有利的用途。但就连乡绅，借钱亦并非全供浪费。所借的钱，常常早在未借之前就已用光。他们日常享用的东西，多向商店老板赊购，往往赊得很多，必须出息借款来还清账目，乡绅们所借的资本实是补偿商店老板的资本，他们所收的地租，不够偿还，所以向别人借款来偿还。这时他借钱并不是为了要花费，只是为了要补偿先前已经花掉了的资本。

取息的贷款，大都是以货币借出，或为钞票，或为金银。但借用人所需要、出借人所供给的实际上不是货币而是货币的价值，换言之，是货币所能购买的货物。如果他所要求的是即享即用的资财，那么，他所贷借的便是能够即享即用的货物。如果他所要求的是振兴产业的资本，那么，他所贷借的便是劳动者工作所必需的工具、材料与食品。贷借的事情，实际就是出借人把自己一定部分土地和劳动的年产物的使用权让与借用人，听他随意使用。

货币总是国内各种贷借的手段，不论其为钞票或为铸币。一国能有多少资财在收取利息的方式下出借，或者像一般人所说，能有多少货币在收取利息的方式下出借，并不受货币价值的支配，而受特定部分年产物价值的支配。这特定部分年产物从土地生出或由生产的工人制出后，即被指定作资本用，同时所有者又无意亲自使用，因而借给别人。因为这种资本的出借与偿还，都以货币来往，故被称为金钱上的利害关系。这不仅不同于农业上的利害关系，且不同于工商业上的利害关系，因为在工商业，资本所有者是自己使用自己的资本的。但我们应该知道，即使在金钱上的利害关系方面，货币也不过像一张让与的契约一样，甲把无意亲自使用的资本转让给乙。这样转让的资本量，和作为转让手段的货币的数量相比，不知要大多少倍。同一枚铸币或同一张纸币，可作许多次的购买，亦可连续作许多次的贷借。例如，甲以一千镑借给乙，乙立即用来向丙购一千镑货物。丙因不需货币，就把这一千镑借给丁，丁又立即用来向戊购一千镑货物。戊也因为不需要货币，同样地把这一千镑借给己，己再立即向庚购一千镑货物。所以货币还是原来那几枚铸币或那几张纸币，但不消几天工夫，贷借就已进行三次，购买亦已进行三次了。每一次，在价值上，都与这货币总额相等。甲、丙、戊是有钱出借的人，乙、丁、己是要借钱的人。他们所贷借的，其实只是购买那些货物的能力。贷借的价值与效用，都在于这种购买力。这三个有钱人所贷出的资财，等于这笔货币所能购买的货物的价值，所以，这三次贷借所借出的资财，实三倍于购买所用的货币的价值。假使债务人所购的货物，应用适当，能在相当期间偿还原借的价值及其利息，这种贷借，就十分可靠。而且，这笔货币，既可用作贷借三倍其价值的手段，或基于同一理由，也可用作贷借三十倍其价值的手段，所以，也可连续用作偿还债务的手段。

照这样看，以资本贷入取息，实无异由出借人以一定部分的年产物，让与借用人。但为报答这种让与，借用人须在借用期内，每年以较小部分的年生产物，让与出借人，称作付息；在借期满后，又以相等于原来由出借人让给他的那部分年产物，让与出借人，称作还本。在转让这较小部分和较大部分的场合，货币虽然都作为让与证，但和其所让与的东西，完全不同。

一从土地生出或由生产性劳动者制出，即被指定作补偿资本之用的那一部分年产物，如果增加了，则所谓金钱上的利害关系亦自然随而增加。资本一般增加了，所有者无意亲自使用但望从此得一收入的资本，亦必增加。换言之，资财增加了，贷出生息的资财，亦必逐渐增加。

贷出生息的资财增加了，使用这种资财所必须支付的价格即利息必然低落。那些使物品市价随物品数量增加而减低的一般原因，固然是使这时利息低落的一个原因，但除了这个原因，我们还可寻出几个特殊的原因。第一，一国的资本增加了，投资的利润必减少。要在国内为新资本找到有利的投资方法，将日见困难。资本间的竞争，于是发生，资本所有者常互相倾轧，努力把原投资人排挤出去。但要排挤原投资人，只有把自己的要求条件，放宽一些。他不仅要贱卖，而且，有时因为要出卖，还不得不贵买。第二，维持生产性劳动的基金增加了，对生产性劳动的需求亦必日益增加。因之，劳动者不愁无人雇用，资本家反愁无人可雇。资本家间的竞争提高了劳动的工资，降低了资本的利润。因使用资本而造成的利润既然减低了，为使用资本而付给的代价，即利息率，非随之减低不可。

洛克、劳氏、孟德斯鸠，还有许多别的作家，都以为，因为西属西印度的发现，金银量增加了，这增加就是大部分欧洲利息率低落的真实原因。他们说，这两种金属本身的价值减低了，所以，它们特定部分的使用，亦只有较小的价值，因而使用它们时出得起的价格亦较小。这个观念乍一看来似乎很有道理，但其实是错误的。这错误已为休谟充分揭露了，我们也许没有再讲的必要。但下面极简明的议论，或可进一步说明迷惑这几位先生的谬见。

在西属西印度尚未发现以前，大部分欧洲的普通利息率，似为百分之十。从那时起，各国的普通利息率，似已降为百分之六、百分之五、百分之四，甚至百分之三。姑且假设某国银价低落的比例，恰等于利息率低落的比例。比方说，在利息率由百分之十减至百分之五的地方，等量的银，现在所能购买的货物量，只等于从前的一半。这种假设，真与事实符合吗？我相信，事实绝不如此，但这种假设，对于我现今要考察的那种学说却很有利。而且，就是根据这个假设，我们亦绝不能说，银的价值的低落，有一点点减低利息率的趋势。因为，假若现今一百镑的价值仅等于昔日五十镑的价值，那现今十镑的价值亦就只等于昔日五镑的价值。减低母本价值的原因，无论它是什么，这原因也必然会减低利息的价值，且按同一比例减低其价值。母本价值与利息价值的比例，必然依旧，虽然利息率并未改变。如果利息率真是改变了，这两个价值之间的比例，就非改变不可。如果现今一百镑的价值，只等于昔日五十镑的价值，那么，现今五镑的价值，也只等于昔日二镑半的价值。所以，在母本价值折半的时候，把利息率由百分之十减至百分之五，那对使用资本所付的利息的价值，就只等于昔时利息价值的四分之一了。

在靠白银流通的商品的数量未曾增加的时候，银量增加，只会减低银的价值。这时，各种货品的名义价值，都会增大，但他们的真实价值，却依旧不变。它们可换得较多的银，但它们所能支配的劳动量，所能维持和雇用的劳动者人数，必依旧不变。移转等量资本由甲到乙所需要的银量，可能增加了，但资本却没有增加。那让与证，像冗长的委托书一样，是累赘多了，但所让与的物品，却仍旧一样，而只能产生同样的效果。维持生产性劳动的基金既然依旧，对生产性劳动的需求自然也依旧。所以，生产性劳动的价格或工资，名义上虽是增大了，实际上却是不变。以所付的银量计，工资虽是加大了，以所能购买的货物量计，工资却是依旧。资本利润，无论就名义说，就实际说，都无变动。劳动的工资，因为常以所付银量计算，所以在所付银量增加时，有时工资虽毫无增加，外表上却似乎已经增加。资本的利润，却不是这样。资本利润，不由所得银量的多寡计算。计算利润的时候，我们只计算所得银量与所投资本的比例。比方，我们说到工资，常常说这个国家的普通工资是每星期五先令；我们说到利润，常常说这个国家的普通利润是百分之十。但国内所有的资本，既和从前一样，分有这全部资本的国内各个人的资本的竞争，亦必和从前一样。他们做交易时所享受的便利和从前一样，所遭遇的困难也和从前一样。因此，资本对利润的普通比例依旧不变，而货币的普通利息亦依旧不变。使用货币一般所能支付的利息，必须受使用货币一般所能取得的利润的支配。

在国内流通界货币量不变的场合，国内每年流通的商品量的增加，却除了发生货币价值提高的结果外，还会引起许多别的重要结果。这时，一国资本，名义上虽是依旧，实际上却已增加。它可能仍继续由同量货币表示，但却能支配较大的劳动量。它所能维持和雇用的生产性劳动量增加了，劳动的需求因此亦增加。工资自将随劳动需求的增加而提高，但从表面上看，却可能似乎在下跌。这时劳动者所领受作为工资的货币量，可能比以前少，但现今这较少的货币所能购得的物品量，却比从前较多货币所能购买的物品量还要多。但无论在实际上和名义上，资本的利润都会减少。国内所有的资本总量既已增加，资本间的竞争，当然会随而增加。资本家各自投资的结果，即使所获，在各自资本所雇的劳动的生产物中所占比例比以前小，亦只有自认晦气。货币的利息，既然与资本的利润共进退，所以，货币的价值虽然大增了，换言之，一定量货币所能购买的物品量虽然大增了，但货币的利息仍然可能大减。

有些国家的法律，禁止货币的利息。但由于在任何地方使用资本都会取得利润，所以在任何地方使用资本都应有利息为酬。经验告诉我们，这种法律，不但防止不了重利盘剥的罪恶，反会使它加甚，因为，债务人不但要支付使用货币的报酬，而且要对出借人冒险接受这种报酬支付一笔费用。换言之，要给出借人保险，他不遭受对重利盘剥所处的刑罚。

在放债取利不被禁止的国家，为了禁止重利盘剥，法律往往规定合法的最高利息率。这个最高利息率，总应略高于最低市场利息率，即那些能够提供绝对可靠担保品的借款人借用货币时通常所付的价格。这个法定利息率若低于最低市场利息率，其结果将无异于全然禁止放债取利的结果。如果取得的报酬少于货币使用之所值，则债权人便不肯借钱出去，所以债务人得为债权人冒险接受货币使用之全值而支付一笔费用。如果法定利息率适等于最低市场利息率，则一般没有稳当担保品的人便不能从遵守国法的诚实人那里借到钱，而只好任重利盘剥者盘剥。现在英国，以货币贷给政府，年息为百分之三，贷给私人，若有稳当担保品，则年息为百分之四或百分之四点五，所以，像英国这样的国家，规定百分之五为法定利息率，也许是再适当没有。

必须注意,法定利息率,虽应略高于最低市场利息率,但亦不应高得过多。比方说,如果英国法定利息率,规定为百分之八或百分之十,那么,就有大部分待借的货币,会借到浪费者和投机家手里去,因为只有他们这一类人,愿意出这样高的利息。诚实人只能以使用货币所获的利润的一部分,作为使用货币的报酬,所以,不敢和他们竞争。这样,一国资本,将有大部分会离开诚实的人,而转到浪费者手里,不用在有利的用途上,却用在浪费资本和破坏资本的用途上。反之,在法定利息率仅略高于最低市场利息率的场合,有钱出借的都宁愿借给诚实人,不愿借给浪费者和投机家。因为借给诚实人所得的利息,和借给浪费者所收取的利息几乎相同,而钱在诚实人手上,稳当得多。这样,一国资本就大部分在诚实人手中,而在这些人手中的资本,大抵都用得有利。

没有任何法律,能把利息减低到当时最低普通市场利息率之下。1766 年,法国国王规定利息率须由百分之五减至百分之四,但结果,人民用种种方法逃避该法律,民间借贷利息率仍为百分之五。

应该指出,土地的普通市场价格,取决于普通市场利息率。有资本不愿亲自使用但愿从此得一收入的人,对于究竟把它用来购买土地好,还是把它借出取息好,通常总是再三盘算的。土地财产是极稳当可靠的,除此以外,大都还有其他几种利益。所以,比较起来,把钱贷给别人收取利息,所得虽更多,但他通常却宁愿购买土地而得较小收入。这些利益可以抵补收入上一定的差额,但亦只能抵补收入上一定的差额。如果土地地租远逊于货币利息,那就谁也不愿购买土地,土地的普通价格必因而跌落。反之,如果这些利益抵偿这差额后还有许多剩余，那就谁也宁愿购买土地，土地普通价格就会提高。在利息率为百分之十时，土地售价常为年租的十倍或十二倍。利息率减至百分之六、百分之五、百分之四时，土地售价就上升到年租的二十倍、二十五倍，甚至三十倍。法国市场利息率高于英国；法国土地的普通价格低于英国。英国土地售价常为年租的三十倍；法国土地售价常为年租的二十倍。

第五章　论资本的各种用途

一切资本，虽都用以维持生产性劳动，但等量资本所能推动的生产性劳动量，随用途的不同而极不相同，从而对一国土地和劳动的年产物所能增加的价值，亦极不相同。

资本有四种不同用途。第一，用以获取社会上每年所须使用所须消费的原生产物；第二，用以制造原生产物，使适于眼前的使用和消费；第三，用以运输原生产物或制造品，从有余的地方运往缺乏的地方；第四，用以分散一定部分的原生产物或制造品，使成为较小的部分，适于需要者的临时需要。第一种用法是农业家、矿业家、渔业家的用法；第二种用法是制造者的用法；第三种用法是批发商人的用法；第四种用法是零售商人的用法。我以为，这四种用法，已经包括了一切投资的方法。

这四种投资方法，相互关系密切，少了一种，其他不能独存，即使独存，亦不能发展。为全社会的福利计，亦是缺一不可。

一，假设没有资本用来提供相当丰饶的原生产物，制造业和商业恐怕都不能存在。二，原生产物，有一部分往往要加工制造后才适于使用或消费。假设没有资本投在制造业中把它加工，则这种原生产物将永远不会被生产出来，因为没有对它的需求；或如果它是天然生长的，它就没有交换价值，不能增加社会财富。三，原生产物及制造品富饶的地方，必以所余运往缺乏的地方，假设没有资本投在运输业中，这种运输便不可能。于是它们的生产量便不能超过本地消费所需要的。批发商人的资本，可通有无，使这个地方的剩余生产物交换别个地方的剩余生产物，所以，既可以奖励产业，又可以增进这两个地方的享用。四，假设没有资本投在零售商业中，把大批原生产物和制造品分成小的部分，来适应需要者的临时需要，那么，一切人对于所需的货品都得大批买进来，超过目前的必需。假设社会上没有屠户老板，我们大家都非一次购买一头牛或一头羊不可。这对富人也一定是不便的，对贫民将更为不便。贫穷劳动者如果要勉强一次购买一个月或半年的粮食，那他的资本一定有一大部分，不得不改作留供目前消费的资财，一定有一部分本来能提供收入的，不得不变作不能提供收入的。职业上的工具，店铺内的家具，都非减少不可。对这种人来说，最方便的办法，是在需要生活品的时候，能够逐日购买，逐时购买。这样，他可以把几乎全部资财用作资本。于是他所能提供的工作的价值扩大了，而他从此所获的利润，将足以抵消零售商的利润对货物价格所增加的数目而有余。有些政论家对商店老板的成见是完全没有根据的。小商贾群立，虽然他们相互间也许有妨害，但对社会毫无妨害。所以，不需要对他们课税，或限制他们的人数。例如，某市及其邻近地带对于杂货的需求限制着该市所能售出的杂货量，因此可投在杂货商业上的资本，绝不可能超过足以购买这数量杂货所必需的数额。这种有限的资本，如果分归两个杂货商人经营，这两人间的竞争，会使双方都把售价减低得比一个人独营的场合便宜。如果分归二十个杂货商人经营，他们间的竞争会更剧烈，而他们结合起来抬高价格的可能性会变得更小。他们间的竞争,也许会使他们中一些人弄得破产,但这种事情,我们不必过问,当事人应该自己小心。他们的竞争,绝不会妨害消费者,亦不会妨害生产者。比之一两个人独占的时候,那只能使零售商人贵买而贱卖。零售商人多了,其中也许有坏分子,诱骗软弱顾客购买自己全不需要的货品。不过,这种小弊害,不值得国家去注意,更用不着国家去干涉。限制他们的人数不一定能杜绝这个弊害。举一个最显著的例子,不是因为市场上有许多酒店,我们社会上才有饮酒的风尚;而是社会上由于他种原因而产生了好饮酒的风尚,才使市场上有许多酒店。

把资本投在这四种用途上的人,都是生产性劳动者,他们的劳动,如果使用得当,就可固定而且实现在劳动对象或可卖物品上,至少,也可把维持他们自身和他们自身消费掉的价值,加在劳动对象或可卖物品的价格上。农场主、制造者、批发商人、零售商人的利润,都来自前两者所生产及后两者所售卖的货品的价格。但是,各自投在这四种用途的资本虽相等,但因用途不同,等量资本所直接推动的生产性劳动量却不相同,从而,对于所属社会土地和劳动的年产物所增加的价值的比例,亦不相同。

向批发商人购买货物的零售商人的资本,补偿并提供批发商人的资本及其利润,使其营业得以继续。零售商的资本,只直接雇用了他自己,他自己就是受雇的唯一的生产性劳动者。这资本的使用,对社会的土地和劳动的年产物所增加的价值,只是他自己的利润。

向农业家购买原生产物、向制造者购买制造品的批发商人的资本，补偿并提供农业家和制造者的资本及其利润，使其营业得以继续。这就是批发商间接维持社会上生产性劳动，增加社会年产物价值的主要方法。他的资本，也雇用了运输货物的水手脚夫。所以它对于这种货物的价格所增加的，不仅等于批发商自己利润的价值，而且还包括水手脚夫工资的价值。它所直接雇用的生产性劳动只如此；对于年产物它所直接增加的价值亦只如此。但批发商人的资本在这两方面的作用要比零售商人的资本大得多。

制造者的资本，有一部分用作固定资本，投在他的生意所用的工具上，补偿出卖这些工具的其他制造者的资本并给他们提供利润。其余就是流动资本。在流动资本中，有一部分是用来购买材料，这部分补偿供给这些材料的农业家和矿商的资本并给他们提供利润。但其大部分，是一年一次地或在比一年短得多的时间内分配给他所雇用的工人的。所以，他的资本对他所加工的材料所增加的价值，包括有雇工的工资，和雇主投资支付工资和购买材料工具应得的利润。所以，与批发商人的等量资本比较，他的资本所直接推动的生产性劳动量，大多了，对于社会的土地和劳动的年产物所增加的价值，亦大多了。

农业家资本所能推动的生产性劳动量最大。他的工人是生产性劳动者，他的牲畜也是生产性劳动者。在农业上，自然也和人一起劳动；自然的劳动，虽无须代价，它的生产物却和最昂贵的工人生产物一样，有它的价值。农业的最重要的任务，与其说是增加自然的产出力，无宁说是指引自然的产出力，使生产最有利于人类的植物，虽然它也增加自然的产出力。长满蓬蒿荆棘的田地可能生产的植物，常常不比耕作最好的葡萄园或谷田所能生产的少。耕耘与其说是增益自然的产出力，无宁说是支配自然的产出力。人工以外，尚有大部分工作，非赖自然力不可。所以，农业上雇用的工人与牲畜，不仅像制造业工人一样，再生产他们消费掉的价值（或者说，再生产雇用他们的资本）及资本家的利润，而且生产更大的价值。他们除了再生产农业家的资本及利润外，通常还要再生产地主的地租。这种地租，可以说是地主借给农业家使用的自然力的产物。地租的大小取决于想象上的自然力的大小，换言之，取决于想象上的土地的自然产出力或土地的改进产出力的大小。减除了一切人的劳作之后，所余的便是自然的劳作。它在全生产物中，很少占四分之一以下，很常占三分之一以上。用在制造业上的任何同量的生产性劳动，都不能引出这样大的再生产。在制造业上，自然没做什么，人做了一切；再生产的大小，总是和导致再生产的生产因素的力量的大小成比例。所以，和投在制造业上的等量资本比较，投在农业上的资本，不仅推动较大的生产性劳动量，而且，按照它所雇用的生产性劳动的量来说，它对一国土地和劳动的年产物所增加的价值，对国内居民的真实财富与收入所增加的价值，都大得多。在各种资本用途中，农业投资最有利于社会。

投在农业上和零售业上的资本，总是留在本社会内。它们的使用，有一定地点，在农业，是农场；在零售业，是商店。而且，它们的所有者，大都是本社会内的居民。当然，有时也有例外。

批发商人的资本，却似乎不固定或停留在什么地方，而且也没有必要固定或停留在什么地方。因为要贱买贵卖，他们的资本往往周游各地。

制造者的资本，当然要停留在制造的场所。但在什么地方制造，却似乎没有确定的必要。有时，制造的场所，不仅离材料出产地点很远，且离制成品销售地点也很远。里昂制造业的材料，从很远的地方运来，那里的出品，也要运到远处才有人消费。西西里时髦人的衣料是别国制造的丝绸；丝绸的材料，却又是西西里的产物。西班牙的羊毛，有一部分在英国制造，但英国织成的毛织物，却有一部分后来又送还西班牙。

投资于国内剩余生产物输出事业的人，无论是我们本国人或是外国人，无关重要。如果是外国人，我国受雇的生产性劳动者人数，当然比较少，但只少一个；我国的年产物价值，也当然比较少，但也只少这一个人的利润。至于所雇用的水手脚夫是不是本国人，那与他是否本国人无关，他是本国人，也可以雇用外国的水手脚夫。输出人虽有国籍上的差别，但以资本输出国内剩余生产物来交换国内需要的物品，那就无论是外国人或是本国人的资本，对这剩余生产物所给予的价值，总是一样的。批发商人是本国人也好，不是本国人也好，他的资本，同样有效地使生产这剩余生产物的人的资本得以偿还，同样有效地使生产这剩余生产物的人的营业得以继续经营下去。这就是批发商人资本对维持本国生产性劳动和对增加本国年产物价值所提供的主要助力。

比较重要的是，制造者的资本应留在国内。因为有这种资本留在国内，本国所能推动的生产性劳动量必较大，本国土地和劳动的年产物所能增加的价值也必较大。但不在本国境内的制造者资本也对本国极有效用。譬如，英国亚麻制造者年年投资从波罗的海沿岸各地输入亚麻来加工。此等资本，虽非产麻国所有，但对产麻国有利，则很明了。这种亚麻，只是产麻国的一部分剩余生产物，设不年年输出，以交换本地所需各物，即无价值可言，其生产将立即停止。输出亚麻的商人可偿还亚麻生产人的资本，从而鼓励他们继续生产；英国制造者，又可偿还这种商人的资本，使他们继续运输。

像个人一样，一个国家往往没有足够资本，既把一切土地改良和耕种起来，又把全部原生产物加工起来，使适于直接的消费及使用，又把剩余的原生产物及制造品运往远方的市场换取国内需要的物品。不列颠许多地方的居民，没有足够资本来改良和耕种他们所有的全部土地。苏格兰南部的羊毛，就大部分因为当地缺乏资本，不得不经过极不平坦的道路，用车运到约克郡去加工。英国有许多小工业城市，其人民没有足够资本把产品运到需要它们的远方市场去销售。他们中，纵使有个把商人，亦只好说是大富商的经理人。这种大富商，往往住在比较大的商业城市里。

一国资本，要是不够同时兼营这三种事业，那么，我们就可以说，投在农业上的部分愈大，所推动的国内的生产性劳动量也愈大，同时，对社会土地和劳动的年产物所增加的价值也愈大。除了农业，当推制造业。投在出口贸易上的资本，在三者中，效果最小。

所有资本还不足兼营这三事业的国家，就其富裕的程度说，实未达到自然所允许达到的最高点。无论就个人说，就社会说，企图以不充足的资本，在时机未成熟时兼营这三事，都不是取得充足资本的最捷途径。正像一个人的资本有一定的限度一样，国内全体人民的资本亦有一定的限度，只够用于某几方面。要增加个人资本，须从收入内节省而不断蓄积；要增加国民资本，亦须从收入内节省而不断蓄积。因此，资本的用途，若能给国内全体居民提供最大的收入，从而使全体居民都能作最大的积蓄，则国民资本大概就会极迅速地增加起来。但国内全体居民收入的大小，必定以国民土地和劳动的年产物的大小为转移。

英属美洲殖民地，几乎把所有的资本都投在农业上。那里也就主要为了这个原因，才很迅速地日趋于富强。那里，除了家庭制造业和粗糙制造业（这种制造业，一定会随着农业的进步而产生，每个家庭的妇女儿童，都能经营这种工作），就没有制造业。至于输出业和航运业，则大部分由住在英国的商人投资经营。甚至有些省份，特别是弗吉尼亚和马里兰，经营零售生意的店铺和栈房亦为居住在母国的商人所有。零售业不由本地商人资本经营的事例不多，这就是其中之一。假使美洲人联合起来，或用其他激烈手段，阻止欧洲制造品输入，使能够制造同种物品的本地人有独占的机会，因而使本地大部分资本，转投到制造业上来，结果将不但不能加速他们年产物价值的增进，恐怕还会加以阻碍，不但不能使其国家渐臻于富强，恐怕还会加以妨害。同样，如果他们要设法垄断全部输出业，结果也许更会如此。

人类繁荣的过程，似乎从来未曾延续这样的久，使得任何一个大的国家，可从而获得了足够的资本来兼营这三种事业，除非我们认为关于中国、古埃及、古印度的富裕和农业情况的那些奇异记载，是可以置信的。然而，就连一切记载所推为世界上最富的这三个国家，也只主要擅长农工业。他们的国外贸易，并不繁盛。古埃及人对于海洋，有一种迷信的畏惧心；印度人亦常有这种迷信；至于中国的对外通商，向来就不发达。这三个国家的剩余生产物，似乎大部分都是由外国人运到外国去，换回它们所需要的其他东西，那常常是金银。

这样，同一资本在国内所推动的劳动量有多有寡，所增加的土地和劳动的年产物价值有大有小，要看它投在农业上、工业上、批发商业上的比例的不同而不同。而且，同是批发商业，投资结果，亦将因所营批发商业的种类不同而极不相同。

一切批发贸易，或一切大批买进来以便大批再卖出去的贸易，可分作三类，即国内贸易、消费品的国外贸易和运送贸易。国内贸易是从国内这个地方买国产货物进来，再在国内另一个地方把它卖出去，那包括内陆贸易和沿海贸易。消费品的国外贸易是购买外国货物，供本国消费。贩运贸易，是从事各外国间的贸易，即以甲国的剩余产物运往乙国。

投资在国内贸易上，购买国内甲地产物运往乙地售卖，往返一次，一般可以偿还两个都是投在本国农业或工业上的资本，使本国的农业制造业不致中断。运用资本，从商人店里，把一定价值的商品运出去，结果，大都至少可以换还一个等价值的别种商品。所以，假若交换的两方，全是本国产业的产物，结果当然可以偿还本国两个用来维持生产性劳动的资本，使能继续用来维持生产性劳动。比如，把苏格兰制造品运到伦敦，再把英格兰谷物或制造品运到爱丁堡来的资本，往返一次，无疑可以换还两个投在英国制造业或农业上的资本。

国内消费的外国货物如果是用本国产业的产物来购买，那么，每往返一次，投在这种贸易上的资本，也能换还两个不同的资本，不过其中只有一个是用来维持本国产业的。例如，把英国货物运至葡萄牙，再把葡萄牙货物运至英国的资本，往返一次，只补还一个英国资本。另一个却是葡萄牙的。所以,即使此种贸易能像国内贸易同样快地赚回本利,投在此种贸易上的资本,比较起来,亦只能鼓励半数的本国产业,鼓励半数的本国生产性劳动。

但是,此种贸易很少能像国内贸易那么快地赚回本利。国内贸易的本利,大都每年能赚回一次,甚至三四次。此种贸易的本利,每年赚回一次,已属难能,二三年赚回一次,亦非仅见。往往,投在国内贸易上的资本,已经运用了十二次,即付出而又收回了十二次,而投在此种贸易上的资本,仅运用一次。所以,两个资本要是相同,投在国内贸易上的资本,与投在对外贸易上的资本比较,前者对于本国产业,往往可提供二十四倍的鼓励与扶持。

国内消费的外国货物,有时是不用本国产物换购,而用第二外国货品换购。但这第二外国货品,非直接由本国产品换购,必间接由本国产品换购,即以本国产物,购买第三外国货品,再用以购买第二外国货品,因为除了战争和征服的场合,外国货品,只有用本国产品直接换购而得,或用本国产品经过两三次不同交易间接换购而得,此外别无他法可以获得。所以,使用于这样迂回的消费品国外贸易的资本,和使用于最直接的消费品国外贸易的资本比较,除了它最后的收回,由于必须依靠两三次不同对外贸易的资本的收回,所需时间较长这一点外,无论就哪一点说,都有相同的效果。设使商人以英国制造品换购弗吉尼亚的烟草,再用弗吉尼亚的烟草换购里加的麻枲,那么,非经过两次对外贸易,资本不能返到商人手上,再用来购买同量的英国制造品。再假设用以购买弗吉尼亚烟草的,不是英国制造品,却是牙买加的砂糖,牙买加的砂糖,才由英国制造品购换,那就得等候三次对外贸易资本的收回,该商人才能再使用同一资本购买同量的英国制造品。又假设经营这二次或三次对外贸易的，是两三个不同的商人。第一个商人输入的货品，归第二个买去输出，第二个输入的货品，又归第三个买去输出，那就各个商人说，各自资本的收回，确是比较迅速；但投在贸易上全部资本的最后收回，却是一样迟缓。投在这种迂回贸易上的资本，究为一人所有，或为三人所有，对个别商人，虽有关系，但对国家，却毫无关系。无论为一人所有，或为三人所有，间接用一定价值的英国制造品来交换一定量麻枲，与英国制造品和麻枲直接互相交换的场合比较，所需资本总必大三倍。所以，和比较直接的消费品国外贸易比较，投在迂回的消费品国外贸易上的资本，虽数量相等，但它对于本国生产性劳动所提供的鼓励与扶持却往往要少些。

用以购买国内消费的外国货品的，无论是什么外国商品，都不能改变贸易的性质，不能增减它对本国生产性劳动所能提供的鼓励与扶持。如果用的是巴西的金，秘鲁的银，这金银的购买，就像弗吉尼亚烟草的购买一样，当然少不了要用某种本国产业的产物，或由本国产物换购的某种物品。所以，就本国的生产性劳动说，无论在利的方面，在害的方面，在偿还直接用来维持该生产性劳动的资本的迟速方面，以金银为手段的消费品的国外贸易，都和任何其他同样迂回的消费品国外贸易一样，毫无区别。比较起来，以金银为手段的消费品的国外贸易，似乎还有一个好处。金银为物，可在小容积中包含大价值，故与等价值的其他货品比较，运输费是比较的小，保险费却未必较大。此外，金银在运输过程中，比较不容易遭受破损。所以，用金银作媒介，比较用别种外国货物作媒介，我们往往可用较小量本国货物购得等量的外国货品。所以，比较起来，用别种外国货物作媒介，不如用金银作媒介，因为国内的需求可从而得到更充分的供给，而所费又比较的少。至于不断输出金银以购买本国需要的外国货物，能否陷国家于贫困，这问题我们以后要从长讨论。

投在运送贸易上的资本，全是从本国抽调出来，不用来维持本国的生产性劳动，却转用来维持外国的生产性劳动，这种贸易经营一次，虽可偿还两个资本，但全非本国所有。从波兰运谷物到葡萄牙，再运葡萄牙水果、葡萄酒到波兰的荷兰商人的资本，确乎偿还了两个资本，但全非用来维持荷兰的生产性劳动。其中，一个是用来维持波兰的生产性劳动，一个是用来维持葡萄牙的生产性劳动，归到荷兰去的，只是荷兰商人的利润。有了这种贸易，荷兰土地和劳动的年产物并不是没有增加，但所增加的只限于此。固然，如果运送贸易所用的船舶与水手是本国的船舶与水手，那么，为支付运费而使用的那一部分资本，是用来推动本国的生产性劳动，用来雇用本国的生产性劳动者的。事实上，运送贸易旺盛的国家，几乎都是这样进行的。运送贸易的名词，也许就是由此而来，因为这种国家的人民，对外国人来说常常是运送者。但运输所需要的船舶与水手，不一定为本国所有。比方说，经营波兰葡萄牙间运送贸易的荷兰商人，不一定要用荷兰船舶，用英国船舶也未始不可。我们可以说，在某些时候，他的确是这样做。就是因为这个缘故，人们认为，运送贸易特别有利于像英国这种国家，它的国防与安全取决于船舶与水手的数目。但是，在消费品的国外贸易方面，甚至在国内贸易方面，同量的资本，可照样雇用那么多的船舶与水手，如果所必需的运输，是用近海航船来进行的话。一定数量的资本，究竟能雇用多少船舶与水手，不取决于贸易的性质，而是一部分取决于货物容积与货物价值的比例，一部分取决于运输海港间的距离。在这两个条件中，前者尤为重要。纽卡斯尔与伦敦间的煤炭贸易，虽两海港相距甚近，但所雇用的船舶与水手，比英格兰全部运送贸易更多。所以，以异常的奖励，强迫一国资本，使不按照自然趋势，而以过大部分投在运送贸易上，是否能够增进一国的航业，大是疑问。

这样，与投在消费品国外贸易上的等量资本比较，投在国内贸易上的资本，所维持所鼓励的本国生产性劳动量，一般较大，所增加的本国年生产物价值，一般也较大。但投在消费品国外贸易上的资本，与投在运送贸易上的等量资本比较，在这两方面，却提供更大的利益。在有富即有势的今日，一国的富强，一定和其年产物价值，即和其一切赋税最终所从出的基金相称。政治经济学的大目标，既是增进本国的富强，所以，为本国计，与其奖励消费品国外贸易，无宁奖励国内贸易，与其奖励运送贸易，无宁奖励消费品国外贸易或国内贸易。为本国计，不应强制亦不应诱使大部分资本，违反自然趋势，流到消费品国外贸易或运送贸易方面去。

但是，如果这三种贸易，是顺应事物的趋势，自然发展起来，没有受到拘束，没有遭遇压力，那么，无论其中哪一种，就都不仅有利而且是必需的，不可避免的。

在特定工业部门的产品超过本国需要的场合，其剩余部分，就必然被送往国外以交换国内需要的物品。没有这种输出，国内生产性劳动一定有一部分会停顿，因而会减少国内年产物的价值。

英国出产的谷物、呢绒、金属制品，常超过国内市场的需要。因此，剩余部分，必须送往国外，以交换英国需要的物品。没有这种输出，这个剩余部分，将不能获得充足的价格，来补偿生产它时所费的劳动与费用。沿海沿江一带，所以宜于举办产业，就是因为剩余产物易于输出，易于换得本地需要的物品。

用本国剩余产物购得的外国货品，若多过国内市场所需要的，则其剩余部分必须送往国外，以交换国内需要的别种货品。英国输出本国剩余产物的一部分，每年在弗吉尼亚、马里兰两地购买烟草约九万六千桶。但英国每年所需，也许不过一万四千桶。所以，其余八万二千桶，若不能送往国外，以交换国内需要品，这八万二千桶的输入，就会立刻停顿。每年为购买这八万二千桶而制造的货品，原来不为本国所需，现今输出的路又塞了，当然会停止生产，而为制造这种货品而被雇的那一部分英国人，亦将无工可做。所以，最迂回的消费品国外贸易，有时和最直接的消费品国外贸易一样，也是扶持本国生产劳动、维持本国年产物价值所必要的手段。

如果一国累积的资本，不能全数用来供给本国消费，全数用来维持本国的生产性劳动，则其剩余部分自然会流入运送贸易渠道，供给他国消费，维持他国的生产性劳动。运送贸易，是国民大财富的自然结果与征象，但不是国民大财富的自然原因。赞成这种贸易而特别给予奖励的政治家，似把结果与征象误认为原因。就土地面积和居民数目来衡量，荷兰是欧洲最富之国，所以，荷兰占有了欧洲运送贸易的最大部分。英格兰是仅次于荷兰的欧洲最富国家，亦有不少运送贸易。不过，在多数场合，英格兰的运送贸易，不如称为间接的消费品国外贸易。我们运东方的、西印度的、亚美利加的货物到欧洲各市场去的贸易，大半就是这种性质。购买这种货物的手段，一般即使不是英国的产物，亦是用英国产物购来的物品，而且，这些贸易最后带回的物品，又大都在英国消费，或在英国使用。只有由英国轮船装运的地中海各港间的贸易以及由英国商人经营的和印度沿海各港间的贸易，才是英国的真正运送贸易。

国内各地因有相互交换剩余生产物的必要，故有国内贸易；所以，国内贸易的范围，以及投在国内贸易上的资本量，必受国内各地剩余生产物价值的限制。消费品的国外贸易范围，必受本国全部剩余生产物价值以及能由此购得的物品的价值的限制。运送贸易所交换的，是全世界各国的剩余生产物。所以，其范围必受全世界各国剩余生产物的价值的限制。与以上两种贸易比较，它可能有的范围，简直没有止境，它所能吸引的资本亦最大。

私人利润的打算，是决定资本用途的唯一动机。投在农业上呢，投在工业上呢，投在批发商业上呢，或投在零售商业上呢？那要看什么用途的利润最大。至于什么用途所能推动的生产性劳动量最大，什么用途所能增加的社会的土地和劳动的年产物的价值最多，他从来不会想到。所以，在农业最有利润，耕作最易致富的国家，个人的资本，自然会投在对社会最有利的用途上。可是在欧洲，投资于农业所获利润并不见得比别种事业更为优越。的确，这几年来，欧洲各地有许多计划家盛称农耕的利润，但不必仔细讨论他们的估算，只须略一观察，就知道他们的结论是完全错误的。我们常常看见一种白手成家的人，他们以小小的资本，甚至没有资本，只要经营数十年制造业或商业，便成为一个富翁。然而一世纪来，用少量资本经营农业而发财的事例，在欧洲简直没有一个。欧洲各大国，仍有许多无人耕作的优良土地；已有人耕作的土地，亦尚未充分改良。所以，现今随便什么地方的农业，都还可以容纳许多资本。欧洲各国什么政策，使得在都市经营产业的利益，远过于在农村经营产业，从而，往往使私人宁愿投资于远方（如亚洲美洲）的运送贸易，而不愿投资来耕垦靠近自己的最丰沃土地，关于这一点，我在下一篇再详细讨论吧。

第 三 篇

论不同国家中财富的不同发展

第一章　论财富的自然的发展

文明社会的重要商业，就是都市居民与农村居民通商。这种商业，有的是以原生产物与制造品直接交换，有的是以货币或纸币作媒介交换。农村以生活资料及制造材料供给都市，都市则以一部分制造品供给农村居民。不再生产亦不能再生产生活资料的都市，其全部财富和全部生活资料都可说是得自农村。但我们不要根据这点，就说都市的利得即是农村的损失。他们有相互的利害关系。这里，分工的结果，像其他方面的分工一样，对双方从事各种职业的居民都有利益。农村居民，与其亲自劳动来制造他们需要的制造品，无宁做这种交换，因为由这种交换，他们可用较小量的自身劳动生产物购得较大量的制造品。都市是农村剩余产物的市场，农民用不了的东西，就拿到都市去交换他们需要的物品。都市的居民愈多，其居民的收入愈大，农村剩余产物的市场愈广阔。这种市场愈广阔，对广大人民愈有利。在离都市一英里生产的谷物，与在离都市二十英里生产的谷物，在市上的售价都一样。但后者所得的售价，一般地说，不但要补偿其生产费用和上市费用，而且要对农业家提供农业的普通利润。所以，都市附近的农业家和耕作者，从谷物售价所得的，不仅是农业的普通利润，而且包括自远地运来出售的谷物的运费全部价值。此外，在他们购买的东西的买价上，他们还节省这些东西的远途运费的全部价值。试一比较都市附近各农村和远离都市各农村的耕作事业，你就知道都市商业是怎样有利于农村。就连所有宣传贸易差额的各种谬说，也没有一种敢妄说城乡通商对城市或对乡村有损的。

按照事物的本性，生活资料必先于便利品和奢侈品，所以，生产前者的产业，亦必先于生产后者的产业。提供生活资料的农村的耕种和改良，必先于只提供奢侈品和便利品的都市的增加。乡村居民须先维持自己，才以剩余产物维持都市的居民。所以，要先增加农村产物的剩余，才谈得上增设都市。但因都市生活资料，不一定要仰给于附近的农村，甚至不一定要仰给于国内的农村，而可以从远方运来，所以，这虽然不是一般原则的例外，却使各时代各国家进步繁荣的过程，因而有所差异。

农村先于都市的事态，在大多数国家，是由需要迫成的，但在所有国家，又有人类天性促其实现。只要人为制度不压抑人类天性，则在境内土地尚未完全开垦改良以前，都市的增设，绝不能超过农村的耕作情况和改良情况所能支持的限度。如果利润相等或几乎相等，多数人必宁愿投资以改良土地开垦土地，不愿投资于工业及国外贸易。投在土地上的资本，可受到投资人自身更直接的监察；与商人资本比较，他的财产不易遭遇意外。商人的财产，不但常须冒狂风巨浪的危险，而且由于商人常须对风俗情况都不易熟习的远邦的人贷给信用，还要冒人类的愚蠢与不正行为这些更不可靠因素的危险。反之，地主的资本，却可固定在土地改良物上，可以说是尽了人事所做得到的安全。而且，乡村风景的美丽，乡村生活的愉快，乡村心理的恬静，以及乡村所提供的独立性，只要这独立性不受到人为的迫害的话，这些实具有吸引每一个人的巨大魅力。耕作土地既为人的原始目标，所以，在有人类存在的一切阶段，这个原始的职业将为人类所永远爱悦。

没有工匠的帮助，农耕必大感不便，且会时作时辍。农民常常需要锻工、木匠、轮匠、犁匠、泥水匠、砖匠、皮革匠、鞋匠和缝匠的服务。这类工匠，一方面因为要互相帮助，另一方面又因为不必要像农民那样有固定地址，所以，自然而然地聚居一地，结果，就形成了一种小市镇或小村落。后来，又有屠户、酒家、面包师，以及许多就供给临时需要那一点说对他们是必要的或有用的其他工匠及零售商人加入，于是市镇日益扩大起来。乡民和市民是互相服务的。市镇是乡民不断前往把原生产物交换制造品的市集或市场。就是依着这种交换，都市居民才取得了工作材料和生活资料的供给。他们售给乡村居民的制成品的数量，支配他们所购的材料及食料的数量。所以，他们的材料及食料的增加，只能按照乡民对制成品需要增加的比例而增加，而这种需要，又只能按照耕作及改良事业发展的比例而发展。所以，设使人为制度不扰乱事物的自然倾向，那就无论在什么政治社会里，都市财富的增长与规模的扩大，都是乡村耕作及改良事业发展的结果，而且按照乡村耕作及改良事业发展的比例而增长扩大。

在未曾垦殖、土地极易购得的我们北美殖民地，为销售于远方而兴办的制造业，在任何市镇都还不曾有过。在北美洲，当工匠获得的资本，超过他所经营的、以供给邻近乡村为职志的事业所需要的数额时，他不会想办一家工厂来作销售远方的生意。他一般宁愿用多余的资财，来购买或改良未开垦的土地，由技工一变而为农业家。当地付给技工的高昂工资，对于技工所提供的舒畅生活，都不足以诱使他为他人工作，他总情愿为自己工作。他觉得，技工是顾客的仆役，仰给生活于顾客；至于耕作自己的土地，从自己家庭的劳力取得衣食之资的农业家，则是真正的主人翁，独立于世界。

反之，在土地全已开垦或不易购得的国家，技工所获资本，如果已经不能全数投在邻近地区随时需要的事业上，其有余部分，就会用来扩张营业，准备销售远方。锻工将建立铁厂，织工将建立麻织厂毛织厂。随着时间的推进，这各种制造业，将慢慢地进行精密的分工，用各种方法加以改进。这是大家容易想得到的，用不着细述。

在利润相等或几乎相等的条件下，人们选择投资途径时，在制造业与国外贸易业两者中，自宁愿选择制造业，其原因正如在农业与制造业中，宁愿选择农业一样。与制造商的资本比较，地主或农业家的资本更为稳当。同样地，与国外贸易的资本比较，制造商的资本更为稳当，因为随时都在自己监察之下。诚然，随便什么时代，随便什么社会，剩余原生产物及制造品，或者说，国内无人需要的原生产物及制造品，都必须送往外国，以交换国内需要的其他物品。但输运剩余产物到外国去的资本，为本国所有，或为外国所有，却是无关重要的。如果本国的资本，不够我们同时耕作一切土地，并完完全全地制造一切原生产物，那么，由外国资本来输运本国剩余原生产物到外国去，亦对本国有很大的利益。因为，赖有这种资本，本国的资本，便可全部投在更有利的用途上。中国、印度，古埃及的富裕，充分证明了一种事实，即是，纵使本国输出业，有大部分为外国人经营，这国国民的富裕，仍可达到极高的程度。北美殖民地、西印度殖民地，设若除了本地所有的资本，即没有外国资本替它们输出剩余产物，它们的进步，会慢得多吧。

按照事物的自然趋势，进步社会的资本，首先是大部分投在农业上，其次投在工业上，最后投在国外贸易上。这种顺序是极自然的；我相信，在所有拥有多少领土的社会，资本总是在某程度上按照这种顺序投用。总得先开垦了一些土地然后才能成立很多城市；总得在城市里先有了些粗糙的制造业，然后才会有人愿意投身于国外贸易。

这个自然的顺序，虽然在所有进步的社会里都已在某种程度上发生，但就今日欧洲各国的情状说，这个顺序却就许多方面说，似乎完全相反。它们的精制造业或适于远地销售的制造业，多由国外贸易引出。农业大改良，也是制造业和国外贸易所产生的结果。这种反自然的退化的顺序，乃是风俗习惯迫成的。他们原来的统治的性质使他们的风俗习惯变成了这个模样。后来，这种统治大大改变了，他们的风俗习惯却仍没有多大改变。

第二章　论罗马帝国崩溃后农业在欧洲旧状态下所受到的阻抑

自日耳曼民族和塞西亚民族侵扰罗马帝国西部以来，欧洲起了一个大变革，跟着这个大变革发生的是，欧洲扰攘了好几百年。野蛮民族对原居民的掠夺和迫害，中断了城乡间的贸易。城市都成了荒墟，乡村亦无人耕作。在罗马帝国统治时很富裕的西欧，一变而为极贫乏，极野蛮。在接连不断的扰攘中，那些民族的头子，占有或篡夺了这些国家的大部分土地。有人耕作的土地虽然不多，但要找一块没有所有主的土地，却不可能。一切土地都被吞并了；其中大部分是被少数大地主所吞并。

最初吞并荒地的危害虽很大，但有可能只不过是暂时的危害。这些土地本可通过继承或分割，把它们拆小。但长男承继法，使大土地不能因承继而拆小；限嗣继承法又使大土地不能因分割而拆小。

如果我们把土地看作只是谋生求乐的手段，和动产一样，那么，按照自然承继法，当然会把土地像动产一样，分给家内所有的儿女。因为每一个儿女的生计，都为老父所同样关心。罗马人就是采行这种自然承继法。他们不分别长幼，不分别男女，只要是自己养的，就可以承继自己的土地。他们处分土地的方法，和我们现在处分动产的方法一样。不过，当土地被看作不单是谋生的手段，而是权力强弱所系的时候，就被认为以不分割而专归于一人比较适当。在那些不安靖的时候，大地主同时都是小贵族。他的佃户，便是他的隶属。他是他们的裁判官，是他们和平时节的立法者，亦是他们战争时节的领导人。他可任意进行战争，对邻国作战，有时对国王作战。在这种状态下，一个地产是否安全，其中居民有无保障，都取决于它的大小。把一个地产分拆，无异把它破坏，换言之，无异把它拆开来，使各部分都容易受强邻的侵蚀吞并。所以，适应着当时这种情况，在地产承继方面，长男承继法，慢慢（不是立即）盛行起来。为了同一理由，君主国通常亦由长男一人承继。虽然最初并不总是如此。为君主国的安全与权力计，国土宁可不加分裂、宁可在诸儿女中，选择一个人来单独承继。但选择谁呢？那样重要的一件事，当然要郑重规定一个普通规例，使选择不按个人资质好坏这个不大可靠的区别，而按某种明白的、无可争论的标准。在同一家庭的各儿女中，除了性别与年龄，再没有其他无可争论的区别了。根据一般经验，男性比女性好，而在其他一切条件相等的场合，年长的比年幼的好。长男承继权，就这样成立了。而所谓直系继承，亦就从此发生了。

一种法律在初成立时，都有环境上的需要，并且，使其合理的，亦只是这种环境。但事实上，往往产生这法律的环境已发生变化，而这法律却仍继续有效。今日欧洲，仅领有一亩地的小地主，其安全已无异于拥有千万亩地的大地主。产生长男承继权的环境大变了，长男承继权却依然存在。由于在各种制度中，这法律是最宜于保持贵族尊严的，所以，今后会再行几百年也说不定。但事实上，除了这一点，长男承继权也就没有一点不违反大家庭的真实利益了。这权利，因为要使一个儿子富裕，就使其他儿子陷于穷困。

限嗣继承法是长男继承法施行的自然结果。它的采行，旨在维护由长男继承法导引出来的直系继承，以及防止由于子孙不肖或遭逢不幸，一部分遗产在赠与、遗让或割让名义下旁落的危险。这种法律，罗马人是全不知道的。法国有几个法律家，虽然喜欢以今制附会罗马古制，实则，罗马人所谓预备继承人预定法和嘱托遗赠法，都与限嗣继承法迥不相同。

在大土地财产仍为诸侯领地时，限嗣继承或许不是不合理的办法。像一些所谓君主国的根本法律一样，这个法律，可以使许许多多人不致因一人轻举妄动而受灾殃。但今日欧洲各国，大地产和小地产已同样受国法保护，所以，这种法律就变得再荒唐不过了。这种法律的制定，根据一种根本错误的假定：即对所有土地及其他一切所有物，人类的各代后裔，没有同等的权利，当代人的所有权，要受限制于五百年前祖宗的心意。在今日的欧洲，实行限嗣继承法的地方还很不少。在贵族血统仍是享受民事或军事荣誉的必要资格的地方，限嗣继承法尤牢不可破。限嗣继承法被贵族认为是保持充任大官爵的排外特权所必要的手段。这一阶级既夺得了一种超乎其同胞之上的不正当的利益，却又担心自己的贫乏会贻人讥笑，以为应当再享有另一种不正当的利益。据说，英国习惯法很厌恶世业世禄的制度，因而，和欧洲其他各君主国比较，世业世禄的制度在那里比较受限制。虽然在英格兰，世业世禄的制度也还未完全废除。据说，现在苏格兰，有五分之一以上（也许是三分之一以上）的土地，仍受着严格的限嗣继承法的支配。

在这情况下，大面积的荒地不仅为少数豪族所兼并，而且永无再分散的可能。事实上，大地主又不常是大改良家。在产生这种制度的混乱时节，大地主的精力，几乎全部用来保护已有的领土，扩大自身对邻国的管辖权、支配权。他们实在没有余暇来开垦土地改良土地。后来和平了，法制的确立，秩序的安定，虽然使他们有余暇，但他们一般没有心思耕垦土地，并且常常没有必要的才力。如果他一身一家的费用，超过了或恰好相等于他的收入（这是极常有的现象），他就没有资本，可以投在这用途上。如果他是一个经济家，那么，他又通常感觉，与其用一年的节省来改良旧的地产，不如用来购买新的地产比较合算。改良土地，像各种商业计划一样，要获利润，不斤斤注意小节省小赢利是绝对不行的。但生在豪富人家的人，即使天生是好俭朴的，亦不大能够做到这一点。这种人的境遇，自然而然地使他更注意悦己的装饰，而不注意自己没有多大需要的利润。他自幼就养成了饰衣裳、盛车马、崇居室、丽陈设的嗜好。他已经养成了这种习惯。即在想改良土地时，这种习惯所涵养的心理仍会支配着他。他也许会把住宅附近的四五百亩土地大大装饰起来，花费比该地改良后所值大十倍的费用，终而发觉如果对他所有全部地产都照样改良下去，那就即使毫无其他嗜好，恐怕也会在没改良十分之一以前，就耗尽他所有的财产。现在，英格兰和苏格兰自封建的无政府状态以来，有些大地产，继续在少数人手里，至今没有改动。把这些大地产与邻近的小地产比较一下，你就不需其他论证而相信大地产是怎样不利于改良。

如果从这样的大地主还不能希望得到一些对土地的改良，那么从那些占有的土地比他们少的人那里，就更无这种希望了。在欧洲旧状态下，耕者全是可任意退租的佃农。他们全是或几乎全是奴隶，不过他们的隶役，比古希腊罗马，甚至西印度殖民地的隶役和缓一些。他们与其说隶属于主人，无宁说是隶属于土地。因此，他们可以和土地一同出卖，但不能单独出卖。得到了主人的同意，他们还可以结婚。而且，主人没有权利把他们夫妇，卖给不同的人，从而拆散他们的姻缘。主人残害或杀害了奴隶，还要受处分，不过一般是小惩罚罢了。但是，奴隶不得蓄积财产。他们所获得的一切，都是主人的，主人可以随时取去。所以，奴隶所能进行的垦殖和改良，实际上都是由主人进行，由主人负担费用的。种子、牲畜、农具，全是主人的。改良的利益，亦是主人的。这种奴隶，除了日常维持生活的东西，什么也不能获得。所以，在这场合，正当地说，土地仍是由地主占有、由农奴耕作的。这种奴隶制度，在俄罗斯，在波兰，在匈牙利，在波希米亚，在摩拉维亚，在德意志其他部分，现在还存在。这种制度逐渐全然废除了的地方，不过欧洲西部及西南部而已。

如果希望大地主进行大改良，已是很难，那么，当他们使用奴隶耕作的时候，要他们进行大改良就更是无望了。我相信，一切时代、一切国民的经验，都证明了一件事，即奴隶劳动虽表面上看来只需维持他们生活的费用，但彻底通盘计算起来，其代价是任何劳动中最高的。一个不能获得一点财产的人，食必求其最多，作必望其最少，除此之外，什么也不关心。他的工作，够他维持生活就行了，你要从他身上多榨出一些来，那只有出于强迫，他自己绝不会愿意的。普林尼和科拉麦拉的著作都说，古意大利的谷物耕种事业，在奴隶制度下非常衰微，对主人非常不利。耕种事业在亚里士多德时代的古希腊并没有多大进步。所以,当论及柏拉图理想国时他说:要有一片像巴比伦平原那样极大极丰沃的土地,才可以养活五千懒惰人(当时认为卫护那理想国所必要的战士)及其妻仆。

人类好胜的心理,多以统治下等人为荣,而以俯就下等人为耻。所以,如果法律允许,工作的性质也允许,那在奴隶与自由人之间,他一定愿意选用奴隶。蔗糖与烟草的栽种,能够提供使用奴隶耕作的费用;谷物的耕种,现在似乎还不能够办到这一点。主要产物为谷物的英国殖民地,大部分工作都由自由人来操作。本雪文尼亚人最近议决释放黑奴。那种事实,使我们相信他们所有的黑奴一定不多。如果奴隶是他们财产的大部分,他们绝不会赞成释放。但以蔗糖为主要产物的英国殖民地,全部工作都由奴隶担任;以烟草为主要产物的英国殖民地,亦有大部分工作由奴隶担任。西印度殖民地栽种甘蔗的利润特别大,在欧美两洲,简直没有什么耕种事业比得上。栽种烟草的利润,虽比不上栽种甘蔗,但与栽种谷物比较,却仍然较大。这两种耕种事业都能提供奴隶耕作的费用,但栽种甘蔗,比栽种烟草更能提供这种费用。所以,与白种人数相比,黑奴的数目,在甘蔗区域,比在烟草区域大得多。

继古代奴隶耕作者之后,逐渐出现了法兰西今日称作对分佃农的一种农民。这种农民,在拉丁文中叫做 Coloni Partiarii(分益隶农),在英格兰,这制度早已废止,所以,在英文中,我现在不知道他们叫做什么。在这制度下,种子、牲畜、农具,总之,耕作所需的全部资本,都由地主供给。农民离去或被逐去时,这种资本就须归还地主。出产物在留出被认为保持原资本所需要的部分之后,其余就由地主与农人均分。

在对分佃耕制下，耕作土地的费用，严格地说亦是出自地主，和在奴隶耕作制下没有差别。但其中，有一个根本不同之点。对分佃耕制下的佃农，是自由人，他们能够占得财产，可以享有土地生产物的一定比例。生产总额愈大，他所占有的部分亦愈大。所以，他们的利益，显然在于能够生产多少，就生产多少。反之，一个没有占得财产希望只能维持自己生活的奴隶，就会图自己舒服，比量着自己的需要，不想使土地生产物多于自身所需。也许就是部分因为对分佃耕制对地主有利，部分因为君主嫉恨大地主，鼓励农奴反抗他们的权力，终而使大家都觉得奴隶耕作制不利，于是大部分欧洲的奴隶耕作制度逐渐消灭。这样一次大的变革，是什么时候发生的，是怎样发生的，在近代历史中，是最难稽考的事件之一。罗马教会，常自夸其废除奴隶的功绩。当然，我们也知道，早在十二世纪亚力山大三世时代，罗马教皇就发出了普遍释放奴隶的训谕。但这训谕，似乎不过是个谆谆的劝谕，不遵守训谕的人，并不受处罚。奴隶制度依然保持了数百年。最后，因为上述那两种利害关系（地主的利害与君主的利害）共同作用起来，才逐渐把它废除。一个已被释放，又许继续保用土地，但自己没有资本的贱奴，只有向地主借用资本，才有耕作土地的可能，所以，非成为法兰西今日所称的对分佃农不可。

不过，在对分佃耕制下，土地仍不能得到大的改良。地主既可不费分文，而享受土地生产物的一半，留归对分佃农享有的自属不多。在这不多的部分中，所能节省的更是有限。对分佃农绝不愿用这有限的节余来改良土地。教会什一税，不过抽去生产物十分之一，已是土地改良极大的障碍。抽去生产物的半数，一定会切实阻止土地的改良。用地主供给的资本，从土地尽量取得最大量的生产物，固然是对分佃农所愿望，但若以自有资本与地主资本混合，却绝非对分佃农所愿的。在法兰西，据说，有六分之五的土地，仍由对分佃农耕作。地主常常指摘农民，不用主人的牲畜耕田，而用来拖车。因为，拖车的利润，全部归于农民，耕田的利润，却须与地主平分。在苏格兰的某些地方也残留着这种佃农，叫作由地主借给种子农具的佃户。大贵族吉尔伯特和布勒克斯登博士曾说，英格兰古代的佃农，与其称为农户，无宁称为地主的属役。这种佃农，大概与此属于同一种类。

慢慢地继对分佃农而起的农民，可以说是真正的农民。他们耕田的资本是自己的，但要对地主缴纳一定数额的地租。这种农民租田都有一定的租期。所以，他们有时觉得，投下一部分资本改良土地，对自己有利益。他们希望，在租期未满以前，投下的资本可以收回，并提供很大的利润。不过，就连这种农民的借地权，也有一个长时期是极不可靠的。今日欧洲有许多地方的情况也是如此。土地换了新主，即使租期未满，可把农人逐去，不算非法。在英格兰，甚至得依虚构的普通退租法取回租地。如果地主使用违法的暴力手段驱逐农民，农民所能凭借以取获赔偿的诉讼章程，是极不完善的。农民并不一定能恢复占有原来的土地，他们通常只能获得损失的赔偿，而且所偿绝不能等于所损。在欧洲，英格兰也许是顶尊重耕农的一个国家。但那里，亦迟至亨利七世十四年，才立改佃诉讼法。规定改佃时，佃农得要求赔偿损失，并得要求恢复借地权。此种要求，不必由一次审问而审结。这个诉讼法，施行极其有效，所以，近来，地主若要为占有土地而起诉，他常常不用地主名义，按权利令状起诉，而常常用他的佃农名义，按退佃令状起诉。以此之故，在英格兰，佃户的安全等于地主了。此外，英格兰又规定，每年纳租四十先令以上的终身租地权就是终身保有的不动产，有选举国会议员的权利，耕农既大部分有这种终身不动产，所以政治上的势力也不小，地主因此更不敢轻视他们。我相信，欧洲除了英格兰，没有一个地方的佃农，未立租地权约，便出资财建筑仓廪，不怕为地主所夺的。这种十分有利于农民的法律风俗，所起的促进现代英格兰伟大光荣的作用，也许比为商业而定立的所有各种夸大条例所起的作用还要大得多。

保障最长租期使不为各种承继人所妨害的法律，据我所知，乃英国所特有。早在 1449 年，这种法律就由詹姆士二世传到苏格兰去。但当时，限嗣继承的财产的承继人，往往不许以一年以上的期间出租田地，所以，这法律的泽润未能尽量广布。最近，国会虽立法补救，但这些束缚仍太严厉。此外，在苏格兰，租地人又因没有选举议员的权利，所以不像英格兰佃农那样，受到地主那么大的重视。

在欧洲的其他地方，虽亦保障佃农权利，使不受土地承继人和购买人的损害，但这种权利的保障期限仍甚短促。例如，法兰西初定租期为九年，近来才延长至二十七年。但二十七年为期仍嫌太短，仍不足以鼓励佃农进行各种最重要的改良。我们知道，欧洲各地的地主，在古代原都是立法家。土地法都是为他们所设想的地主利益打算的。他们认为，为地主利益打算，祖先不应以土地长期出租，使得他们长期不能充分享受土地的价值。贪而不公，必定眼光短浅。他们不会想到这种规定，一定会妨害改良，结果，一定会妨害他们自己的真实利益。

古代，农民对于地主，除了纳租，还须提供各种劳役。那种劳役，既不明定于租约内，又不受任何规定支配，只要庄主诸侯需要，就得随命随到。这种全无规定的劳役，使佃农不知受了多少疼苦。苏格兰晚近把一切全无规定的劳役废止，不到几年，国内农民的境况就改善了许多。

农民的私役如此，公役又复同样横暴。公路的建筑修补（这种劳役，我相信，各处尚未废除，但横暴的程度不等），不过是一个例子罢了。在王军或王官过境时，当地农民，又有提供车马粮食的义务，那虽有代价，但代价定于食物征发官。我相信，在欧洲各君主国中，只英国一国，完全消除了食物征发的压迫。在法国和德国，那都未曾消除。

农民所负担的劳役义务，既如上述。农民所负担的纳税义务，其不规则和横暴的程度也和劳役义务不相上下。古代贵族，虽不愿在金钱方面给君主以任何帮助，但毫不踌躇地听任君主对佃农征收贡税。他们没有看出，这种苛税终必严重地影响他们自身的收入。法国今天仍有贡税，那就是古代君王苛税的一例。贡税是加于假定的农民的利润的一种税，它是根据农民投在土地上的资本估定的。所以，农民为自身利益计，尽可能装穷，结果，他耕作所用的资本必减至尽可能少的程度。至于改良土地的资本，那就以减少到零为宜。即使法国农民手中积蓄了一点资本，亦将因有贡税，不愿投到土地上来。贡税事实上几乎等于禁止农民把积蓄投资于土地。此外，此种赋税被认为会抑低任何要完纳它的人的身分，使不仅不能与乡绅平行，且不能与市民并列。而谁租借别人的土地，谁就要完纳这种税。绅士，甚至有产的市民，都不愿受这种耻辱。所以，施行这种赋税的结果，不仅使从土地方面蓄积起来的资本不用来改良土地，而且使一切资本都不用来改良土地。英格兰从前曾有十分之一税和十五分之一税，就它们对土地的影响说，似乎是和贡税同一性质的税。

在这一切害农政策之下，要耕者来改良土地的可能性很少。这一阶级的人民，尽管受法律保障，有自由，有安全，但在改良土地上，却处于大不利的地位。农民与地主比较，犹如借钱经商者与有资亲自经商者相比。固然，无论是借资经商，或是有资亲自经商，只要他们的行为一样慎重，他们的资财就都可以增进，但因借钱经商者的利润有一大部分归作借款的利息，所以借钱经商者的资财的增进，定要迟缓得多。同样，与地主比较，即使行为一样慎重，佃农耕地的改良，亦要迟缓得多；因为，在农民的场合，生产物的大部分须归作地租，而在地主的场合，这一部分却仍可用来作进一步的改良。此外，农民的地位，当然比地主低。不仅如此，欧洲有大部分地方，把农民看作下等人民，甚至不如有些地位的小商人和技师。至于农民地位被看得低于大商人和大制造商，那是全欧洲各地普遍的情况了。世上有几个大财主愿舍弃高的地位而与下等阶级的人民为伍呢？所以，即在现今，欧洲人的资本，仍很少会由他业转到农业上来改良土地。也许与欧洲其他国家比较，英国资本转到农业方面来改良土地的，比较多些。但即使在英国，在若干地方用于农业上的大资本，大都是在农业上获得的（和一切其他职业比较，农业上资财的蓄积，最为迟缓）。不过，我们应该知道，在所有国家里，除了小地主，最能改良土地的，要首推富农、大农。在欧洲君主国中，英格兰也许格外有这种情形。据说，在荷兰共和政府以及瑞士伯尔尼共和政府中，农民的地位，亦不亚于英格兰农民。

除上述外，欧洲古代的政策，尚有其他不利于土地的改良与垦作的地方，不论进行改良和垦作的人是地主还是农民。（一）到处都规定，未经特许，谷物输出一律禁止；（二）限制谷物甚至各种农产物的内地贸易，实行禁垄断禁零售禁囤积种种谬法，确立集市市场的特权。我说过，古意大利土地非常肥沃，且又为世界最大帝国的中心地，然其农耕的进展，亦不免因禁止谷物输出和奖励外谷输入而受到许多阻碍。至于土地没有那样肥沃，位置没有那样有利的国家，其耕作事业会因限制谷物的内地贸易和禁止谷物输出而受到何种程度的阻碍，就难于想象了。

第三章　论罗马帝国崩溃后都市的勃兴与进步

罗马帝国崩溃后，都市居民的境况，并不比农村居民好。不过，那时候都市中的居民，和古代希腊共和国、意大利共和国内的居民大不相同。在这等古代共和国内，地主占居民中的多数，他们分占公地，都觉得房屋毗连，环以围墙，便于共同防御。但在罗马帝国崩溃后，地主大都散居于各自领地的城寨内，住在各自的佃农及属民中间。市镇上的居民，大都是商人和技工。他们的处境无异于隶役，或近似于隶役。古时各宪章所赋予欧洲各重要都市居民的权利，充分证明了他们在未取得这些权利以前的生活情况。这些宪章，准许都市人民，第一，可以自由嫁女，不必领主许可；第二，在他死后，他的财物，可由儿孙承继，不由领主领取；第三，自身遗产，可由遗嘱处分。这种权利的颁给，充分证明了在未颁给前，他们是和农村耕作者几乎一样，或竟全然一样，处于贱奴状态。

这些人，无疑是很贫困很下贱的，他们肩挑着货物，过市赴墟，从这里跑到那里，与今日拉车荷担的小贩相类似。那时欧洲各国，像现在亚洲的鞑靼政府一样，经常在这些旅行者经过某些采邑，经过某些桥梁，赴市趁墟，设摊售货的时候，把赋税加在他们的人身与货物上。在英格兰，这些税，叫做过界税、过桥税、落地税、摊税。

有的时候，国王以及在某些场合拥有这项权力的大领主，特许某些商人，特别是住在他们领地内的商人，免纳各税。因此，这些商人的地位，虽在其他各点与隶役无异或极相类似，但仍被称为自由商人。不过，他们为报答保护者的保护，通常每年须纳人头税若干。当时非付厚酬，保护不易获得。所以，这类人头税可看作他们对保护者舍弃其他税收所提供的补偿。这种交换条件的实行，当初只限于个人，其期限或限于其人之身，或凭保护者的好恶。英国土地清丈册关于几个都市的很不完全的记载，常常提及某某市民为这种保护各纳人头税若干给国王或大领主。有时，它又只记录这些人所纳的税的总和。[①]

都市居民的情况，无论当初是怎样卑贱，但与乡村耕作者比较，他们取得自由与独立，在时间上总要早得多。都市居民的人头税，是国王收入的一部分，这一部分收入，多由国王制定比额，在一定年限内包给该市长官或其他人征收。但市民自己亦往往可以取得这样的信用，来经收他们本市的这种税收，于是就对这全部税额，联合负责。[②] 这种包税办法，对于欧洲各国国王的一般经济，当是十分适宜的，因为他们本来惯于把庄园全部的税收，交由庄园全体佃农包办，使对这全部税收负连带责任。但这种办法，对佃农亦有利。他们可照自己喜欢的方法从事稽征，并通过自己聘员之手将税款纳于国库，不必再受国王派出的吏役的横暴了。这在当时被视为极重大的一件事。

---

① 参阅布拉迪《关于城市和自治城市的史论》，第 3 页及其他各页。

② 参阅马多克斯《自治城市》第 18 页和《国库史》第 1 版第 10 章第 5 节第 223 页。

当初，市民包办市的租税，和农民包办庄园的税一样，是有年限的。后来，跟着时代的推进，变成永久的。税额一定，以后永远不能再加。税额既成为永久的，以纳此税为条件的其他各种赋税的豁免，便亦成了永久的。因此，其他各税的豁免，便不限于一人之身，不再属于作为个人的个别的人，而属于特殊城市内的一切市民了。这个城市，因此成为所谓自由市；由于同一理由，市民成为所谓自由市民或自由商人。

前面说过的那种种重要特权即嫁女自由权、儿女承继权与遗嘱权，一般常是随着这种权利一同赐给特殊市的一般市民的。那种种特权，是否常伴随着贸易自由权的赐予，赐给作为个人的个别市民，我不知道。也许真是如此，但我提不出什么直接的证据。不过，无论如何，贱奴制度及奴隶制度的主要属性，就这样从他们身上解去了，至少，从这个时候起，他们在我们现在所说的自由这个字的意义上，是自由了。

不仅如此。他们通常设立一种自治机关，有权推举市长，设立市议会，设立市政府，颁布市法规，建筑城堡以自卫，使居民习战事、任守备。遇有敌攻或意外事情，凡属居民，不分昼夜，都须尽防卫责任。在英格兰，他们一般可免受郡裁判所州裁判所的管辖；所有诉讼，除公诉外，都可由市长判决。在其他各国，市长所得的裁判权尤大。[①]

市税由市民包办的都市，不能不给它们以某种裁判权，借以强

---

① 参阅马多克斯《自治城市》，并参阅普菲尔关于苏阿比亚王室、腓特烈二世及其后继者大事纪。

迫市民纳税。此时，国家纷乱，如果要它们到别的法庭请求这种判决，势必极其困难。但很奇怪，欧洲各国君主，为什么这样地用这部分税收来交换这种固定的不得增加的租税。我们知道，这种税收在一切税收中，是最不必劳神费财，自然会增加起来的。此外，还有一点，也是很为奇怪的，那就是，君主们竟然自动地在他们领土的中心，建立一种独立的民主国。

要理解此中理由，必须记得，在当时纷乱情形下，欧洲各国君主，也许没有一个能保护国内弱小人民，使不受大领主的压迫。这一部分弱小人民，既不能受国法保护，又无力自卫，所以只有两条路走，就是说，若不投身某大领主之下，为其奴隶，乞求保护，就只有联合起来，共同守卫，彼此相互保护。城市居民单个地说，没有自卫能力，但一经有了攻守同盟，抵抗力就不可轻视。领主常鄙视市民，不仅认为市民的身分与己不同，而且认为市民是被释放的奴隶，其族类亦与己不同。因此，市民的富裕，常常使领主嫉妒愤怒，有机会即加以压迫侵凌，不稍宽恕。市民当然嫉恨领主，畏惧领主。恰好，国王亦畏惧领主，嫉恨领主。另一方面，国王虽亦鄙视市民，但他没有嫉恨他们、畏惧他们的理由。所以，相互的利害关系，使国王市民互结同盟，以抗领主。市民是国王敌人的敌人，所以，国王为了他自己的利益，尽其所能，使市民的地位变为稳固，不依靠这种敌人。给予市民权利，使能推举市长，制定市法规，建筑城堡自卫，进行军事训练，国王就这样尽他权力之所及，把一切独立安全的手段给予市民，使他们不依靠领主。但要使他们的自由同盟能对他们提供永久的安全，能对国王提供相当大的援助，则又非有正常的政府组织不可，非有强制居民服从的权威不可。至于把市税永久包给他们，则是为了表明心迹，使他愿结为朋友、结为同盟的人，不疑惧他将来会再压迫他们，会把税额提高或把税包给别人。

对领主感情最坏的国王，对于市民，敕赐往往最为宽大。例如英格兰国王约翰，对市民最为宽容。法兰西腓力普一世，全然失去统率领主的权力。至其末年，据神父丹尼尔说，其子路易，即后来称为肥路易的，与国内各主教，筹商最适当的方法，以取缔领主暴行。主教们的意见，可归纳为两种提议。一，在国王领土内，各大城市都设市长和市议会，以创设新的管辖体系。二，使城市居民，组织新的民军，听市长调遣，在必要时，出发援助国王。据法兰西各考古学家说，法兰西市长制度和市议会制度，就是这时创立的，德意志大部分自由市也是在式微的苏阿比亚王统治下，才得到这种种特权；有名的汉萨同盟，也是在这时才开始露头角。[①]

都市民军的力量，此时既不下于乡村民军，一旦有事，又容易集合，所以与当地领主争议时，他们常占优势。意大利、瑞士等地，各个都市或由于离首府所在地很远，或由于本身的天然力量，或由于其他缘故，君主对它们已全无权力，它们大都逐渐成为独立的民主社会，并征服当地贵族，迫令其拆毁乡间城堡，而以和平居民资格居住在都市内。伯尔尼民主国及瑞士其他若干都市的简史，类皆如此。除威尼斯外，十二世纪末至十六世纪初，意大利屡起屡灭的无数大民主国的历史亦复如此。

英法二国王权虽有时甚为式微，但从未全部消灭。都市因此

---

① 参看普菲尔的著作。

没有完全独立的机会。但因市民势力日张，除上述的市税以外，国王一切赋税，须得市民同意，才征收得到。国王有急需，就通诏全国各市，使派遣代表，出席国会。这些代表可与牧师和贵族一起议决，给予国王特别经济援助。由于市民代表，大都袒护国王，国王有时利用他们以抵抗议会内大领主的权力。这就是市民代表出席欧洲各大君主国的国会的由来。

秩序、好政府以及个人的自由安全，就在这种状态下，在各都市确立了。但此时，乡村耕作者，依然受贵族的各种迫害。处于无力自卫状态的人，自然满足于仅够过活的生活资料；因为，拥有更多财富，只会招惹压迫者更苛虐的诛求。反之，当人们勤劳的结果确有亲自享受的把握时，他们就自然会努力来改善他们自身的境遇，不仅要取得生活必需品，而且要取得生活上的便利品和娱乐品。所以，以生产生活必需品以外的东西为目的的产业，在都市建立的时期，比在农村早得多。在贱奴状态下受领主钳制的贫穷农民，稍有储蓄，必掩藏唯谨，免得领主看见，攫为己有，而且一有机会，即逃往都市。加之，当时法律对市民既如此宽纵，同时又如此热望削减领主对农民的权力，所以，农民只要逃往都市，一年不为领主所获，即可永享自由。因此，乡村勤劳居民，一有蓄积，自然会逃到都市来，把都市看作他们唯一安全的避难所。

城市居民的食品、材料和产业手段，归根到底，都出自农村。但近海岸沿河边的城市居民，却不一定只从邻近农村得到这些物品。他们有大得多的范围。他们或以自身工业的制造品作交换，或经营遥远国家间的运送业，以甲国产物交换乙国产物，而从远地取得他们所需要的种种物品。一个城市不但在其邻近各农村都很贫乏都很衰落，而且它所与通商的各个农村也都很贫乏很衰落的情况下，仍可发达起来，日臻于富强。因为单个地说，每个农村对它所能提供的食料与雇佣机会也许有限，但综合起来说，它们所能提供的却极可观。不过，在商业范围还极狭隘的那时，就有些国家很富裕、产业就很发达了。例如，未曾灭亡时的希腊帝国，亚巴西德统治下的撒拉逊人的帝国，未被土耳其人征服的埃及，巴伯里海岸某地，以及摩尔人统治下的西班牙各省。

在欧洲，最早由商业致大富的，似为意大利各城市。意大利当时居于世界的文明部分和进步部分的中心。十字军虽然破坏了许多资财，伤害了许多居民，妨碍了欧洲大部分地方的进步，但却非常有利于意大利若干城市的发展。为争夺圣地从各地出发的大军，对于威尼斯、热那亚和比萨各市的航海业，给予了极大的鼓励。十字军有时由这些地方的船只运送，其粮食则常由它们供给。它们简直可以说是大军的辎重队。使欧洲其他各国遭受极大破坏的十字军，却成为这些民主国富裕的泉源。

商业城市的居民往往以制造品和奢侈品运往富国，以满足大富翁的虚荣心，大富翁亦极愿以大量本国土产物来交换。因此，当时大部分欧洲商业，主要都是以本国土产物交换较文明国的制造品。英格兰的羊毛常与法兰西的葡萄酒及弗兰德的精制呢绒交换；波兰的谷物亦常与法兰西的葡萄酒白兰地酒及法兰西意大利的丝绒交换。

这样，对精良制造品的嗜好，就通过国外贸易逐渐普及到未有精制造业的国家。但此种嗜好，一经普及于国内，便引起很大的需要，商人为免去运输费起见，自然会想到在本国建立同种制造业。

这就是罗马帝国崩溃后西欧各地为远地销售而建立的制造业的由来。

但我们必须注意，世界上从未存在过而且也绝不能存在完全没有制造业的大国，我说的大国没有制造业，所指的只是精良进步的制造业，或适于远地销售的制造业。各大国大部分居民所穿的衣服所用的家具，都是本国产业的产物。此种情形，在普通所谓无制造业的贫国，尤为常见，而在普通所谓制造业发达的富国，反而不常见。与贫国比较，富国下等阶级人民日用的衣服家具，反有大得多的部分，是外国的产物。

各国适于远地销售的制造业，其发生的情况有两种。

第一种是国内商人和企业家像上面所说，有时因要仿效外国某种制造业，而勇往直前地（如果可这样说），把资本投下来经营的。像这样发生的制造业乃是国外通商的结果。十三世纪盛行于路卡地方的绸制造业、绒制造业、缎制造业，即如此发生。此等制造业，后为马基雅弗利的英雄之一卡斯特拉卡尼的暴令所驱逐。1310 年，有九百家族被逐出路卡；其中，有三十一家，退往威尼斯，建议在那里开办绸业。当地官吏准许，并给以多种特权。因此，他们就在那里创设绸业。开始的时候，即雇有工人三百。伊丽莎白时代才传入英格兰而在古代即已盛行于弗兰德之呢绒业，现在里昂及斯皮塔菲尔的绸业，似乎也是这样发生的。这样发生的制造业，因为是仿效外国，所以，大部分使用外国材料。当威尼斯初有制造业时，一切材料，都从西西里及利文运来。更久以前的路卡制造业，其所用的材料亦产在外国。桑树的培植，蚕虫的饲养，在十六世纪以前，意大利北部人似乎还不大知道。种桑养蚕的技术，在查理九世时代，才传入法国。弗兰德制造业所用的羊毛，主要来自西班牙和英格兰。西班牙羊毛，虽然不是英格兰毛织物最初采用的材料，却是适于远地销售的毛织业最初所采用的材料。现时里昂制造业所用的丝，亦大半是外国产；而且，在它初建时，就全部或几乎全部是外国产。斯皮塔菲尔制造业所用的材料，大概一向全部都不是英国产物。像这样的制造业，大部分是因少数人的计谋而创办的，所以设立的地址，有时是滨海的都市，有时是内陆的都市，视这少数人的利害关系和主意而定。

有时，适于远地销售的制造业，是自然而然地由家用品制造业和粗物制造业逐渐改良而成的。我们说过，即使最贫陋的国家，亦常有家用品制造业和粗物制造业。由这种制造业逐渐改良而生的制造业，大都使用本国出产的材料；这些材料最初往往是在离海岸很远有时甚至离可通航运的水路亦很远的内地加工的。土壤肥沃的内地，耕作容易，所产物品，除了维持耕者生活所需外，还有很多剩余。这种剩余，因陆运费太贵，航运不便，不易送往外地。因此，出产的丰饶，使粮食低廉，从而鼓励工人住在那里。他们觉得，在那里劳动比在其他地方可获得更多的生活必需品和便利品。他们所用的材料是本地出产的，他们把材料加工后，即以制成品，或者说，以制成品的价格，换得更多的材料和粮食。他们节省了由内地到沿河沿海各地或遥远市场的运输费，从而给剩余部分原生产物，增加了一个新的价值。这样，耕者可以比从前更为简易的条件，从这班工人手里取得对他们有用或者使他们满意的物品。对于剩余部分农产物，耕者可取得更高的价格；他们所需要的其他便利品，又可以较低价格买得。这鼓励农民并使农民有能力进一步改良土地耕作土地，因而增加剩余的产量。土地肥沃，使制造业诞生，而制造业的发展，又转过来增进土地的出产力。制造业最初仅供应本地；后来，作品精致改良了，便能供应远地的市场。因为，原生产物甚至粗制造品很难担负由陆运运往远地的费用，而精制造品却不会感到这种困难。精制造品，在小容积中，常包含大量原生产物的价格。例如，一匹精制呢绒，虽仅重八十磅，但所含价格，却不仅是八十磅羊毛的价格，而且，有时，还包含着几千磅谷物，即各种工人及其直接雇主的生活资料的价格。这种谷物，如果以谷物的原形运往海外，定然是极困难的。但若以精制品的形态运往，则虽运往最远的角落亦很容易。利兹、赫利法克、设菲尔德、伯明翰、沃弗汉普顿等地的制造业，就是按照这个方式，自然而然地发展起来的。这种制造业是农业的结果。其推广与改进，在欧洲现代史上，一般迟于那些由对外贸易促成的制造业。在现在上述各地很繁荣的那些制造业适于外销以前一百多年，英格兰就以其用西班牙羊毛为原料的精制呢绒业著名于世了。前一类制造业是随着农业的发展而推广、改进的，而农业的推广与改进，又是国外贸易和直接由此而产生的制造业的最后和最大的结果。关于这一点，我将在下面说明。

第四章　都市商业对农村改良的贡献

工商业都市的增加与富裕，对所属农村的改良与开发，有所贡献，其贡献的途径有三。

一，为农村的原生产物提供一个巨大而便易的市场，从而鼓励了农村的开发与进一步的改进。受到这利益的，不仅仅是都市所在的农村。凡与都市通商的农村，都多少受其实惠。它们为此等农村的原生产物或制造品，提供了市场，结果就鼓励了其产业和产业的改进。当然，靠近都市的农村，所得实惠，自必最大。其原生产物的运输，所费既较省，所以，与较远农村的产物比较，商人们即使付给生产者较高的买价，但对于消费者，取价却仍可一样低廉。

二，都市居民所获的财富，常用以购买待售的土地，其中很大一部分往往是尚未开垦的土地。商人们都渴望变成乡绅。而且，在他们变成了乡绅的时候，他们往往最能改良土地。商人与乡绅不同。乡绅是一向奢侈惯了的，他只会花钱，从来不会想到赚钱。商人却常用钱来经营有利事业，他用一个钱，就希望在这一个钱回来的时候，带回一些利润。他们这种不同的习惯，必然会影响他们在一切事业上的性情和脾气。商人往往是勇敢的事业家，乡绅往往是胆怯的事业家。就商人说，如果他觉得投下大资本来改良土地，有希望按照费用的比例增大它的价值，他就毫不迟疑地马上去做。但乡绅很少有资本，即使有些资本，也很少敢如此来使用。如果他真的着手进行改良，所用以改良的，亦往往不是资本，而是每年收入的剩余。设你幸而住在四周农村多未开垦的商业都市中，你当能看到商人在这方面的活动，比乡绅是活跃得多。此外，商人由经商而养成的爱秩序、节省、谨慎等各种习惯，也使他更适合于进行土地上的任何改良，不愁不成功，不愁不获利。

三，农村居民一向处在与其邻人的战争和对其上司的依附状态中。但工商业的发达，却逐渐使他们有秩序，有好政府，有个人的安全和自由。这一种效果，是最重要的，但却不为世人所注意。据我所知，曾注意此点的作家，迄今只有休谟先生。

在既无国外贸易又无精制造业的农村，一个大地主，对维持耕作者所剩余的大部分土地生产物，既无物可以交换，就无所谓地把它花费于乡村式的款客。这剩余部分，如足够养活一百人，他即用以养活一百人，如足够养活一千人，他即用以养活一千人。舍此以外，实无其他用途。所以，他的周围常有成群的婢仆和门客。他们依赖他的给养，既无任何等价物品为报酬，就服从他，像兵士服从国王一样。在欧洲工商业尚未扩张以前，大人物和大富翁，上自王公，下至小领主，其待客的阔绰，都超过我们今日所能想象的。例如，威斯敏斯特大厅，为威廉·鲁弗斯的饭厅，然而常有人满之患。托马斯·伯克特常以清洁的草秣，铺于厅的地上，使坐不到座位的坐地就食的武士文人，不致染污他们崭新的衣裳。据说，瓦维克大公每日在各庄园所款待的宾客，达三万人；此或言过其实，但数目必很大，否则不会被夸大到如此程度。我们知道，不多几年前，苏格兰高地一带，仍盛行近似这种规模的款客，而在工商业很不发达的民族，这种风气，似乎也很普遍。波科克博士说："我曾见一阿拉伯酋长，在他售卖牲畜的市中，当街宴请一切行人，即使普通乞丐，亦在被邀之列。"

佃耕者依赖大领主，无异于他的婢仆。他们即使不是贱奴，也是可随意退租的佃农。他们所纳的地租，无论就任何方面说，也不能与土地所提供的生活资料等价。数年前在苏格兰高地一带，足维持一家生活的土地，普通所纳地租，仅为一克朗、半克朗、一羊、一小羊而已。有些地方，现在依然如此；而且现在该处的货币，与他处比较，也并不能购买更多的商品。其实，在一个大庄园所产的剩余产物必须在本庄园内消费的农村，为地主便利打算，与其在家中消费这全部剩余，不如在离家不远的地方消费其一部分，如果消费它的人们，是像门客家仆一样，听从自己号令的话。这样，他可省去许多麻烦，伴侣不致过多，家庭不致过大。仅付比免役租多一点的地租，而占有能维持一家生活的土地的可随意退租的佃农，其从属于领主，无异于婢仆家奴。他们须绝对服从领主的命令。这种领主，在佃农家里养佃农，与在自己家里养婢仆家奴，无甚区别。婢仆和佃农的食粮都来自领主的恩施。恩惠是否继续则取决于领主的高兴。

在这情况下，大领主对于其佃农和家奴，必然有一种驾驭的权威。这种权威，便是一切古代贵族权力的基础。他们在平时，是境内居民的裁判者，在战时，是境内居民的统领者。他们有统率境内居民以抗不法者的权力，所以在境内成了治安的维持人，法律的执行者。没有任何其他人拥有这样的权力，国王也没有这权力。国王在古代，不过是领土内最大的领主，其他领主，只为共同防御共同敌人，才给他一定程度的尊敬。如果国王要依靠自己的权力，强制某大领主领地内人民偿还小小的债务，那里居民都守望相助，恐怕国王所要花的力量，几乎将等于消灭一个内战所花的力量。因此，他不得不将大部分农村的司法权，交给能执行法律的人，不得不把统辖民军的权力，交给能统辖民军的人。

说这种地方性裁判权起源于封建法律，实是一个错误。不仅最高的民事刑事裁判权，在欧洲尚不知有所谓封建法律以前数百年，即已掌握在大土地领有者手中。而且一切募兵权、铸币权、制定地方行政法规权，也已在这时候掌握在大领主手中了。英格兰被征服前的撒克逊各领主所掌握的统治权与裁判权，并不下于被征服后诺尔曼各领主所掌握的统治权与裁判权。但我们不可设想，直到被征服以后，封建法律才成为英格兰习惯法。在法兰西，领主统治权、裁判权的发生先于封建法律的发生，尤为不容置疑的事实。这种种权力，无疑会随着上述各种财产制度与风习而产生。且不讲古代英法两王国，我们就在晚得多的时代也可找到充分的证据，证明这种种结果必随这种种原因而发生。不到三十年前，苏格兰洛赫巴地方，有个叫做克默伦的绅士，不是贵族领主，甚至不是一个大佃农，不过是亚盖尔公爵的一个家臣罢了。他既没有获得正式的委任状，又不是治安推事，却对其民众执行最高的刑事裁判权。据说，他的审判裁判，虽无司法仪式，却很公正。也许在当时当地的情形下，他为维持公共治安计，不得不出面承揽这权力。这位绅士，每年得租不过五百镑，1745 年率领八百人参加了斯托亚的起义。

封建法律的推行其目的绝不是想扩大封建领主的权力，倒可以看作是想把他们的权力缩小。自国王以下，直到最下级的领主，都由封建法律妥为制定等阶，各有各的职守和义务。在领主未成年时，该领主所有的土地的地租归其直接上司领受，土地管理权亦归其直接上司掌握。结果，各大领主未成年时，他们土地的地租和对土地的管理权也都归于国王。国王对于这种未成年的领主，尽保护教育的责任，并以监护人的资格，为之婚娶，不过选择的对象，要身分相称。但是，这种法律，虽本意要加强国王的权力，削弱大领主的权力，但仍不能使乡村居民得有安宁的秩序与良好的政府，因为它不能彻底改变纷乱状态所由而起的财产制度与风习。政府的权力仍过小，贵族的权力仍过大，而贵族权力过大，正是政府权力过小的原因。封建等阶制度虽然确立了，国王仍不能制服大领主。大领主，依然横暴如故。他们相互间依然不断地任意作战，甚至常常对国王作战。广大的乡野仍呈一片强取豪夺和骚乱的景色。

然而，封建法制凭一切强制力量所办不到的事，却由国外商业和制造业潜移默化，逐渐实现。国外商业与制造业的兴起，渐使大领主得以其土地的全部剩余产物与他物交换。由此而得的物品，于是无须与佃农和家奴共享，而完全由自己消费。完全为自己不为他人，这似乎是一切时代为主子者所遵守的可鄙格言。所以他们一发现了由自己来消费所收地租的全部价值的方法之后，他们就不愿再和别人共同享受这价值。他们就宁愿把足以维持一千人一年生活的粮食或其价格，用来换取一对金刚石纽扣或其他同样无用而无意义的东西，随而也把这粮食所能给他们带来的权威一并舍弃了。但金刚石纽扣是由他自己独享、无人与他共享的。至于以前的花费方法，他至少要与一千人共享。这区别是非常明显的，要作出取舍的决定，有赖于明智的判断。于是，为了满足最幼稚最可鄙的虚荣心，他们终于完全舍弃了上述权威。

在无国外贸易又无精制造业的国家，每年有一万镑收入的人，除了以这一万镑养活一千家人家使其俯首听命以外，也许就没有其他的消费方法。但在现在的欧洲，每年有一万镑收入的人，不必直接养活二十人，不必直接使唤无使唤价值的仆役十多人，却可消费其全部收入。事实上，他通常也是这样做的。他间接维持的人，也许和往昔消费方法所雇用的一样多或是更多。他以全部收入所换得的宝物量，也许很少，但为采集制造这宝物而被雇用的工人，却必然很多。这种宝物的昂贵价格，大都由于这些工人的工资及其直接雇主的利润所造成。他直接支付宝物的价格，即间接支付这一切工资与利润，从而间接维持了这些工人及其雇主的生活。不过，他对于他们各人的贡献，却只是他们全年生活费的极小部分。他们各人每年的生活费，来自他一个人的，少数占全部的十分之一，许多占全部的百分之一，有些则尚不及千分之一，万分之一。他虽然对维持他们全体的生活有所贡献，但他们全体的生活，都不一定要他维持，所以，对于他，他们就多少是独立自主的了。

在大地主以地租维持佃农和门客的生活时，他们是各自维持各自的佃农和门客的生活。但在他们以地租维持商人工匠时，他们全体所能养活的人数也许和往昔一样多，而且由于乡村式的款客方法难免浪费，现在所能养的，也许比往昔还多。但是，分开计算，他们每个人对这较大人数中每个人的生活费所贡献的往往极微。每个商人或工匠的生活费，都不是得自一个顾客，而是得自千百个不同的顾客。他在某程度上，虽要仰给于他们中每一个人，但不绝对仰赖他们中任何一个人。

大地主的个人消费，就在这情况下逐渐增大起来。因此，他所养活的门客，就非逐渐减少以至全部打发掉不可。由于同一理由，不必要的佃农，亦非逐渐打发不可。农田加大了，而地主不顾对裁减佃农的怨言，却仍把佃农人数减少到按照当时不甚完善的耕作和改良情况耕作所需要有的最少人数。由于尽数打发了不必要的寄食者，由于逼着佃农缴出农田所能提供的全部价值，地主所得的剩余，或者说剩余的价格，逐渐增大了。这个较大的剩余，商人和制造业者又给他提供方法，使能由他自己来消费，像前此消费其余部分一样。个人消费增大这个因素，又驱使地主们渴望所得地租，能超过现在改良状态下土地所能提供的数额。但这样土地就要进一步改良，佃农就要增加费用，如果租佃期限不够长，不足以使他收回这增加的费用及其利润，他绝不会同意地主加租的要求。他定要延长租期。地主们爱好浮华，要扩大用度，终于承认佃农的条件。这就是长期租地权的起因。

可随意退租的佃农，耕作土地，给付十足的代价，他并非完全隶属于地主。他们彼此所得的金钱上的利益，是相互的，是平等的。可随意退租的佃农，不会牺牲生命与财产来为地主服务，而在租期延长后，他就简直是独立自主的了。除了按照租约或习惯法，地主不要想他做一点其他事情。

佃农既已独立，门客又已打发掉，大领主就不能再干涉法律的正常的执行，不能再扰乱地方的治安了。他们那与生俱存的权利已经卖掉，然而，出卖的目的，不是像伊骚那样为了饥饿，为了必需，却仅仅为了耳目玩好，仅仅为了为儿童所玩乐而非成人所应追求的宝石钻戒。因此，他们就像城市中的殷实市民或商人一样平庸了。于是，在城市，在乡村，都设立了正常的政府。没有谁能扰乱都市的政治，也没有谁能扰乱乡村的政治了。

下述一事，或与本题无关，但不妨在此一提。即以大宗地产，由父传子，子传孙，传至许多世代的世家，在商业国，是极罕见的。反之，在商业不盛的国家，如威尔士，如苏格兰高地，则极普通。阿拉伯历史，充满着贵族的世系；有一位鞑靼可汗，著了一部历史，曾经译成几种欧洲文字，其中，就全是关于贵族的世系。这可证明，古世家在这些国家是极普通的。在富人收入只能用于养活尽量多的人的国家里，富人的用度很少过分，他的仁爱心似乎难得热烈得使他企图养活超过他所能养活的人数。但在收入的最大部分归个人消费时，他的用度就往往极无限制；因为他的个人虚荣心，是无限制的、永远满足不了的。所以，在商业国，即使有极严厉的法规取缔挥霍浪费，长期富裕的家庭仍属罕见。但在商业不盛的国家，即使没有法规取缔，亦多长富之家。像鞑靼和阿拉伯那样的游牧民族，财产不易消费，取缔浪费的法规，亦无设立的可能。

对于公众幸福，这真是一种极重要的革命，但完成这种革命的，却是两个全然不顾公众幸福的阶级。满足最幼稚的虚荣心，是大领主的唯一动机。至于商人工匠，虽不像那样可笑，但他们也只为一己的利益行事。他们所求的，只是到一个可赚钱的地方去赚一个钱。大领主的痴愚，商人工匠的勤劳，终于把这次革命逐渐完成了，但他们对于这次革命，却既不了解，亦未预见。

因此，在欧洲大部分地方，城市工商业是农村改良与开发的原因，而不是它的结果。

但是，这种发展，既与自然趋势相反，当然是迟缓和不确定的。试一比较以工商业为国富基础的欧洲各国的缓慢进步，与以农业为国富基础的我国北美殖民地的急速的进步。欧洲大部分地方的居民数目，在将近五百年中，未增加一倍。我国北美殖民地有些地方，却是二十年或二十五年就增加了一倍。在欧洲，长男承继法和各种永久所有权，使大地产不能分割，因而使小地主不能增加。我们知道，小地主对其有限土地十分熟悉，爱护备至。他不但喜欢开发它，而且喜欢改良它。他在各种耕作者中要算是最勤勉、最聪明、最常成功的了。加之，长男承继法和永久所有权，又使许多土地不能出卖，常使购买土地的资本多于待售的土地，从而使土地常以独占价格出售。土地所得的地租，常不足以支付买价的利息，至于修补费，及其他各种意外费用，更不用说。所以，购买土地，在欧洲，是小资本利润最少的用途。固然有些不再经营工商业了的人，为图安全起见，亦有时愿把小资本用来购买土地。还有些从别个来源取得收入的专门职业家，亦常因要保储蓄的安全，喜投资购买土地。但是，一个青年，如果不愿从事工商业，而用两三千镑资本购买一小块土地来开发，固然也可希望生活愉快，不依靠人，但要希图成为大富翁、大名人，就绝不可能了。如果他把资本用于别的用途，他就可望发大财或享大名，和别人一样。而且，这样的青年人，虽不希望成为地主，但大都不愿为农民。这样，任人购买的土地既少，土地的卖价又高，结果，使许多原来可能用于改良土地开发土地的资本都不投到这方面来。反之，在北美洲，则有五六十镑的资本，便足够用来开办一个农场。那里，未开垦土地的购买与开发，既为最大资本最有利的用途，亦为最小资本最有利的用途。在那样的地方，这既是最直接的致富方法，也是最直接的成名方法。那里的土地，几乎可全无代价取得，即使须出代价，亦比其自然生产物的价值少得多。这种事在欧洲是绝不可能的；在土地早已成为私有财产的任何国家都是不会有的。可是，当一个大家庭的家主死时，所遗土地财产若能平均分配于各个儿女，则所遗地产，大都有出售的日子。待售的土地就会增加，土地就不能再以独占价格出售。土地的自由地租，这样将渐足抵付买地地价的利息；以小额资本购买土地，亦将和其他用途同样有利。

英格兰，因土壤天然肥沃，因海岸线与全国面积相比甚长，又因有许多可以通航的河流流贯其间，使内陆各地，能有水运之便，所以，与欧洲任何大国比较，都一样宜于国外通商，一样宜于经营远地销售的制造业，一样宜于上述情况所能引起的种种改良。此外，自伊丽莎白即位以来，英国立法，都特别注意工商业的利益；事实上，欧洲没有一个国家，即使荷兰亦不例外，其法律一般地说，能这样有利于此种产业。所以，英国工商业就在这整个时期内不断地向前发展起来。无疑，农村的开发与改良，亦不断地在进步；但其进步，似较迟缓，不如工商业的迅速。大部分土地，也许在伊丽莎白时代以前就耕种了，可是还有很大部分，仍全未耕种，至于已耕种的土地，其耕作状况，大部分亦未尽满人意。不过，英格兰的法律，不仅由保护商业而间接鼓励农业，且有若干对农业直接加以奖励。除歉收年度外，谷物输出，不仅自由，且有奖金。在收获一般的年度，外谷输入，又有等于禁止输入的关税。除了来自爱尔兰的以外，活牲畜的输入一向是禁止的，而且准许从爱尔兰输入亦是不久以前的事。所以，在两种最重要的土地生产物即面包与家畜肉上，土地耕作者实享有一种独占，他人无从染指。这种奖励，虽像我后面指出的那样到底全是幻想，但由此至少可以推知英国立法当局，实有赞助农业的美意。而最重要的是英格兰法律对于国内农民曾竭尽所能使其安定独立而受人尊敬。所以，在长男承继法尚未消灭，什一税继续征收，与法律精神相反的永久所有权有时仍然有效的国家中，英格兰总算是最鼓励农业的国家了。但英格兰农业的情况，仍是如此。设使农业除了由于商业进步而间接得到鼓励以外，没得到法律的直接鼓励，政府袖手旁观，听任农民的处境停留于与欧洲其他各国相同的状态，那么，农业将呈现何种情况呢。伊丽莎白即位迄今已二百余年了。这悠长的期间，是人类繁荣阶段通常所能持续的最久期间。

在英格兰成为大商业国以前大约一百年，法兰西的对外贸易很可观。照当时人的设想，似在查理第八远征那不勒斯以前，法国的航海业就已很可观。但就全体说，法兰西土地的耕作与改良，逊于英格兰。法国法律从未给予农业以直接的奖励。

西班牙与葡萄牙对欧洲其他各国的国外贸易，虽多由外国船舶装运，但很可观。西班牙葡萄牙对他们殖民地的国外贸易，由本国船装运，这贸易因殖民地富饶广大，尤为巨大。然而，如此巨大的国外贸易，并不曾在这两国内引起任何重大的适于远地销售的制造业，甚至，这两国的土地亦尚有大部分未曾开垦。就国外贸易说，在欧洲各大国中，除意大利外，葡萄牙历史最久。

由于国外贸易及适于远地销售的制造业而使全国土地全部得到开发与改良的国家，在欧洲，似乎只有一个意大利。据古西亚迪尼说，在查理第八侵入以前，意大利不但最平坦最肥沃的农村已经耕种，而且最多山最荒芜的地区也同样已经耕种。这个国家所处的相当有利的地位，以及在这个国家里存在的大量独立小邦，对于上述土地的全面开垦或不无贡献。然而，这位贤明的近代历史家虽这样说，但那时意大利的土地垦作，不及今日的英格兰也不是不可能的。

可是，无论哪一个国家，通过工商业而获得的资本，除非其某一部分已在土地耕作与改良事业上得到保障和实现，总是极不确定的财产。说商人不一定是某一特定国家的公民，这句话真是不错。究竟在何处营业的问题，在他似乎没有多大意义；如果他们对甲国感到一种厌恶，哪怕顶微小，亦可使他把资本从甲国迁到乙国。跟着资本的迁移，资本所维持的产业，亦必移动。在资本尚未散在地面上，成为建筑物，成为土地永久改良物以前，那资本绝不能说属于某一国。据说汉萨同盟大部分都市都拥有大财富，这财富如今到哪里去了，除了在十三世纪、十四世纪模糊的历史中外，真是一点痕迹也没有留下。甚至它们中某些城市究竟坐落在什么地方，其中有些拉丁文名称究竟属于欧洲的哪些都市，也不易确定。但是，十五世纪末十六世纪初意大利所遭的灾祸，虽然使伦巴迪亚和托斯卡纳所属各城市的工商业大为衰落，但这些地方，至今仍为欧洲人口密度最大、土地耕作最良的地方。弗兰德在内战后又受西班牙的统治，这些虽然逐去了安特卫普、根特、布鲁哲斯的大商业，但弗兰德至今仍为欧洲财富最多、人口最稠密、耕作最进步的地方。战争与政治上的一般变革，可以容易地使以商业为唯一来源的富源趋于耗竭。通过比较可靠的农业改良而产生的富源就比较持久得多，除了由于敌对蛮族的侵凌而引起的持续一二百年之久的比较激烈的大变动，如罗马帝国崩溃前后西欧的大变动外，其他事件都破坏不了。